凤凰文库
PHOENIX LIBRARY
中国经济问题研究系列

凤凰出版传媒集团
PHOENIX PUBLISHING & MEDIA GROUP

世界经济复苏与中国的作用

[英国] 傅晓岚 编　蔡悦 等译

译林出版社

图书在版编目(CIP)数据

世界经济复苏与中国的作用 / (英)傅晓岚编；蔡悦等译. —南京：
译林出版社，2013.5
(凤凰文库·中国经济问题研究系列)
书名原文：China's Role in Global Economic Recovery
ISBN 978-7-5447-3678-7

Ⅰ.①世… Ⅱ.①傅… ②蔡… Ⅲ.①中国经济—研究 Ⅳ.①F12

中国版本图书馆CIP数据核字（2013）第036845号

书　　名	世界经济复苏与中国的作用
编　　者	[英国]傅晓岚
译　　者	蔡　悦　姚志敏等
责任编辑	陈　锐
出版发行	凤凰出版传媒股份有限公司 译林出版社
出版社地址	南京市湖南路 1 号 A 楼，邮编：210009
电子邮箱	yilin@yilin.com
出版社网址	http://www.yilin.com
经　　销	凤凰出版传媒股份有限公司
照　　排	南京新博览文化发展有限责任公司
印　　刷	江苏凤凰新华印务有限公司
开　　本	960 mm × 1304 mm　1/32
印　　张	11.375
字　　数	276千
版　　次	2013年5月第1版
印　　次	2013年5月第1次印刷
标准书号	ISBN 978-7-5447-3678-7
定　　价	38.00元

图书如有印装质量问题，可随时向我社出版科调换。

出版说明

要支撑起一个强大的现代化国家,除了经济、政治、社会、制度等力量之外,还需要先进的、强有力的文化力量。凤凰文库的出版宗旨是:忠实记载当代国内外尤其是中国改革开放以来的学术、思想和理论成果,促进中外文化的交流,为推动我国先进文化建设和中国特色社会主义建设,提供丰富的实践总结、珍贵的价值理念、有益的学术参考和创新的思想理论资源。

凤凰文库将致力于人类文化的高端和前沿,放眼世界,具有全球胸怀和国际视野。经济全球化的背后是不同文化的冲撞与交融,是不同思想的激荡与扬弃,是不同文明的竞争和共存。从历史进化的角度来看,交融、扬弃、共存是大趋势,一个民族、一个国家总是在坚持自我特质的同时,向其他民族、其他国家吸取异质文化的养分,从而与时俱进,发展壮大。文库将积极采撷当今世界优秀文化成果,成为中外文化交流的桥梁。

凤凰文库将致力于中国特色社会主义和现代化的建设,面向全国,具有时代精神和中国气派。中国工业化、城市化、市场化、国际化的背后是国民素质的现代化,是现代文明的培育,是先进文化的发展。

在建设中国特色社会主义的伟大进程中，中华民族必将展示新的实践，产生新的经验，形成新的学术、思想和理论成果。文库将展现中国现代化的新实践和新总结，成为中国学术界、思想界和理论界的创新平台。

凤凰文库的基本特征是：围绕建设中国特色社会主义，实现社会主义现代化这个中心，立足传播新知识，介绍新思潮，树立新观念，建设新学科，着力出版当代国内外社会科学、人文学科的最新成果，同时也注重推出以新的形式、新的观念呈现我国传统思想文化和历史的优秀作品，从而把引进吸收和自主创新结合起来，并促进传统优秀文化的现代转型。

凤凰文库努力实现知识学术传播和思想理论创新的融合，以若干主题系列的形式呈现，并且是一个开放式的结构。它将围绕马克思主义研究及其中国化、政治学、哲学、宗教、人文与社会、海外中国研究、当代思想前沿、教育理论、艺术理论等领域设计规划主题系列，并不断在内容上加以充实；同时，文库还将围绕社会科学、人文学科、科学文化领域的新问题、新动向，分批设计规划出新的主题系列，增强文库思想的活力和学术的丰富性。

从中国由农业文明向工业文明转型、由传统社会走向现代社会这样一个大视角出发，从中国现代化在世界现代化浪潮中的独特性出发，中国已经并将更加鲜明地表现自己特有的实践、经验和路径，形成独特的学术和创新的思想、理论，这是我们出版凤凰文库的信心之所在。因此，我们相信，在全国学术界、思想界、理论界的支持和参与下，在广大读者的帮助和关心下，凤凰文库一定会成为深为社会各界欢迎的大型丛书，在中国经济建设、政治建设、文化建设、社会建设中，实现凤凰出版人的历史责任和使命。

主编序

现代经济学虽然诞生于西方世界，并伴随着西方国家市场经济的发展而成长起来，但它对于正在经历“数千年未有之大变局”、建设现代国家的中国来说，同样具有重要的意义。事实上，纵观中国经济半个多世纪以来的发展历程，我们会清晰地看到，发展道路上所遭遇的每一次重大挫折，几乎无不与人们对现代经济学的无知和排斥有关，而自20世纪80年代中期走上较为自觉的改革之路后的每一次重大进展，也几乎都与我们对现代经济学的认识深化密切相关。

在改革开始前的三十年，现代经济学被官方看作为“垂死的、腐朽的帝国主义辩护”的“西方资产阶级庸俗经济学说”。1957年，一些经济学家提出过吸收借鉴其中合理成分的建议，却因此被打成了“资产阶级右派分子”。在这样的环境下，经济学被赋予的任务，就在于宣传、解释和论证官方政策的正当性。正是由于对现代经济学的无情排斥，中国走上了一条荒谬的统制经济的道路，从而极大压制了经济活动的创新精神，使得中国经济蒙受了严重破坏，整个社会也濒临崩溃。直到极左路线的统治崩溃和市场逐步放开以后，这种情况才发生了改变；也正是在现代经济学的帮助下，市场经济体制才得以在中国建立。

但是，在如何估量现代经济学对中国的意义上，争论一直都存在。即使中国经济在市场制度的推动下所取得的成就已经获得举世公认，有些人仍然认为，中国改革的成功是“摸着石头过河”摸出来的，“西方经济学”不符合中国国情。我认为，这个论断与中国改革的实际情况是不相符的。

的确，在中国改革初期，中国领导人陈云和邓小平都提出过，中国的改革要“走一步、看一步”、“摸着石头过河”。问题在于，他们是在什么样的历史条件下提出这一口号的呢？那是在“文革”浩劫之后，中国满目疮痍，亟需采取措施挽救这个国家。然而在当时，中国理论界已经与世界隔绝了几十年，许多经济领导干部并不了解社会主义阵营以外国家的进展情况，对现代经济学所阐明的基本原理也几乎一无所知。在这种情况下，中国完全没有可能进行根本性的体制改革，而只能“摸着石头过河”，采取一切可能有用的措施来挽救危亡。20 世纪 70 年代末和 80 年代初，改革主要是采取“包产到户”等变通办法，在强大的公有经济之旁为民间创业活动开辟出一块发展空间。这当然有助于经济的恢复，但这并不意味着对整个国民经济进行系统性的改造。就中国经济整体而言，是处在一种“旧的”经济体系（命令经济）已经被突破，新的经济体系（市场经济）又没有建立起来的状态。

然而，这绝不意味着我们只能安于这种状况。恰恰相反，为了学习外国的发展经验，中国除派出上百个代表团访问欧洲、美国和东亚各国之外，还大量邀请外国专家学者来华讲学。中国社会科学院经济研究所，在 1980 年夏季到 1981 年夏季的一年中，连续举办了“数量经济学讲习班”、“国外经济学讲座”和“发展经济学讲习班”三个大型讲习班。这些讲习班由中外知名的经济学专家授课，为参加这些讲习班的高等学校和研究机构的中年学者，打开了系统学习现代经济学最新成果的通路，使他们得以用新的视角来观察中国经济。除了这种“补课”式的讲习班，还有一批学者选择了去外国留学或进修。大批高等院校的优秀毕业生，利用中国政府派遣留学生出国留学的机会，去了英国、美国、欧洲和日本的高等院校做研究生。

中国领导人在20世纪80年代中期已经意识到，中国改革不能老是停留在“摸着石头过河”、“走一步、看一步”，因而“摩擦很大、漏洞很多”、经济发展状况很不稳定的状态。1984年10月，在中共中央全会决定从以农村为重点的改革转向“以城市为重点的整个经济体制的改革”时，邓小平就已指出，城市改革不像农村改革那样简单，它不仅包括工业、商业，还包括科技、教育等各领域都在内，是全面的改革、系统的改革。显然，这样一种全面系统的改革，不是靠“摸着石头过河”、试试碰碰所能把握的。现代市场经济制度是一个巨大而复杂的系统，它经历了几百年的演变才逐步形成，而现代经济学正是这一历史过程和这一系统运作规律的理论反映。所以，如果没有对现代经济学的切实把握，以使改革行动具有自觉性，那么建立现代市场经济制度的艰巨任务是不可能成功实现的。

在1984年中共中央全会决定把改革的目标确定为建立“商品经济”（这是俄语中对市场经济的婉转称呼）以后，对“社会主义有计划的商品经济”作出清晰的界定，并对新体制的总体框架和改革的实施步骤作更深入的探索，就成为了一种迫切的需要。好在这时，中国已经有了一批自己的具有现代经济学素养的经济学家，他们与国外学者之间的学术交流也十分活跃，于是进入了中外经济学家共同探索中国改革的目标模式和整体规划的新阶段。

1985年是一个进一步明确改革目标和基本路径的年份。这一年发生了许多重要的事件。（1）1984年，在邓小平本人的提议下，世界银行组织了庞大的国际专家团队，在中方工作小组的支持下，对中国经济的各个方面进行了全面的考察。经过深入的研究，在1985年写出了题为《中国:长期发展面临的问题和选择》的长篇考察报告。这份考察报告不仅全面分析了中国经济面临的主要问题,而且根据对各国经验的比较研究,提出了解决问题的可选方案,因而受到中国领导人的高度重视。他们不但认真阅读了这个考察的主报告和六个附册,还让经济领导机关的官员放下手中的工作进行讨论,从中学习现代经济学的基础理论、分析工具及国际发展经验。这对于提高并开拓中国官员的经济学眼界,提高中国政府的决策水平,起到了良好的作用。

(2) 1985 年 5 月,中国社会科学院研究生院三位受过现代经济学训练的研究生上书国务院领导,要求制定全面改革的总体规划。在国务院总理的支持下,国家经济体制改革委员会组织了由九位年轻经济学家组成的研究小组,为国家体改委制定了“以市场体系构成经济机制的基础”的中国第一份经济改革的总体规划。

(3) 1985 年 9 月,由国家体改委、国务院发展研究中心和世界银行共同召开了“宏观经济管理国际讨论会”(“巴山轮会议”)。在大批国际知名专家、众多中方官员和经济学家的参加下,对中国改革的重大问题进行了讨论,达成了一系列重要共识。第一,绝大多数中外专家都认同匈牙利经济学家科尔奈的分析和选择,把“有宏观经济管理的市场协调”看作中国经济改革的首选目标模式。第二,属于不同学派的中外专家一致认为,中国应当采取稳健的宏观经济政策,以便为改革措施的顺利推进创造有利环境。

1985 年 9 月末召开的中共全国代表会议,在上述研究的基础上提出了“七五”期间的改革核心,即把国有企业改造为自主经营、自负盈亏的“商品生产者和经营者”,发展由商品市场、资本市场、劳动力市场等组成的市场体系,以及将国家对经济的调控逐步由直接调控为主转向以间接调控为主的三方面改革,同时配套搞好价格体系、财政体制、金融体制和劳动工资制度等方面的改革,在 1986 年至 1990 年的五年中或更长一点时间内,奠定新经济体制的基础。

在1985年工作的基础上,中国政府在1986年和1988年两次组织制定了全面推进改革的总体规划。这些规划虽然因为种种原因没有能够付诸实施,但为90年代初期研究制定并成功实施市场经济改革的总体规划打下了良好的基础。

1990年12月和1991年3月,邓小平在与一些领导人的谈话中,两次提出了“资本主义有计划,社会主义有市场”、“社会主义也可以搞市场经济”的意见。中央支持改革的领导人根据邓小平的这个提示,花了很大的工夫去研究改革的目标模式问题,对市场经济通过什么样的体制和机制去实现资源的有效配置,进行了深入具体的研究。

经过几个月的研究,在1991年10月到12月间,中共中央江泽民总书记召集了十一次专家座谈会,其中用了几乎一半的时间来讨论“怎样搞好有中国特色的社会主义”。会议从稀缺资源的有效配置这样的经济学基本原理开始,一直深入到计划配置和市场配置这样的机制体制问题。然后,在广泛征求意见的基础上,1992年6月9日,江泽民总书记在中共中央党校为“十四大”确定基调的讲话中,提出把中国改革的目标设定为社会主义市场经济的建议。他在讲话中特别指出,市场经济的主要特征是,市场在资源配置中起基础性作用。这些意见为1992年10月的中共“十四大”所采纳,由此,社会主义市场经济的改革目标得以确立。

接着,就开始进行市场经济改革总体规划的制定工作。这项规模宏大、参加人数众多的研究工作持续了一年多的时间,最后形成了1993年11月中共十四届三中全会通过的《关于建立社会主义市场经济体制若干问题的决定》。这个决定,对市场经济各个子系统的改革方案(包括财税体系、金融体系、外贸体系和外汇制度、社会保障体系、国有经济等),以及各个子系统改革之间的配合关系和时间顺序,都做了较为细致的安排。由于它基于对现代市场经济的深入理解，又切合于中国的实际，即使从现在的眼光来看，也是一个很不错的改革规划。

从1994年起，中国开始按照这个规划蓝图进行各方面的改革，它们主要是：(1)建立包括商品市场、劳动力市场、金融市场在内的市场体系；(2)实现经常项目下人民币有管理的可兑换，全面推进对外开放；(3)通过“国退民进”，对国有经济的布局进行战略性调整；(4)实行“放小”，将数以百万计的国有小企业和乡镇政府所属的小企业，改制成为多种形式的私营企业；(5)建立健全以间接调控为主的宏观经济管理体系；(6)建立新的社会保障制度；(7)转变政府职能，加强法律制度建设。

虽然各个领域内的改革推进程度并不相同，但这一轮改革毕竟使一个对世界市场开放的市场经济制度框架初步建立起来。市场制度的建立，解放了长期受落后制度约束的生产力，促使20世纪90年代以来中国经济实现了持续的高速增长，这具体表现为：第一，在原有的“攫取型经济体制”之外，开辟了以市场制度为基础的“包容型经济体制”的新天地，为民间创业开拓了空间。到20世纪末，中国已经涌现了三千多万家民营企业，它们乃是中国出人意料发展的最基础的推动力。第二，大量原来没有被有效利用的劳动力和土地资源得到了更有效的利用。生产要素大量向相对高效部门的转移所导致的全要素生产率的提高，有力地支持了中国经济的高速增长。第三，对外开放政策的成功执行，弥补了消费需求不足的缺陷，从需求方面支持了中国经济的高速增长。第四，实行对外开放的另一个重要作用是，通过引进外国的先进装备和先进技术，在大规模人力资源投资还没有发挥作用的条件下，迅速缩小了中国与先进国家之间在过去二百多年间积累起来的巨大技术水平差距，使高速增长得到技术进步的有力支撑。

不过，当我们讲述中国经济崛起的经济学故事的时候，还必须冷静地看到，中国在20世纪末初步建立起来的经济体制还很不完善。中国改革远未取得完全的成功，经济学也正面临着严峻的挑战。当前，中国经济体制的不完善性主要表现为，国家部门仍然在资源配置中起着主导的作用。具体说来主要表现在以下三个方面：(1)虽然国有经济在国民生产总值中并不占有优势，但它仍然控制着国民经济命脉，国有企业在石油、电信、铁道、金融等重要行业中继续处于垄断地位；(2)各级政府握有支配土地、资金等重要经济资源流向的巨大权力；(3)现代市场经济不可或缺的法治基础尚未建立，各级政府的官员有着很大的自由裁量权，他们通过直接审批投资项目、设置市场准入的行政许可、管制价格等手段，对企业的微观经济活动进行频繁的直接干预。

当前，在中国的政界、商界和学界，对于“半统制、半市场”经济体制的存在，以及最近几年国家部门力量的进一步强化，有着截然不同的看法。一种观点认为，以国有经济主导国民经济、强势政府“驾驭”市场为主要特征的“中国模式”，能够正确制定和成功执行符合国家利益的战略和政策，“集中力量办大事”，创造了种种“奇迹”，而且能够在全球金融危机的狂潮中屹立不倒，为发达国家所争羡，足以充当世界各国的楷模。

然而，另外一种观点则针锋相对地提出，中国过去三十年高速增长的奇迹，来源于市场化改革解放了人们的创业精神，而靠政府强化行政管制和大量投入资源实现的增长，不但不能长期维持，而且早晚会造成严重的经济社会后果：第一，在强势政府控制下的威权发展模式不可持续，必须向能够实现包容式发展的民主发展模式转型，依靠自主创新实现持续稳定的增长。第二，各级政府日益强化的资源配置的权力和对经济活动的干预，必然造成腐败迅速蔓延、贫富差距日益扩大、官民矛盾激化的结果，甚至可能孕育社会动荡。

改革开放三十多年来，中国经济学人在理论和政策研究中取得了丰硕的成果；但是，正如前面指出的，中国的经济发展依然面临严峻的挑战。中国未来的发展路径，即如何从威权发展模式向民主发展模式转型，以及如何完成从攫取型体制向包容型体制的转型，都有许多理论和政策问题待解。这些问题的解决，显然有赖于包括经济学人在内的各界人士的共同努力。

我们编辑这套丛书的目的，也正是希望为经济学人提供一个展示自己研究成果、以文会友的平台，促进中国经济问题的研究和学者之间的交流，以便在今后出现重大改革机遇的时候，不至于因为理论准备的不足而出现失误。在这个中国经济和世界经济都面临重大转折的时代，现代经济学无疑是大有用武之地的。我们期待有更多的学者参加进来，共同推动中国经济学的发展。

是为序。

吴敬琏

2012 年 9 月于北京

本书作者简介

孙祁祥，教授、博士生导师，北京大学经济学院院长、中国保险与社会保障研究中心主任。

傅晓岚，博士，牛津大学技术、管理与发展研究中心主任，格林坦博顿学院院士，中国留英经济学会会长（2010—2011）。

张志超，牛津大学经济学博士、杜伦大学商学院国际金融学讲师，主要从事中国的汇率政策、外汇储备管理等方面的研究。

弗兰基·周（Frankie Chau），金融学博士、杜伦大学金融学讲师，主要从事衍生产品市场、公司金融等方面的研究。

石楠，德勤（中国）金融分析师、杜伦大学金融学博士候选人，主要从事动态随机一般均衡模型及贝叶斯估计和定量方法的研究。

玛利亚·乔纳蒂（Maria Csanadi），科学学博士，现供职于匈牙利社会科学研究院金融研究所，主要从事政党—国家体制的结构、运作和转型方面的研究。

苏珊娜·吕勒（Susanne Ruehle），德国法兰克福歌德大学博士候选人及研究助理，主要从事图书馆学和经济学方面的研究。

胡鞍钢，清华大学中国国情研究院院长、清华大学公共管理学院教授、博士生导师。

卡尔·达尔曼（Carl J. Dahlman），美国乔治城大学国际关系和信息技术学教授，主要从事科技和信息进步对国家经济增长影响方面的研究。

迪纳尔·卡勒（Dinar Kale），印度开放大学教授，主要从事管制对发展中国家医疗供给的影响，以及生命科学产业和创新知识管理的研究。

拉斐尔·卡普林斯基（Raphael Kaplinsky），主要研究全球化、产业政策、全球价值链等对就业与适用技术的影响。

迪伦·萨瑟兰（Dylan Sutherland），供职于英国诺丁汉大学当代中国研究院，主要从事中国企业国际化问题方面的研究。

本·马修斯（Ben Matthews），英国诺丁汉大学当代中国研究院的研究生。

艾哈迈德·埃勒格哈里（Ahamd El-Gohari），英国威尔士大学卡迪夫学院商务与管理系高级讲师，主要从事企业战略方面的研究。

吉列尔莫·卡多萨(Guillermo Cardoza),西班牙马德里恩普雷萨商学院教授、欧洲—拉丁美洲研究中心主任,主要从事创新管理与竞争力方面的研究。

加斯顿·弗恩斯(Caston Fornes),英国巴斯大学管理学博士,主要从事新兴市场国家的外汇交易和小企业国际化方面的研究。

瓦莱里娅·加塔伊(Valeria Gattai),意大利博科尼大学经济学博士,主要从事国际经济及跨国公司的研究。

郑京海,瑞典哥德堡大学经济系教授、中国留英经济学会欧洲事务委员会负责人,主要从事工业及企业生产率方面的研究。

阿恩·比格斯滕(Arne Bigsten),瑞典哥德堡大学经济系教授。

徐迪迪,中国对外经济贸易大学国际贸易与经济系博士生。

许晶华,中国华南师范大学经济管理学院教授,主要从事技术创新管理方面的研究。

李纪珍,中国清华大学经济与管理学院副教授,主要从事技术创新管理方面的研究。

蒲欣,中国清华大学经济与管理学院博士生,曾供职于朗讯(中国)技术研究中心,主要从事技术创新管理方面的研究。

傅晓青，澳门大学商务管理系金融学副教授，主要从事银行绩效度量、银行业竞争、金融创新和风险管理方面的研究。

冯亦林(音译)(Iek Lam Vong)，中国工商银行(澳门)投资与风险管理中心风控部经理。

目　录

第三篇　中国的增长潜力

前 言

始于2007年的金融危机，导致了自第二次世界大战以来最为严重的世界经济衰退。危机在几乎所有的经济体中蔓延开来，并对世界经济和社会发展造成了严重的威胁。如此严重的危机需要全球性的伙伴协作和解决方案。随着快速增长的经济实力，中国和其他新兴经济体在抵御全球经济危机方面发挥着重要的作用，并作为国际合作的一部分旨在引领世界经济复苏。

正如联合国报告《2011年世界经济形势和展望》所预测的那样，主要发达经济体的经济弊端延缓了全球经济复苏，并对世界经济稳定造成了威胁。尽管发达国家的政策措施在经济危机早期帮助稳定了全球金融市场并开启复苏，但解决导致危机的结构性问题仍是一个漫长的过程。相反，许多新兴经济体已展现出了强劲的经济增速，因为它们能够利用危机前多年来良好的国内生产总值（GDP）增长和经济表现，推行强有力的刺激计划以缓解危机造成的不利影响。这些刺激计划帮助促进国内需求，并从全球经济颓势中相对快速地恢复。总之，新兴经济体自2009年第三季度已贡献了世界经济的过半增长。在亚洲和拉丁美洲的庞大新型经济体，尤其是中国、印度和巴西，已成为引领世界经济复苏的引擎。

本书收录了2010年中国留英经济学会及其欧洲分部在牛津大学和北京大学联合举办的年会的论文。这些论文涵盖了广泛的议题,包括全球经济危机对中国和其他新兴经济体的影响,这些国家在国家、地区和企业层面的反应,以及在世界经济复苏与繁荣中发挥的作用。本书总共收录了15篇论文,是从递交年会的约450篇论文中经三轮审查选取的,即大会组委会的初选,编辑参与的第二轮筛选,终审的复查和校审环节。

本书由三部分组成。第一部分探讨全球经济危机对中国的影响,以及中国在国家、地方和公司层面的反应。第二部分包括中国对世界经济的影响,特别强调了贸易关系和中国快速增长的对外直接投资。第三部分通过深入分析结构问题及中国经济增长的主要动力,提出了中国增长的潜力和稳定性问题。

2010年在牛津大学举办的中国留英经济学会年会,是由中国留英经济学会和牛津大学中国中心国际发展部、牛津大学经济学系合作举办。在北京大学的同步会议由中国留英经济学会和北京大学经济学院联合举办。年会受到英国学术协会、中国驻英国大使馆、英国高校联盟中国中心和中国五矿的资金赞助。埃尔伯特·帕克教授为中国留英经济学会在牛津大学的年会初轮选稿做了大量的工作;孙祁祥教授、戚自科博士、陈东博士和北京大学的其他学者,则为北京大学的年会初轮选稿做出了贡献。

中国留英经济学会于1988年由旅居英国的中国留学生建立,现已成为英国领导性的研究中国经济的学术组织。中国留英经济学会欧洲分部在2009年建立,作为中国留英经济学会的扩展,其主要目标是促进学术交流和鼓励在欧洲的中国经济和商业研究。中国留英经济学会在全球拥有超过三百余位学者和研究生。本书是部分成员学术成果的展示。学会理事会和本书编辑鼓励研究生和学者积极参与我们的学术活动,图书和学会期刊《中国经济发展与商业研究》由劳特利奇出版社出版。(许璐 译)

序　言

胡永泰

中国从2008年12月至2011年1月的迅速而庞大的宏观刺激,对全球经济复苏的帮助是毋庸置疑的,其抵消了从2008年9月15日雷曼兄弟公司瓦解开始的来自美国和欧盟的紧缩潮。然而,在有影响力的经济学家,例如肯尼斯·罗格夫(国际货币基金组织前任首席经济学家)、本杰明·伯南克(美国联邦储备委员会现任主席),以及保罗·克鲁格曼(诺贝尔经济学奖得主)的脑海里,引发全球金融危机的资产泡沫,是由于中国的过度储蓄造成的,这一点也是毋庸置疑的。"坏中国"的感觉是如此强烈,以至于《纽约时报》(2010年3月17日)竟屈服于自相矛盾的说辞,声称固定的人民币兑美元汇率是"一个以邻为壑的竞争性贬值的范例"。

作为中国的指路明灯,卡尔·马克思却很少追求修辞高度,因此,通过解释他最著名作品的开篇来描述世界的状态,是合适的。关于这一点,我在2011年3月的观点如下:

> 一个幽灵正困扰着世界——货币战争的幽灵。G20国家的所有实权领导于2011年11月3日至4日聚于戛纳,试图建立一个可

以驱除这个幽灵的神圣联盟,其中包括美国的总统和中国共产党的总书记,以及蒂姆·盖特纳、克里斯蒂娜·拉加德、日本的技术官僚和德国夏尔巴人。这个幽灵是由于长期剧烈的中美贸易失衡而持续的。由于中国与其他国家对抗并捍卫自身的汇率,G20 会否沦为 G2?难道 G20 不能展现一些政治家的气度,以加快全球经济复苏,走上新型环境可持续发展的最佳道路?

超越汇率一神论

美国的巨大贸易逆差和中国的巨大贸易顺差,不单单反映了中国的经济状况,它们中的每一个都反映了两个国家的经济状况(以及世界上其他国家的)。人民币的贬值是来自于中国中央银行对外汇市场的不断干预,这一点是无可争辩的;但是,美国较低的储蓄率引发其从境外借贷,对其投资及庞大的政府预算赤字进行融资,并且在经济复苏后美国政府并没有一个可靠的计划来减少其预算赤字,这一点也同样是无可争辩的。其直截了当的含义是,任何一个可以公平解决期望减缓贸易失衡的方法,都需要中国和美国去实施纠正措施。

考虑到贸易失衡是由许多因素引起的,另一个直截了当的含义是,任何有效的解决方案都将采用不止一种政策工具,即不仅是人民币兑美元的升值,而且需要形成政策措施的大变革,诸如中国贸易壁垒的降低、美国预算赤字的削减,以及美国进出口银行贸易信贷融资的扩大。

铭记如今备受称赞的 1985 年 9 月的《广场协议》是有必要的,它策划了日元的大幅升值,从而引起了全球金融市场的诸多不稳定,以至于仅仅十七个月之后就变成了老古董,而不得不被 1987 年 2 月匆匆签署的《卢浮宫协议》所替代。当世界刚刚开始从 2008 年至 2009 年的全球金融危机的创伤中恢复时,却近乎不负责任地立刻出现了一个广场协议型的金融市场冲击。

更重要的是,在减少美国贸易逆差方面,人民币兑美元汇率大幅升值的有效性是令人怀疑的,它超出了教科书中两国世界的情形。当日元兑美元汇率从1985年的238.5日元兑1美元到1988年的128.2日元兑1美元(国际货币基金组织界定为86%的升值)时,美国与日本的全部贸易失衡仅得到很小的改善。美国贸易逆差从占国内生产总值的3.5%下落至2.8%,而日本贸易顺差从占国内生产总值的3.4%下落到2.6%。最大的变化是日本与美国的双边贸易失衡,从占日本国内生产总值的3%下落至1.6%。

1985年后,当日本直接出口到美国市场的商品变得明显更昂贵时,美国贸易逆差的改善非常小,因为:(1)美国消费者的反应是将他们的购买转向第三国的同类进口商品;(2)日本企业向亚洲其他国家转移生产,以便从那里服务于美国市场。日本贸易顺差仍然没有得到持续的改善,因为它们新的海外生产基地从日本进口了大量的资本设备和中间投入品。

由于超过60%的中国出口商品是由外国投资的工厂生产的,如果人民币要复制从1985年至1988年的戏剧性日元升值,那么这些外国投资者将会把业务转移到世界其他地区。除非美国采取提升其较低的私人储蓄率并削减其预算赤字的行动,否则第二份广场协议并不会有力地减少美国的贸易逆差,而其主要后果将是美国从国外借贷来源的重新配置,以及新一轮的全球金融市场的动荡。

均衡汇率的唯一经济意义的定义是,在没有任何中央银行干预下所产生的市场出清汇率。这个市场出清汇率是以国际收支在零或在一些先验值上为特征的。这意味着,建立在基础均衡汇率拟议概念之上的汇率失调的观点,是分析上的真空,因为基础均衡汇率与市场出清汇率并不完全相同。

美国财政部部长蒂姆·盖特纳在2010年11月的首尔G20会议上提议,每个G20国家应该保持其经常账户失衡不超过国内生产总值4%

一段时期,这是由于在一个以产能利用严重不足和全球失业较高为标志的经济环境下,这是一个可以减缓贸易高度紧张的适当可行的方法。在目前的全球环境下,盖特纳的提议具有很好的经济与政治意义,因为:(1)它避免了基于基础均衡汇率的人民币偏离的伪科学,以及关于美国贸易逆差将被人民币大幅升值改善多少的不精确科学;(2)它使每个国家可以自由地选择其政策工具的首选组合,来防止其控制下的贸易失衡;(3)它明确防止了鱼雷式促使国际经济缓慢复苏的以邻为壑的政策。

那些对中国没有意义的事情

对诸如中国这样的发展中经济体来说,将其储蓄借给发达国家,特别是所有的估计都显示中国的资本回报率比美国高得多的情况下,这种反常是令人震惊的。这主要(或许大多是无意的)是以下两种情况导致的:(1)在中国,为大量的劳动力供给创造工作机会是经济上和政治上压倒一切的优先任务;(2)在提升中国价值增值阶梯的运动上普遍存在保护幼稚工业功效的信念(含糊其词的措辞是促进自主创新)。低估的汇率,有利于加快被农村富余劳动力流动激活的出口企业和进口竞争企业的同步增长。

中国同时对出口促进和对进口抑制,是其贸易顺差背后的根本原因。在短期内,政府应该允许减少贸易壁垒以允许更多的进口,这也同样会提升中国居民的生活水平。中国也应该通过启用新型进口方式来增加进口,例如教育服务和旅游。拥有着无比巨大的外汇储备,中国应该极大地扩大其奖学金和学生助学贷款计划的范围,以使大量有资格的中国学生到国外接受更好的高等教育。令人沮丧的是,中国的移民并没有不断增加这种以生产为目的而进口的类型。

更进一步说,事实上,中国要认识到,其以大型自主创新项目来培育高新技术产业,已成为了一种将收益从消费者转移到项目产品制造商的不公平机制。自主创新项目的全球经验大多是负面的。它们产生的大部分行业从未形成国际竞争力,这意味着,大部分的自主创新项目可能都是基于一种“干中学”或者寻租动机的误导。这种误导性的自主创新项目的另一个糟糕结果是,它们加剧了国外对中国进口壁垒及知识产权侵犯的不满,由此增加了对抗中国出口的贸易保护主义的可能性。考虑到大多数受保护行业不会成长为世界级的竞争性行业,并且它们大多开展了保护其免受国外竞争的寻租业务,中国可以大大缩减其大范围自主创新项目的规模,而不损伤其技术升级的能力。

从长远来看,中国的基本任务是对垄断的国有银行体系进行改革,以便中国所有的储蓄可以被间接地转向国内投资。同样反常的是,在中国,外资私人银行在业务上实际上比国内私人银行面临更少的法律限制和非正式禁令。如果没有国内私人银行的扩张,要满足这些在经营上比大企业更具劳动密集性的中小企业的融资需求,还是会一如既往地困难。一个现代化的、多元化的金融行业,是终止中国储蓄外溢到国外,以及持续快速创造新就业的解决方案的关键部分。

认为中国如今应该通过削减投资和提高消费来转换为消费导向型增长的太多建议,其实是一种自相矛盾。这种使中国经济再平衡的方法,会延缓中国追赶发达国家的水平,因为投资越少,生产率就会增长得越慢。中国能使其经济重回平衡的适合方法,是通过牺牲贸易顺差而不是牺牲国内资本积累来增加消费。2010 年 11 月的情形意味着,中国政府应该停止依靠以减少投资作为主要工具来抑制通货膨胀,取而代之的是加快人民币的升值速度。

然而,利用人民币升值作为对抗通货膨胀的基本工具,意味着现在接受一个暂时较高的失业率换取未来一个永久较低的失业率。这是因为,工业制成品出口相对于投资项目是更典型的劳动密集型。其结果是,出口减少十亿人民币会比投资支出减少十亿人民币制造更多的失业。然而,今天的投资提供给明天的产能扩张,将意味着从明天之后就业数目的永久增加。

实现共同繁荣

美国需要重大改革来控制贸易保护主义情绪的压力不会太大。众所周知,在过去的二十年里,通货膨胀调整后的蓝领工人的实得工资,显示出很少或根本没有增长,并且由于许多人已确定来自全球化竞争的加剧是其原因,这种工资的停滞也刺激了贸易保护主义。事实上,美国公司已向它们的蓝领工人支付越来越多的工资,但这并没有表现为较高的工人实得工资,因为劳动报酬的增加大多被快速上升的医疗保险费所吸收!如果不是医疗方面的通胀,工人阶级的实得工资就会因劳动生产率的较快增长而大幅提升,而这种劳动生产率的快速增长,正是由过去二十年变革性的技术创新所创造的。奥巴马总统已将医疗保险扩大覆盖到更多的工人,但他还没有出台任何对医疗进行有效成本控制的措施。除非医疗改革的下一阶段可以带来成本的控制,否则很难削减预算赤字及相应的贸易赤字。

美国和中国除了可以独立地采取措施来缓和贸易不平衡方面的紧张国际局势之外,它们还应该共同努力来防止世界贸易组织自由贸易体系的削弱。特别是,中国已从世界贸易组织体系中受益颇多,但在某种意义上中国在推动多哈回合谈判的完成方面扮演了很消极的角色。取而代之的是,巴西和印度对扎堆于贸易谈判的发展中经济体起到了领导作用。在2007年6月波兹坦的G4(美国、欧盟、巴西和印度)会议上,由于对逐渐增加的中国进口的关注,巴西和印度撤销了它们先前提出的减轻制造业关税的优惠,以此来换取发达国家农业补贴的削减。

如今,美国在保护多边自由贸易体系的决心看似较弱,但中国现阶段应该在多哈回合谈判中更加活跃,以此来进一步放松对世界贸易的管制。这样一个角色非常符合中国的利益,因为巴西现在正通过与欧盟的自由贸易协定谈判来绕开多边贸易自由化。事实上,如同巴西一样的越来越多的国家对多边协议越来越谨慎,而这种多边协议会降低所有的关税,从而使诸如中国这样的低成本生产商获益。因此,这些国家正寻求与发达国家达成适合双方的双边贸易协定。对中国来说,现在是绝好的时机,即通过加入多边自由贸易体系的管理,来表明其具有作为一个负责任利益相关者的意识。

世界经济如今特别需要一次中美之间无形的握手,以开启许多方面的经济政策协调(例如汇率、预算赤字、双边和全球贸易的放松管制、知识产权保护及社会安全网),以此来确保它们经常账户的失衡小于国内生产总值的4%。如果两国不能实现在贸易失衡解决方案上的无形握手,那么我们在任何时刻都不太可能看到一份全球气候变化协议、一个加强核不扩散条约,以及一个消除全球范围绝对贫困协议上的较快有形握手。总而言之,如果政治家缺乏对贸易问题的较少争议,那么其他所提及目标的进展将不会发生。如果这些问题中的任何一个取得进展,那也只能是在一个高度对抗的过程之后。(蔡悦 译)

第一篇　中国在危机中调整

第一章　中国积极应对全球经济危机

孙祁祥　傅晓岚

引　言

2007年，源于美国的住房次级贷款危机，逐步演化成一场全球性金融危机。世界经济增长承受沉重打击，将一些国家推向破产边缘。普遍的大规模高毁灭性金融危机，使经济学家们开始重新审视、质疑现有理论。同时，来自不同国家的政策制定者，已经着手制定新的经济政策和措施，旨在避免最坏情况的出现。

三年来，关于危机的原因、影响和对策的分析和讨论从未间断。尽管一些主要经济体已显示出复苏的迹象，但从美国、希腊、爱尔兰债务危机失业率的回升来看，中国仍然面临着危机的影响，并且担忧经济由于过度的政府干预可能出现二次探底。一些悲观的经济学家甚至预言，危机骇浪明年将再会袭来。

由于当下的金融危机体现了世界经济体的内在关联性，政府通过扩张的财政政策和前所未有的国际合作，采取不间断的努力来刺激经济复苏。世界经济危机对中国有什么影响？中国在世界经济复苏中扮演什么角色？世界经济体系在危机后怎样改变，以及怎样保持进步并保证世界经济持续繁荣，这些都吸引了政策制定者、学者和大众的极大关注。进一步来说，由于中国经济正在成为稳定世界经济的一个重要因素，因此中国未来经济增长的稳定性也非常重要。

中国经济的庞大规模意味着，如果要缓和危机，就需要针对这些风险因素全球性应对，本章试图解决这些问题。第二和第三部分回顾了世界经济危机的原因；第四与第五部分分析了危机对于中国经济的影响和中国政府应对危机采取的策略；第六部分探析了中国作为世界经济复苏引擎的作用；第七部分讨论了即将面临的机会和问题；最后是总结论述。

2007—2010 年金融危机

美国经济扩张始于 1991 年 3 月，终于 2001 年 3 月，标志即为网络泡沫的破裂和持续的利率上升。2001 年 9 月 11 日的恐怖袭击加剧了美国经济的衰退，使情况变得更糟。为了缓和泡沫破裂和恐怖袭击的影响，美国联邦储备委员会从 2000 年 5 月到 2003 年 6 月连续十一次降低联邦基金利率，从 6.5% 降低至 1%，降至四十六年来最低，这是自肯尼迪政府以来从未有过的情况。这四年大幅度的利率降低周期，鼓励了债务融资性消费，并且放松了金融环境，创造了简单的信贷条件，逐渐助燃房地产急速发展和经济繁荣。通货膨胀起飞的标志是 2004 年第一季度核心消费价格指数上升 3.3%，最终，通货膨胀的增长超过了预期。美联储随之在 2004 年 6 月到 2006 年 7 月十七次持续提高其基准利率，从 1% 上升至 5.25%，并且提高一年以上和五年以上浮动房贷利率，这对房产拥有者来说意味着贷款利率更高。美国住房和金融资产膨胀至极限，并在 2005 年戏剧性下跌，引起房地产泡沫破裂，2007 年第三季度，房价同比增速由盛转衰。市场乐观者相信，在房价飙升、债务负担相对较轻的情况下，次级贷款者将很快偿还贷款。事实证明是错误的。2007 年 4 月 2 日，作为美国昔日第二大次级贷款公司的新世纪金融公司宣告破产，随后众多参与次级贷款发放的金融机构被曝在此次危机中遭受重大损失。

穆迪、标准普尔和惠誉三大信用评级机构,在2007年7月19日贝尔斯登清盘两只基金后下调了一些次级贷款评级,由于次级房贷市场迅速低迷,贝尔斯登的这两只次级贷款对冲基金的市值基本缩水殆尽。投资者惊慌失措,导致银行业崩溃,以及对冲基金、投资基金撤资等现象。最终,惊慌扩散开来,愈加证实了联系日益密切但却脆弱的利益链条。紧接着,瑞银、汇丰银行、日本金融集团、美林银行和花旗银行公布了巨额美元损失。在2008年第一季度的财务报告中,瑞银和花旗分别损失119亿美元和51亿美元。美林核销了65亿美元次级贷款,连续三季度报净损失,并且宣布裁员4000人。根据数据显示,华尔街投资银行在相关业务中已损失2000亿美金。

2008年3月,摩根大通收购贝尔斯登,房地美和房利美巨额损失,雷曼兄弟2008年9月申请破产保护,使得美国经济驶入衰退低谷期,此间伴随着银行倒闭潮。迪美银行于2008年7月被美国联邦存款保险公司接管,成为美国历史上第四大银行倒闭案例。华盛顿互惠银行也被接管,该公司曾一度是美国最大的存款和贷款机构,随之成为美国历史上倒闭的最大银行。2008年第二季度前,美国联邦存款保险公司的问题名单就扩至117个金融机构。

由于美国五大投资银行从2008年9月开始,面临历史性未曾预料的损失,金融市场迅速崩溃。首先,全球市场遭受重创。2008年上半年,美国三大股指损失近20%市值,是自1931年“大萧条”来最严重的损失。欧洲三大股指丧失了近乎25%的股票价值,亚洲主要股票指数跌幅超过33%。仅在10月6日开始的那周内,道琼斯和标准普尔指数就下跌了18%,纳斯达克指数下跌15.3%,欧洲三大指数各自下跌超20%。恒生与日经指数分别下跌16%和21%。上海成为遭受重创的股票市场之一,俄罗斯、墨西哥及一些亚洲新兴市场的股票价格也遭受重创。在这个所谓的黑色星期,国际股票市场的价值据估计失去6万亿美元。

其次，世界金融危机演变为世界经济危机。冰岛由于在短期贷款再供资金上存在困难，三大主要商业银行倒闭并需要国际援助。截至2008年第二季度末，冰岛的外债已经是2007年国内生产总值的八倍。最终，冰岛货币大幅贬值，冰岛的股票市场跌幅超过77%。俄罗斯经济急速缩水，2008年8月和9月从资本市场的撤资就达330亿美元。除此之外，匈牙利和乌克兰寻求国际货币基金组织紧急救助，同时，立陶宛、拉脱维亚和爱沙尼亚也面临国家银行体系崩溃的威胁。

2008年主要市场跌幅

- 纽约——跌幅33.84%
- 伦敦——跌幅31.3%
- 巴黎——跌幅42.7%
- 法兰克福——跌幅40.4%
- 孟买——跌幅51.9%
- 新加坡——跌幅49.2%
- 悉尼——跌幅41.3%
- 香港——跌幅48.3%
- 上海——跌幅65.2%
- 东京——跌幅42.1%

数据来源:BBC新闻

全球经济危机的原因

诱发2007年至2010年金融危机的原因已被多次分析。从宏观视角来看，货币经济和实体经济之间，以及存在于世界货币体系内的全球经济失衡，与美国货币政策一并导致了经济崩溃。

富裕国家与发展中国家的失衡

美国财政部前部长汉克·保尔森，在《金融时报》的采访中声称，在导致危机的这些年中，诸如中国和石油出口国等快速扩张的新兴国家的过度储蓄——在低通胀、繁荣的贸易和资本流动的背景下——使得收益与风险扩散的压力大为降低。尽管保尔森先生将危机的部分原因归结于新兴市场国家如中国的兴起，但他也强调了不同国家在消费与储蓄方面的不同偏好。

新兴市场国家成倍的储蓄，掩盖了发达国家低储蓄和高福利的问题。同时，制造业通过国际劳动分工逐渐转向发展中国家。在如此循环之中，全球经济被两大车轮所推动，一个是发达国家致力于消费，另一个是发展中国家充当世界工厂的角色，为世界市场制造便宜的商品。

鉴于这些便宜的产品通过自由贸易体系涌向了诸如美国这样富裕的国家，发展中国家加速了美元的外汇储备，它们大量购进美国国债和其他金融资产，使得这些美元回流美国。

美国，富裕世界的先锋代表，从 1982 年起，经常账户赤字长达二十六年，从 1982 年的 55 亿美元上升至 2007 年的 8000 亿美元，呈一百四十五倍上涨。美国财政部数据显示，2007 年年底，美国外债高达 13 万亿美元，其国内生产总值仅为 12 万亿美元。在这种情况下，美国实际上是破产边缘的国家。美元在世界货币体系中所扮演的角色，导致了美国外债如此之高。

美元作为世界货币体系的核心

自布雷顿森林体系瓦解以来，世界金融从金本位制转向了法定本位制，这就意味着，货币与黄金失去了关联转而由国家信用所支撑。在世界货币体系中，美元被赋予了如此重要的角色，美国政府大量印钞并不断发行国债来交换世界出口商品，并且利用外债来缓和危机。通过美元这一媒介，世界经济为美国的过度消费买单。

虚拟经济与实体经济间的失衡

过度的信用膨胀,呈上升趋势的美元供给,以及美元回流刺激了所谓虚拟资产的增加,包括房地产、股票、债券和其他复杂的金融衍生品。这种循环鼓励美国的“符号”经济,损害实体经济,加剧了它们之间的失衡。虚拟经济扩张并且远离而不是联合实体经济,于是在市场投机盛行下导致经济泡沫。

数据显示,美国的实体经济,如依赖于产品和服务的制造业、建筑业、批发业和零售业,占国内生产总值的比例,从 1950 年的 61.78% 降至 2007 年的 33.99%,与此同时,虚拟经济所占比例,即依赖于类似金融和保险服务的投机活动,从 1950 年的 11.37% 上升到 2007 年的20.67%。汽车工业、钢铁工业和建筑业作为美国战后三大支柱的产业逐渐衰落,被金融服务和房地产板块所代替。尽管如此,数据还是高估了制造业企业从实体经济转向虚拟经济所占国内生产总值的比例。例如,福特公司 2007 年的 58 亿美元的税前利润中仅有 8 亿美元来源于汽车销售,剩余利润皆来源于金融服务,如信贷和租赁业务。

美国的货币政策

美国经济下滑及其高且呈上升趋势的经常账户赤字,给利率以极大的压力。美联储前主席艾伦·格林斯潘,在 2000 年到 2003 年采取了低利率的货币政策。大幅的利率降低和外国资金的大量流入,创造了一个简单的信贷金融环境,使得资格差的房屋购买者和投资者获得高成本的贷款并抱乐观信念,房价上涨可以弥补住房按揭贷款的高成本。仅在 2003 年,美国次贷证券就有 810 亿美元源于房地美和房利美。这导致了美国在 2005 年和 2006 年的房地产泡沫,国内生产总值的一半与房地产及相关部门有关,还有 40% 的房子是为投资而非居住原因所购买。从平均水平来看,美国房产价格从 1997 年至 2006 年上涨了 124%。

然而,利率一直未下降。为了降温国内通胀,美联储2004年开始提高利率。“容易钱”的时代已经过去,美国房产市场开始降温。由于房价降温迅速,不太富裕的房产拥有者不能支付上涨的次级贷款。浮动利率贷款违约率开始上升并肆虐开来。

从微观视角来看,诱发灾难的直接原因是宽松的金融和投资环境。

1. 金融监管的缺乏

美国新自由主义金融改革从20世纪80年代开始,着重于撤销金融方面的管制规定,1999年开始,美式新自由主义在华盛顿共识中得以体现,归纳起来就是政府管理的弱化,快速的私有化和贸易、利率、汇率的自由化。同年,美国国会通过了《金融服务现代化法案》,进一步实施金融自由化和放松金融管制。

放松管制和经济刺激项目的结合,鼓励了金融服务机构的业务,但也导致金融寡头的活动更少被揭发和监管,进而引起政府忽视了影子银行体系的重要作用,以及联储对金融机构建议与监督职能的失效:市场参与者放弃贷款标准,不关注良好的信誉,而是更加关注借款者的偿还和再打包刺激贷款的能力,并且没有足够的银行储蓄来解决违约和损失的问题。更坏的情况是,证券交易委员会为最大的五家投资银行暂停了净资本规则。从政府强制管制下解放出来,这些金融寡头大幅增大杠杆率达四十倍。房地美和房利美则推动它们发展更具风险性的借款业务。在一场关于过度杠杆化的采访中,沃伦·巴菲特说,一个聪明的人没有其他方式可以走向灭亡,除了借钱。

2. 金融创新的滥用

管制放松引起了金融衍生品创新的失控潮。作为房地产膨胀的部分原因,次级贷款剧增。华尔街投行通过金融创新满足了持续的借贷需求,例如抵押贷款支持证券(MBS)、担保债务凭证(CDOs),甚至是双重担保债务凭证。这些复杂的和有毒的金融衍生品被信用评级机构授予安全评级,因为来自次级贷款和债务凭证的现金支付是以优先次序被分配给特殊证券。同时，过多使用了低支付选择权，比如浮动利率抵押贷款和只付息贷款。借贷标准不断降低，以满足强烈的对金融衍生品的需求，原因在于，这些金融衍生品的创造机制，可通过复杂的结构化工具证券化问题资产而使风险在供应链中转移。2007 年，总共有 1.95 万亿与按揭贷款相关的证券被发行。当房价从 2006 年的高点下降时，低资格的借款者无力再融资并开始违约。结果是，这种严重违约给深陷贷款支持证券业务的银行带来重创。正如格林斯潘在国会证词中声明的那样："没有证券持有者的过度需求，次级贷款发起人——毫无疑问是危机的根源——的违约风险就会大大降低。"

全球金融危机充分暴露了现存国际金融体系的不足，尤其是发展中国家在国际金融机构中代表性不足的问题。国际机构应致力于长远发展，建立公平、公正、包容和有秩序的国际金融体系，其基础原则是全面、平衡、进步和有效。因此，应改革国际金融机构的治理结构，以制定一个框架来支持世界经济的健康发展和金融环境的稳定。这些措施将是在尊重发展中国家的同时解决发展问题的重要因素。

这次危机表现了变化但有根可循的全球金融历程。在发达国家，储蓄缺乏导致消费债务的累积。发达国家的金融机构，尤其是美国、英国和西班牙，通过慷慨的次级借贷进一步推动了债务的累积，并将债务重新打包后售于二级市场。这样的债务具有很强的吸引力，随着资产价格的上升，证券化的贷款资产也随之升值。更进一步的，过度的贷款实际上支撑了这些资产的价格上升，创造了明显的单向赌局。美国经济下滑，以及后来的取消抵押品赎回权戳破了这个泡沫，导致戏剧性的价格和不动产价值的重组。

具有讽刺意味的是，新兴工业化国家却在信用紧缩之前饱受截然不同情况的困扰——内需不足。例如，中国的收入差距持续扩张，而且它的基础服务体系建设仍然落后，社会公正的大众认可度降低。这就导致了一系列问题，例如消费和投资的不平衡，低储蓄率，城市、农村和地区间发展的失衡，可支配收入落后于国内生产总值的增速，城乡间、行业间收入差距过大，国民收入中消费占比过低，低劳动报酬等问题。然而，除了忍受危机前的不同问题，新兴工业化国家还拥有与西方国家一样的问题，其表现为外部需求的大幅收缩。近年发展较为成功的发展中国家，如中国就对上述问题做出了很好的阐释。

经济危机对中国的影响

中国相对强大的资本管制和金融部门管制，意味着中国的金融机构没有遭受与西方及其他发达国家相似的次级贷款和相关问题。尽管如此，中国的实体经济在金融危机中也明显受到了全球需求水平变化的影响。2008 年第三季度，经济增长速度下跌到相对平稳的 9%，而前一年同期是 13%。在 2009 年初，增长率下跌仍在持续，在恢复增长之前跌至 6.1%。通胀压力随之结束了，标准指数在 2008 年底触零，在 2009 年初为负。

非常明显，外需骤然下降。在 2008 年年底，出口前所未有地下降 2.5%，与自 2001 年以来每年持续的增长经历相悖。根据某些测度，出口在 2009 年初下降 20%。中国经济对外贸有高依存度，国内生产总值 40% 的贡献来源于出口。当外需骤减时，东南沿海大批出口导向型工厂倒闭。

首先，中国股市跌幅逾 70%，房地产价格也随之明显下降。与出口增长相似，一些地方的房产价格也转为负增长（Yu，2008）。公司削减固定资产投资，并且以销售高存货资产为主，而非销售新产品。有广泛的证据显示是去库存而非重置资产（Sun，2009）。作为这些因素的结果，个人消费受到严重影响。总的来说，国内需求的下降影响了超过 75% 的工业增长率，其余的则是受到进口需求的影响。

美国次贷问题带给中国的潜在噩梦在于，中国庞大的外汇储备瞬间戏剧般地缩水。中国政府及中国的银行和基金公司持有华尔街巨额的股票和基金。根据中国国家统计局的数据,2008 年 9 月底,中国的外汇储备余额超过了 1.9 万亿美元,其中大部分投向了美国债券或股票。美元的急剧贬值,美国债券市场和消费信贷市场的低谷,意味着中国外汇遭受重创。

在同一时期,外国投资经历着相似的戏剧性下跌。2002 年,中国吸引 527.43 亿美元外国直接投资,超过美国成为世界第一。从那时起,这一数据超过 600 亿美元。2008 年为 924 亿美元,是 1998 年的两倍。相反,2009 年上半年,根据 2009 年联合国贸易与发展署发布的世界投资报告,流入中国的外国直接投资下降了 17.9%。改革开放三十年来,中国的外国直接投资急剧下降还是第一次。未来的政策改革应着重吸引最大化积极外部性,同时控制由外国直接投资带来的消极外部性,加强管制和管理外国直接投资流,改革不理性的投资结构。

金融危机给中国经济学家和政策制定者带来了共识,经济发展的方式必须由依靠外贸转向由内需拉动经济。内需必须由消费所驱动,首要决定因素即为收入分配。中国政府在实施引导收入分配的改革,同时继续增加公共服务方面的支出。大量使人民生活从中获益的政策被颁布。政府公共资源在保障房上的投资在持续增长。随着这些措施的实施,政策制定者必须保持警惕,以确保提高消费的机制是当下可承受的。

中国对全球经济危机的政策回应

为了处理金融危机的不利影响,2008 年 11 月,中国政府宣布了一系列宏观政策,并辅之不同的产业政策。

扩张性财政政策——中国四万亿一揽子刺激方案

最重要的政策是,2009 年至 2010 年四万亿一揽子经济刺激方案。

作为一揽子刺激计划内容的重点,中国的国内生产总值在2008年是29万亿元。该方案的支出结构如表1.1所示,交通网建设和四川地震灾后建设各占总支出的45%和25%。有四种具体金融方案来支撑刺激方案:(1)中央政府将通过直接拨款、利息补贴和直接资本注入给中央项目,以满足四万亿一揽子方案的四分之一资金需求;(2)预算赤字将通过发行政府债券(预算赤字占国内生产总值的比率将在2009年接近3%,而2008年为0.6%);(3)中央政府代地方政府发行债券,以补偿地方项目短期融资缺口;(4)银行借贷是地方政府的主要资金来源。强调出口收入下跌的重要性,温家宝总理保证,在2009年3月,如若出口仍低迷,更多的财政措施将颁布以缓解此状况。

表1.1:四万亿刺激方案支出分配(单位:十亿元)

城市低收入住房建设	280
农村基础设施农村收入增长	370
交通网建设	1800
媒体服务、文化和教育	40
生态保护	350
技术创新和经济重建	160
四川地震重建	1000
总　计	4000

数据来源:中国国家发展与改革委员会

在该扩张性财政政策下,2009年3月,全国人大批准了2009年政府新的预算案。在此预算案基础上,政府2009年的总赤字为9500亿元,达到过去六十年来的最高,相较2008年仅为1110亿元。中央政府赤字为7500亿元,比前一年高出5700亿元。全国人大允许地方政府通过财政部发行2000亿元政府债券。与2008年财政赤字占国内生产总值的

0.4%相比较,预期财政赤字占国内生产总值比率将达3%。

扩张性货币政策

就货币政策而言,中国自2003年开始采用的从紧政策,转变为自2008年11月开始的宽松政策。利率降到了历史新低,银行准备金率也很低,而对商业银行借贷方面的定额控制被取消。为了鼓励银行增加贷款,政府宣布了一系列措施来加速信贷业务发展。更进一步来讲,也决定了在某种程度上放松按揭贷款管制来刺激房产买卖。这些措施引领中国的货币供给和银行信贷在2009年前半年迅速增加(见表1.2)。M2增速[M1(现金+银行活期存款)+两年到期存款+三个月活期存款]达到自1996年5月起的最高水平。新银行借贷在2009年上半年奇迹般增加7.37万亿元,大致等于总体年份上涨90%。相反,银行贷款年增长在2006年和2007年分别为3.18万亿和3.63万亿(Yu,2008)。官方也决定停止人民币升值以缓解出口下降。

表1.2:货币和信贷增长(2009年1—6月)(单位:十亿,%)

	1月	2月	3月	4月	5月	6月
M1增长率	6.7	10.9	17.0	17.5	18.7	24.8
M2增长率	18.8	20.5	25.5	26.0	25.7	28.5
信贷	1620	1070	1890	591.8	664.5	1530
信贷增长率	21.3	24.2	29.8	29.7	30.6	34.4

数据来源:中国人民银行(2009)

除了这些扩张性的财政和货币政策,中国也宣布了系列产业政策来增加和复苏关键部门,如汽车、钢铁、纺织、机械制造和其他制造部门。更进一步,政府采取了不同措施,旨在控制与危机关联的失业冲击,特别是保护中小企业工人。这些措施包括以下方面:(1)允许这些企业面临资金困难时可延期支付社会保险基金;(2)暂时减少对医疗、工伤和失业保险强制缴费率;(3)利用失业基金以保持面临资金困难企业的就业水平。通过政府自己的预测,这三大措施帮助保住了100万个工作岗位(Cai et al. ,2010)。

促进房地产市场

2008年至2009年间,中国政府要求分期付款的最低首付比例降至20%,并且将按揭利率降低至七折,以刺激经济。财政部、国家税务总局宣布,那些购买房屋面积90平方米以下的个人交易税降至1%。

为了促进经济适用房的发展,政府为房地产开发商提供10%的贷款折扣。除此之外,贷款偿还延期两年。

取消商业贷款管制

中国人民银行宣布不再对信贷施以严格限制,目的是释放银行准备金和刺激乘数效应,以促进经济增长。

促进国际贸易

中国的进出口受到金融危机的明显影响,并且有一大批工人失业。政府在纺织品、服装、玩具和其他劳动密集型产品增加税收优惠,以提高出口竞争力,总共包括3500种产品,占总数的25.8%。

中国在全球经济复苏中扮演引擎的角色

面对暗淡的经济环境,中国采取积极措施处理全球金融危机,并且在世界经济中扮演重要角色。面对虚弱的国际市场,萧条的外部需求和萧条的出口增速,四万亿刺激政策被政府所使用,包括在农村地区和主要基础设施建设方面增加支出、增值税改革、增加出口退税等措施,并被证明已开始奏效。例如，至2009年中，很明显，宏观经济刺激和其他干预措施成功地拉动了劳动力的需求。至2010年初，中国的研究机构再次谈到了劳动力短缺（Cai et al.,2010）。庞大的经济刺激计划推动了中国内需，并在提供全球经济稳定性方面扮演着重要角色。更进一步讲，中国低成本的劳动力有助于降低生存成本，缓解了全球通胀压力。

就贸易保护主义而言，中国率先在欧洲国家采购，并且在其他新兴国家如非洲和拉丁美洲开立工厂和分公司。除了促进全球自由贸易之外，中国也在金融改革和金融管制方面积极参与了国际合作。

让我们共同关注2008年下半年，中国政府采取了相对宽松的货币政策和积极的财政政策，并且已经在稳定性和经济复苏中发挥了重大的明显作用。让人民币汇率以平稳方式升值，为世界树立了良好的榜样，并且帮助全球经济避免陷入货币竞相贬值的危险，也帮助减少中国和其他成员的贸易摩擦。与2005年7月21日人民币汇率机制改革实施相比，截至2010年1月，人民币相对美元升值了21.2%，相对欧元升值了4.6%，在此期间，美元明显贬值。

同等重要的是，中国增加了其海外投资，尤其是在核心资源和新技术方面。这些投资活动帮助促进了当地的繁荣，并创造了就业机会。中国作为发展迅速的经济力量，在实现全球经济复苏中扮演了重要角色。中国政府由于其经济刺激政策，以及应对危机时果断且行之有效的扩张性货币政策，在国际上获得了广泛赞誉。中国的经济发展对世界经济有着重要的积极影响，未来中国经济政策在维护世界经济稳定增长和可持续方面所扮演的重要角色，已经引起世界其他国家的关注。

未来的机遇与挑战

在过去的这些年中，中国人骄傲地见证着经济发展的诸多成就，正如谚语所说，“创业容易守业难”。在国际金融危机期间，中国经济在保持经济增速和改变未来经济发展方式方面承受了巨大压力。中国的经济增长速度从连续十年的两位数增长，降低到2008年的9%。2009年政府赤字上升至9500亿元，创历史新高。企业存货在2008年升至28%，高于两大历史顶点，即1996年的26%和2004年的25%，预示着经济下跌到更坏程度。此外，2009年中国的出口急剧下跌，并且使得工业附加值随之下跌。在后危机恢复过程中，关于刺激内需方面的五大问题需要中国考虑：(1)中央政府财政收入增速高于国内生产总值增速；(2)地方政府财政支出高于中央政府收入增长；(3)人均国内生产总值增速低于国内生产总值增速；(4)中国投资率(30%—50%，一半来源于储蓄)高于世界平均水平(20%—22%)；(5)消费率(30%)相当低，低于美国的一半(70%)。

中国长期存在的体制和结构性矛盾，以及传统增长方式的弊端，未来将面临很多挑战。中国的增长方式主要由投资驱动，其次为过度消耗资源(这导致环境污染)，再就是廉价劳动力。这样，在全球市场上，美国通过在中国投资和购买便宜商品赚取利润，中国利用廉价劳动力和昂贵的资源来交换贬值的美元和缩水的美国债券。更坏的情况在于，在金融危机中，美国用于救助房地美和房利美的5200亿美元中，中国贡献了4000亿美元。这是中国为维护世界经济稳定复苏所付出的代价。中国正在未来经济改革的道路上前进，必须承受可能危及经济发展稳定的六方面因素：高度复杂的、相互关联的脆弱金融体系；“三农问题”的潜在威胁(农村经济改革)；逐渐恶化的生态环境；不协调的发展和结构失衡；不健全的公共服务体系；腐败与行贿的蔓延。任何一个原因都将带来可预测和不可预测的危险和挑战。

有研究表明，中国由工业化所带来的环境污染增速已远超工业化增速本身，由自然灾害造成的直接经济损失逐年增加。统计数据显示，20世纪50年代，年平均损失是480亿元，20世纪80年代是690亿元。以1990年为基期平均水平计算，自1990年以来，每年由自然灾害造成的经济损失超过1000亿元。如果这个生态问题没有被给予足够的关注并且立即着重强调,将不可避免地导致严重的能源和环境污染,这些都将降低经济增长。

另一个值得特别关注的部分是房地产业——中国经济的支柱产业。根据中国国家统计局数据,2010年,房地产业年投资超过5万亿人民币。房地产业直接推动了超过四十余个行业的发展,并且创造了数以千万计的就业岗位。房地产市场、国民经济、社会问题与人民的居住环境紧密相关。格林斯潘的低利率政策为学者所抨击,认为他利用世界上最大的房地产泡沫去拯救世界上最大的股票市场泡沫。利用低利率刺激银行信贷意味着,当股票市场泡沫破裂时,结果导致次贷危机。最近,飙升的房产价格成为中国社会热议的话题。投机行为猖獗,中国的房价持续增长,通胀压力迫使央行多次调高利率——与美国次贷危机前的情况相似。房价的上升在2008年因受危机影响而下降,但在2009年反弹。更坏的在于,假按揭和伪造的收入和资产证明存在于中国的房地产信用市场,没有任何信用评级和风险定价机制。没有了信用资产的证券化,房地产信用危机是未知的,并且集中于银行系统。在过去这些年,央行反复提高利率,中国有日益上升的房地产抵押贷款的风险。因此,中国的商业银行被期望采取措施,以控制商业抵押贷款和房地产借贷风险,提供足够的风险准备。中国政府在2010年也实行了广泛的措施,比如"限价房"、"经济适用房"和"限购令",以控制一些城市迅速升高的房价。这些努力在2011年一直在进行。

尽管中国在危机中面临许多挑战,但机会也同样存在。寻求多边和单边的国际合作成为不可避免的选择,奥巴马政府的外交政策也是如此。这将有利于中美之间的合作,与其他国家一道,共同抵御世界金融危机。

结束语

世界经济尽管步履蹒跚,但我们不应忘记,纵观历史长河,每次重创经济的大危机都会带来新的发展机遇。正如中国谚语所说:“一个古老的国家都有改革的命运,我们应从我们的传统中汲取灵感,并且不断创新。”这些国家能够从危机中抓住机会引领经济复苏,并且在下一轮发展中占据有利的位置。

全球金融危机带来了不可预测的挑战,并与中国自身经济发展本质存在的冲突相互作用,编织了一系列复杂的问题和困难。对于中国,结合迎战金融危机的经济结构调整和体制改革,是唯一确保经济稳定发展的途径。通过这个过程,中国将证明其在21世纪全球经济中扮演着持续和可信赖的角色,并且逐渐和坚定地奠定其在全球经济与政治中的领导角色。(许璐　译)

参考文献:

Cai Fang, DuYang, John Giles, Albert Park and Wang Meiyan, 2010, *Shock and Recovery in China's Labor Market: Flexibility in the Face of a Global Financial Crisis*, East Asia PREM, The World Bank.

Sun Mingchun, 2009, 'China: The Recovery May Come Earlier than Expected', *Economics: China Focus*, Nomura, February.

Yu Yongding, 2008, 'China's Economic Growth, Global Economic Crisis and China's Policy Response', *The Pakistan Development Review*, 47:4Part I, 337—355.

第二章 全球经济失衡中的中美不寻常伙伴关系

张志超 弗兰基·周 石楠

引 言

在过去的十年中,新兴经济体的外部财富控制在全球财富整体分布格局中成长。尤其是中国的外汇储备有了急剧的增长(Lane & Milesi-Ferretti,2007; Eichengreen,2009),而这项投资的很大一部分,是以国际证券投资组合的形式开展的,中国也因此成为了美国国债的重要投资者(Shen & Ng,2008; Song,2008)。截至2008年9月,中国持有美国国债达8948亿美元,成为最大持有者。与此同时,美中贸易赤字达515.3亿美元,这反映了美国的过度消费现象。美国过度消费和中国金融盛宴之间的这种特殊伙伴关系,提出了这样一个问题:上述这种关系能持续多久? 国际研究担忧,如果突然终止中国对美国国债的持有,那么将会有怎样的潜在后果(Dobbs et al.,2010);而在中国国内,越来越多的人怀疑这项投资政策的合理性。

担忧之一:在全球失衡的时代,过度集中于美元工具会使中国面临美元汇率的不稳定波动的风险(Chen, 2009; Yu, 2009; Li, 2010)。担忧之二:国外财富的不断累积与中国的需求状况严重不符。一直以来,中国国内需求长期偏弱，而这也是其不得不过度依赖投资作为经济增长引擎的主要原因（Tang & Feng, 2007）。随之而来的，是大量的产能过剩及资源错配（Xia,2009）。许多国内评论家声称，借助于现在因持有美国债券而占用的资源，国内需求疲软的问题可能会得以解决（Dong,2009；Zhang,2009；Huang,2009；Shen & Shao,2010；Shi,2010）。鉴于该伙伴关系中的种种不利因素，为什么中国仍在继续囤积美国国债？这种伙伴不寻常关系能够荒谬地持续下去吗？

为了解释这种情形，我们有必要对中国政策选择背后的基本原理进行综合研究，而就我们所知，目前并不存在普遍接受的模型。在该研究中，我们提出了一个理论模型，它可以帮助我们更好地理解中国政策中明显的不一致性。我们试图探究中国累积美国国债的驱动力。通过应用数据模型、分析脉冲响应函数及方差分解，提出有用的政策建议。

一般均衡模型被用来获取不同冲击对中国的美国资产累积的影响。我们构建了一个“两国”世界的模型，其中，本国是面向世界其他国家的小型开放经济。该模型建立在新开放经济宏观经济模型（NOEM）的一般假定之上。另外，我们引入了本国经济不完备金融市场的假设，并假定当投资水平发生改变时，会发生二次调整成本。不完备市场的假设在中国范围内是现实的，有助于明确地描述国际资产余额的变化，因而有利于促进实证研究。二次成本函数保证了系统的平稳性，使得脉冲响应和方差分解的理想化分析成为可能。我们把生产率冲击纳入模型，把中国关于美国国债和股票持有量的冲击归因于汇率、利率和偏好。采用贝叶斯方法参数化“两国”模型，该模型为估计冲击的影响奠定了基础。检验的样本期间是从2000年第二季度到2010年第一季度，样本数据来自于中国和美国的季度数据。这一时期涵盖了不寻常伙伴关系的开始及其后续发展。

我们运用NOEM作为理论研究和实证研究的主力模型。较少有人采用NOEM来研究外部账户。伯金（Bergin,2006）使用七国集团的数据实证检验了 NOEM 模型,发现该模型合理地阐述了汇率和经常账户的动态性。在一个有三大贸易伙伴的一般均衡模型中,奥伯斯特菲尔德和罗格夫(Obstfeld & Rogoff,2005)强调了贸易条件在调整国际经济失衡中的突出作用。他们假定,三大贸易集团即美国、欧洲和亚洲没有相同的偏好;但对于可贸易品的消费都存在本土偏差,这样,每个国家对其自身所生产和出口的产品具有相对偏好。以奥伯斯特菲尔德和罗格夫的模型(2005)为基础,费雷罗等人(Ferrero et al.,2008)建立了一个简易的动态随机一般均衡模型(DSGE),并通过内生化动态调整路径,将生产和名义价格刚性纳入进来。近来,国际货币基金组织开展了一系列针对全球经济失衡原因的研究。这些研究尝试都遵循了 NOEM 方法的一般原理。巴蒂尼等人(Batini et al.,2009)的研究是这一发展的早期例子,他们采用了意大利银行开发的世界经济动态一般均衡模型的弹性价格版。这一模型与国际货币基金组织的全球经济模型(GEM)有很多相似的特征。其中,GEM 模型是以 NOEM 模型为理论基础建立起来的。

我们着重研究全球经济失衡的关键要素,即中国对美国国债的持续累积。我们的重点既不是中国国际资产持有量本身,也不是将中国持有美国国债作为某种投资选择进行考察,或者将其与其他投资渠道进行对比。相反,我们所要探讨的是,什么推动了中国不断持有美国国债。

以 DSGE 模型和不完备金融市场为基础,我们发现中国很有可能将会继续累积美国国债,因此,尽管中美关系中存在着推动全球经济失衡的荒谬因素,但在可预见的未来,这种不寻常的伙伴关系仍将继续。中国对于美国国债的高持有量,已经导致这些持有呈现出各自的动态性。惯性效应决定了其他所有的影响,并将成为中国不断累积美国国债背后的主导力量。美国消费者行为的变化也无法改变这一趋势。无论有没有这些变化,中国都会继续持有美国国债。一旦受惯性效应控制,这种不寻常伙伴关系的转变就要求中国在相当长的一段时间内维持较低的利率,而美国却采取相当高的利率;与此同时,两国的生产率都有大幅的显著提升。我们相信,这种类型和规模的变化是不可能的,因此,中美之间的不寻常伙伴关系很可能是世界经济的持久特征。

本文的其余部分结构如下:第二部分构建了主力模型,并将投资组合的调整成本添加到基本设定中,随后对该模型线性化,使其具有可测性;第三部分提出贝叶斯模型方法,接着运用贝叶斯估计对模型进行模拟,然后进行脉冲响应和方差分解分析,并讨论研究结果;第四部分是本章结论。

模 型

在这一部分,我们以 NOEM 为基础提出一般均衡模型。该模型主要是基于加利和莫纳切利(Gali & Monacelli,2005)的研究,他们为小型开放经济体提供了框架。我们还结合了但并不局限于奥伯斯特菲尔德和罗格夫(Obstfeld & Rogoff,1995)及施密特-格罗厄和乌里贝(Schmitt-Grohé & Uribe,2003)研究中的元素。假定金融部门处于不完备的市场环境,投资组合成本采用二次函数形式。对于能够从完备的国内金融市场获得融资的国家而言,经常账户的影响将会被消除。然而,正是由于金融市场的这种不完备性,使得我们能够清楚地描述经常账户和国际资本流动,从而为后续有关全球经济失衡的理论和实证分析提供依据。模型的另一特点是,纳入了受偏好冲击影响的消费习惯,这从需求方面大大丰富了经济的特征。

消费和偏好

为了表明中美之间的互动在全球经济失衡中的重要性,我们假设世界上只有两个国家:本国——小型开放经济;除本国之外的世界——大型开放经济。在每个经济中都有一个典型的消费者,他们通过选择一定的消费水平、工作努力程度,以及持有或借贷资产的结束期来最大化其效用。本国消费者的最大化问题可以用如下方程表示：

$$\max_{C_T, N_T, B_T} E_0 \sum_{t=0}^{\infty} \beta^t V_t U_t \tag{2.1}$$

$$s.t.\ P_t C_t + \varepsilon_t B_t - \varepsilon_t \frac{\psi}{2}[B_t - (1 + r_{t-1}^*) B_{t-1}]^2 = W_t N_t + \varepsilon_t (1 + r_{t-1}^*) B_{t-1} + T_t \tag{2.2}$$

其中，β 是跨期贴现因子。(2.1)式中，V_t 表示影响消费跨期选择的偏好可能发生变化的过程；U_t 是效用函数。在等式(2.2)给出的预算约束下：C_t 是消费组合；P_t 是价格指数和汇率；B_t 代表国际交易性债券；N_t 指的是工作努力度，这会发生负的效用；W_t 是工资率；T_t 包括了收到的转移支付或缴纳的税款。

效用函数采用如下形式：

$$U_t = \frac{1}{1-\sigma}\left(\frac{C_t - \gamma h C_{t-1}}{A_t^*}\right)^{1-\sigma} - N_t \tag{2.3}$$

其中，A_t^* 是世界的技术进程；γ 是稳态增长率。消费者存在消费习惯，h 表明了消费的持续性。

除了或有债券的标准化假设之外，我们还假定本国消费者只能获得世界交易性债券 B_t，通过它我们引入金融市场的不完备性。γ_t^* 是外币债券的名义利率。汇率 ε_t 是每单位外币兑换的本国货币的价格。鉴于小型开放经济模型的非平稳性，施密特-格罗厄和乌里贝（Schmitt-Grohé & Uribe，2003）引入了投资组合调整成本来导出平稳性。他们假定调整成本为每个时点上的债券现行水平与长期债券水平的差额：

$$\frac{\psi}{2}(B_t - \overline{B})^2 \tag{2.4}$$

与他们的设定不同，我们假设当债券水平相对于前一期发生变化时产生的成本：

$$\frac{\psi}{2}[B_t - (1 + r_{t-1}^*) B_{t-1}]^2 \tag{2.5}$$

因此，从长期来看，债券水平会沿着稳定的路径增长：

$$\overline{B}_t = (1 + \overline{r}^*)\overline{B}_{t-1} \tag{2.6}$$

为简单起见，我们假设不存在通过国内金融市场融资的可能性。就我们的模型而言，产出和消费之间的差额反映在净出口上，这也是国际投资的资金来源。这点恰好与如下事实相符，即许多小型开放经济的出口收入以外币为单位。转换外贸收入后再将其投资于国内市场会产生成本，包括交易成本和汇率变动。这些成本会阻碍未来的出口贸易。尽管经济在国际商品市场上本国是价格接受者，但它在金融市场可以有一些市场势力，在交易过程中能够影响国际资产的价格。我们所作的假设很好地抓住了这些影响，并且可以通过模型中调整成本系数 ψ 的更大值反映上述影响。

进一步假定，无抛补利率平价和一阶条件可以导出消费的欧拉方程：

$$\frac{\beta P_t Z_{t+1}}{P_{t+1} Z_t}(1 + r_t) = \frac{1 - \psi[B_t - (1 + r_{t-1}^*)B_{t-1}]}{1 - \psi[B_{t+1} - (1 + r_t^*)B_t]} \tag{2.7}$$

其中，Z_t 是消费的边际效用：

$$Z_t = \frac{V_t}{A_t^*}\left(\frac{C_t - \gamma h C_{t-1}}{A_t^*}\right)^{-\sigma} - \frac{\beta\gamma h V_{t+1}}{A_{t+1}^*}\left(\frac{C_{t+1} - \gamma h C_t}{A_{t+1}^*}\right)^{-\sigma} \tag{2.8}$$

我们围绕初始稳定路径线性化上述方程：

$$z_t = \frac{\sigma\beta h}{(1 - \beta h)(1 - h)}c_{t+1} - \frac{\sigma + \sigma\beta h^2}{(1 - \beta h)(1 - h)}c_t + \frac{\sigma h}{(1 - \beta h)(1 - h)}c_{t-1}$$

$$- \frac{\beta h}{1 - \beta h}V_{t+1} + \frac{1}{1 - \beta h}V_t + \frac{(1 - \sigma)\beta h}{1 - \beta h}a_{t+1}^* - \frac{1 - \sigma}{1 - \beta h}a_t^* \tag{2.9}$$

当期和以前消费水平的差距，以及当期和未来预期消费水平的差距，都会影响消费者的边际效用。习惯系数控制了这种过程持续性的程度。消费的持续性越高，消费者在面临经济冲击时就越不愿意改变其消费水平。此外，偏好的高持续性会影响消费的变化，而且还会影响额外消费的效用。对欧拉方程线性化可以得到下列方程：

$$z_t = E_t\{z_{t+1}\} - E_t\{\pi_{t+1}\} + r_t - \frac{\psi}{\beta}E_t\{b_{t+1}\} + \psi b_t + \psi r_t^* - \beta\psi r_{t-1}^* \tag{2.10}$$

其中,$z_t = \log Z_t$;π_t 是消费价格指数增长率 $d\log P_t$;b_t 代表债券持有率的变化 $d\log B_t$。由于将当期和未来一期的调整成本引入方程,欧拉方程不同于标准化的方程。

虽然假定小型开放经济的金融市场是不完备的,但同时我们也假设除本国之外的世界具有完备的金融市场,并且在调整金融头寸时不会产生任何成本。因此,世界的欧拉方程可以表述为:

$$\frac{\beta P_t^* Z_{t+1}^*}{P_{t+1}^* Z_t^*}(1 + r_t^*) = 1 \tag{2.11}$$

其中,Z_t 是消费的边际效用:

$$Z_t^* = \frac{V_t^*}{A_t^*}\left(\frac{C_t^* - \gamma h^* C_{t-1}^*}{A_t^*}\right)^{-\sigma} - \frac{\beta\gamma h^* V_{t+1}^*}{A_{t+1}^*}\left(\frac{C_{t+1}^* - \gamma h^* C_t^*}{A_{t+1}^*}\right)^{-\sigma} \tag{2.12}$$

线性化世界的欧拉方程,并将其与方程(2.10)结合起来,我们可以得到本国和世界之间的国际风险分担:

$$z_t = z_t^* - q_t + \psi b_t - \beta\psi r_{t-1}^* \tag{2.13}$$

其中,q_t 是本国的实际汇率。由于存在持有国际债券的调整成本,上述模型中的国际风险分担与 NOEM 标准式中的不一致。假设本国不改变其外部金融头寸:

$$b_t - \beta r_{t-1}^* = 0 \tag{2.14}$$

方程(2.13)可以化简为标准式:$z_t = z_t^* - q_t$

本国国内消费者的消费品包括国内和国外的商品:

$$C_t = [(1-\alpha)^{\frac{1}{\eta}} C_{H,t}^{\frac{\eta-1}{\eta}} + \alpha^{\frac{1}{\eta}} C_{F,t}^{\frac{\eta-1}{\eta}}]^{\frac{\eta}{\eta-1}} \tag{2.15}$$

$C_{H,t}$和 $C_{F,t}$分别代表国内和国外商品的消费;η 是替代弹性;α 表示开放程度,是外国商品在总消费中的份额,等于给定初始贸易余额为零时进口占国内生产总值的比率。国内经济相应的价格指数表示如下:

$$P_t = [(1-\alpha)P_{H,t}^{1-\eta} + \alpha P_{F,t}^{1-\eta}]^{\frac{1}{1-\eta}} \tag{2.16}$$

线性化上述价格指数，我们可以得到基于生产价格指数的消费者价格指数方程以及本国贸易条件的变化：

$$\pi_t = \pi_{H,t} + \alpha s_t - \alpha s_{t-1} \tag{2.17}$$

其中，π_t 是消费价格指数；$\pi_{H,t}$是生产价格指数；s_t 表示贸易条件，而贸易条件定义为进口价格对国内价格的比率，即 $s_t = p_{F,t} - p_{H,t}$。实际汇率和贸易条件之间的关系定义为：

$$q_t = (1-\alpha)s_t \tag{2.18}$$

我们进一步假设，本国和世界有一系列连续的产品；对差异化产品的消费具有不变的替代弹性：

$$C_{H,t}(i) = \left(\frac{P_{H,t}(i)}{P_{H,t}}\right)^{-\varepsilon} C_{H,t} \tag{2.19}$$

其中，ε 表示不同品牌产品之间的替代弹性。

市场均衡和冲击

我们遵循有关生产的标准假定，不考虑资本劳动比率的变化。生产品牌产品的公司，其生产函数是关于工作努力程度的线性函数：

$$Y_t(i) = A_t N_t(i) \tag{2.20}$$

其中，$Y_t(i)$是实际产出；A_t 是本国的单位生产率。公司为国内外需求选择价格，假设一价定律总是成立的，而且在生产部门引入名义刚性。根据卡尔沃型（Calvo-type）黏性，我们允许一部分 $1-\theta$ 家公司在每个时期变动价格。那些在当期调整价格的公司最大化其贴现预期利润：

$$\max_{\overline{P}_{H,t}} E_t \sum_{t=0}^{\infty} \theta^k Q_{t,t+k} [Y_{t+k}(i)(\overline{P}_{H,t}(i) - MC_{t+k}^N)] \tag{2.21}$$

其中，MC_t^N 是名义边际生产成本。时期的最优价格满足如下方程：

$$E_t \sum_{k=0}^{\infty} (\theta\beta)^k Q_{t,t+k} Y_{t+k}\left(\overline{P}_{H,t} - \frac{\varepsilon}{\varepsilon-1} MC_{t+k}^N\right) = 0 \tag{2.22}$$

将刚刚设定价格的$1-\theta$家公司的新价格和保持原有价格的θ家公司的价格加总，可以得到国内产品的价格：

$$P_{H,t}=[\theta P_{H,t}^{1-\varepsilon}+(1-\theta)\overline{P}_{H,t}^{1-\varepsilon}]^{\frac{1}{1-\varepsilon}} \tag{2.23}$$

围绕完美预见的零通胀稳态，将方程(2.22)和(2.23)线性化，我们可以得到如下方程：

$$\pi_{H,t}=\beta\pi_{H,t+1}=\frac{(1-\theta)(1-\beta\theta)}{\theta}mc_t \tag{2.24}$$

其中，mc_t是实际边际成本的对数：

$$mc_t=-z_t-a_t+\alpha s_t \tag{2.25}$$

其中，s_t是本国的贸易条件。国内生产率的提高降低了其边际生产成本。国外的生产和价格也有类似的设定，为了节约空间，我们没有给出国外部分的方程。

在我们关于本国小型开放经济的假设下，国内消费者是国际产品的价格接受者。他们进口的国际产品占世界总产出的比例可以忽略不计。因此，本国以外世界的总消费约等于我们模型中的总产出：

$$c_t^*\approx y_t^* \tag{2.26}$$

然而，世界对国内产品的需求包括国内产出不可忽略的一部分。初始贸易余额设定为零，世界需求会按比例影响国内生产，而且它也会受到贸易条件和实际汇率变动的影响：

$$y_t=(1-\alpha)c_t+\alpha c_t^*-\eta\alpha s_t-\eta\alpha q_t \tag{2.27}$$

我们假设存在一种可以在国际上交易的金融资产，这使我们可以明确地表示国际资产差额的变化。二次函数形式的投资组合调整成本，也为模型增加了稳定性，这在后文的实证分析中十分有用。给定国内经济的预算约束，我们进一步假设，生产部门的所有利润都在同一时期转移给国内的消费者。因此，资源约束就变成：

$$P_tC_t+\varepsilon_tB_t-\varepsilon_t\frac{\psi}{2}[B_t-(1+r_{t-1}^*)B_{t-1}]^2=Y_tP_{H,t}+\varepsilon_t(1+r_{t-1}^*)B_{t-1} \tag{2.28}$$

围绕初始贸易余额为零即 $P_0C_0 = Y_0P_{H,0}$，将上述方程线性化：

$$b_t = \frac{1}{\phi}y_t - \frac{1}{\phi}c_t - \frac{\alpha}{\phi}s_t + \beta r^*_{t-1} \tag{2.29}$$

其中，ϕ 是债券水平对产出的初始比率，即 ε_0B_0/P_0C_0；如果本国小型经济相对于本国以外世界的价格保持不变，并且本国也不调整其债券头寸，那么贸易余额将得以维持，即 $c_t = y_t$。这种情形并不存在调整成本，因为尽管它们出现在先前讨论过的欧拉方程和国际风险分担中，但线性化之后，相对于债券水平而言，它们的规模微不足道。通过贸易条件效应，汇率的贬值会导致本国经济更高水平的产出。国内生产率的增长应该带来外国资产的下降。根据欧拉方程，更高的产出会增加未来的消费预期，并影响当前的消费，因而在某个正向生产率冲击之后，消费会有所增长。尽管消费增长不会立即进入长期水平，但其幅度仍要大于生产的增长幅度，这主要是受限于价格黏性。随后，消费和收入之间的差距会通过减少国际资产来融资。

我们的模型中给出了五种外生性冲击，包括对生产率和本国持有的美国债券存量的冲击，以及对汇率、利率和偏好的冲击。本国和世界的生产率都遵循 AR(1)过程：

$$a_t = \rho_a a_{t-1} + \varepsilon_{a,t} \tag{2.30}$$

$$a^*_t = \rho_a a^*_{t-1} + \varepsilon^*_{a,t} \tag{2.31}$$

我们引入对本国经济体所持有的债券水平的冲击：

$$b_t = \frac{1}{\phi}y_t - \frac{1}{\phi}c_t - \frac{\alpha}{\phi}s_t + \beta r^*_{t-1} + \varepsilon_{b,t} \tag{2.32}$$

鉴于本文的重点在于解释中国对美国国债的累积，我们使用的是由美国财政部国际资本系统公布的数据。$\varepsilon_{b,t}$ 作为国库券数据的测量误差，能够说明无法解释的投资头寸的变动。

卢比克和肖尔费德（Lubik & Schorfheide，2005）检验了 NOEM 模型对汇率高波动性的解释力。他们记录了大量原因不明的汇率波动，我们将其定义为汇率冲击。这简化了我们的分析，即将汇率冲击作为推动国

际资产头寸变化的可能力量。汇率影响着贸易条件的动态性:

$$s_t = s_{t-1} + e_t + \pi_t^* - \pi_{H,t} + \varepsilon_{e,t} \tag{2.33}$$

假设两个经济的货币政策遵循泰勒规则,我们来考察货币政策、通货膨胀及生产率增长之间的关系:

$$r_t = \rho_r r_{t-1} + (1-\rho_r)[\psi_1 \pi_t + \psi_2 (y_t - y_{t-1})] + \varepsilon_{r,t} \tag{2.34}$$

$$r_t^* = \rho_r^* r_{t-1}^* + (1-\rho_r^*)[\psi_1^* \pi_t^* + \psi_2^* (y_t^* - y_{t-1}^*)] + \varepsilon_{r,t}^* \tag{2.35}$$

在我们的模型中,偏好冲击作为来自需求方的冲击。与拉巴纳尔和图埃斯塔(Rabanal & Tuesta,2006)不同的是,我们并不把其他冲击附加到需求函数中:

$$\upsilon_t = \rho_\upsilon \upsilon_{t-1} + \varepsilon_{\upsilon,t} \tag{2.36}$$

$$\upsilon_t^* = \rho_\upsilon^* \upsilon_{t-1}^* + \varepsilon_{\upsilon,t}^* \tag{2.37}$$

我们的模型包括:边际效用方程(2.9)、欧拉方程(2.10)、最优定价(2.24)、实际边际成本(2.25)、商品市场出清条件(2.26)、货币政策(2.34)以及对应的国外部分。我们还进一步需要:国际风险分担方程(2.13)、价格指数(2.17)、实际汇率(2.18)、资产头寸(2.29)、生产率(2.30 和 2.31)、偏好过程(2.36 和 2.37)。现在,我们可以为所讨论的"两国"经济的分析提供一个明确的可检验的一般均衡模型。

中国对美国国债的持续累积

我们的理论基础提供了一个可检验的模型,可以用来研究面临不同类型冲击的经济的动态。我们采用贝叶斯法并运用中美两国的数据来估计模型。这一估计能使我们推断出两个经济体的行为。然后,将对脉冲响应函数和方差分解进行分析,以求在给定估计中所得参数值的情况下中国购买美国资产会发生什么?

数据描述和先验选择

外国持有美国证券的资料,由美国财政部在2000年通过其财政国际资本系统首次发布。统计数据包括那些与外国人有关的美国金融账户,但不包括直接投资。因此,我们选择的估计样本期间涵盖了2000年第二季度到2010年第一季度。中国对美国国债的持有量从2000年开始稳步增长,到2008年几乎翻了一番。在样本期内,2008年以前的平均增长率为6.13%,而此后为6.98%。虽然在2009年第二季度以后增长似乎停止,但也没有任何逆转的趋势。

除了中国持有美国国债的增长率之外,我们还可以使用如下变量来展开我们的实证研究,例如实际国内生产总值的增长率、消费价格指数、汇率和利率等。美国实际国内生产总值的增长率来自于美联储经济数据的GDPC96系列。就中国而言,我们使用名义国内生产总值,并用国内生产总值平减指数对其进行处理,这些数据均来源于国际货币基金组织国际金融统计消费价格指数。对美国的实际国内生产总值数据按季节进行调整。为了与美国保持一致,我们也按季节来调整中国的实际国内生产总值数据,方法是采用X-12 ARIMA。

从数据来看,中国的实际增长大大高于美国,然而,中国的增长也表现出更大的波动性,排除其他因素,这很可能是由更具波动性的生产率提高所造成的。生产率提升对中国持有国际资产变化的影响,将在后面得到验证。

美国的消费价格指数增长率来自于美联储经济数据,是针对所有城市消费者的;而中国的消费价格指数增长率则使用国际货币基金组织国际金融统计发布的数据。采用上述方法对这一数据集进行季节性调整。美国的利率是有效的联邦基金利率;而就中国的利率而言,我们汇集了三个月的国债率。不管是利率,还是人民币兑美元的汇率,其数据都来源于国际货币基金组织国际金融统计。表2.1给出了这些变量的描述性统计。中国实际国内生产总值的平均季度增长率为2.9%,而美国为

0.4%。中国和美国实际国内生产总值增长率的标准差分别为0.0144和0.0066。不难发现，中国的标准差超过美国的两倍多，因而中国的增长比美国更具波动性。

我们采用贝叶斯方法来估计我们的两国一般均衡模型。由于贝叶斯方法是在先验设定的基础上更新数据参数的后验分布，因此先验的选择对后验至关重要(Del Negroa & Schorfheide, 2008)。借鉴拉巴纳尔和图埃斯塔(Rabanal & Tuesta,2006)的思路，我们将跨期贴现因子设定为0.995，而其余参数不受限制。一般来说，其他参数的先验设定与卢比克和肖尔费德(Lubik & Schorfheide,2005)的设定类似。

表2.1:数据系列的描述性统计(单位:%)

	实际GDP增长		CPI		利率		人民币兑美元	中国持有美国
	中国	美国	中国	美国	中国	美国	汇率的变动	国债的增长
平均值	2.9358	0.3961	1.9035	0.6037	0.6421	0.6702	-0.482	6.3219
标准差	1.4199	0.6517	2.3892	0.7379	0.1912	0.485	0.8592	7.5785
偏斜度	-0.8113	-1.2677	0.9403	-1.2728	0.743	0.3601	-2.0546	0.5596
冗余锐度	1.8587	2.2118	0.2687	4.8295	0.2857	-1.1952	3.9001	0.3399

数据来源:美联储数据库;国际货币基金组织国际金融统计。

表2.2:先验分布和后验分布

参数	先验均值	后验均值	后验置信区间		分布	标准差
α	0.06	0.1580	0.1473	0.1733	β	0.05
ρ_a	0.60	0.6622	0.6137	0.7032	β	0.10
ρ_a^*	0.60	0.8598	0.8435	0.8772	β	0.10
σ	2.00	3.1163	2.9767	3.2648	γ	0.50

续表

h	0.30	0.6576	0.6291	0.6813	β	0.10
h^*	0.30	0.8944	0.8901	0.8975	β	0.10
θ	0.50	0.9511	0.9491	0.9529	β	0.10
θ^*	0.50	0.8919	0.8845	0.8992	β	0.10
η	1.00	1.1926	1.0685	1.3358	γ	0.50
ρ_r	0.50	0.4604	0.4026	0.5404	β	0.20
ψ_1	1.50	2.1951	2.1223	2.2706	γ	0.20
ψ_2	0.50	0.3158	0.2747	0.3705	γ	0.20
ρ_r^*	0.50	0.3521	0.3089	0.3924	β	0.20
ψ_1^*	1.50	1.2679	1.2106	1.3140	γ	0.20
ψ_2^*	0.50	0.7761	0.7289	0.8163	γ	0.20
ρ_v	0.60	0.8715	0.8263	0.9069	β	0.10
ρ_v^*	0.60	0.5791	0.5624	0.5998	β	0.10
ψ	4.00	4.1706	4.0919	4.2392	γ	0.20
ϕ	0.18	0.9570	0.862	1.0530	γ	0.10
冲击的标准差						
ε_a	1.00	2.8793	2.5387	3.2040	$inverse\gamma$	0.50
ε_a^*	0.50	2.3754	2.1825	2.5703	$inverse\gamma$	0.50
ε_r	0.40	0.0752	0.0611	0.0873	$inverse\gamma$	0.50
ε_r^*	0.40	0.0655	0.0577	0.0759	$inverse\gamma$	0.50
ε_v	0.50	0.5907	0.4636	0.7622	$inverse\gamma$	0.50
ε_v^*	0.50	0.2875	0.2552	0.3189	$inverse\gamma$	0.50
ε_e	1.00	0.2590	0.2265	0.3005	$inverse\gamma$	0.50
ε_b	1.00	0.2941	0.2372	0.3499	$inverse\gamma$	0.50

在表2.2中,我们给出了关于均值、标准差和先验概率分布类型的假设。本国和外国经济体有着相同的风险厌恶系数 σ 和跨期替代弹性 η;开放程度 α 表示的是2009年底中国的进口占国内生产总值的比率;ϕ 是国外资产余额占国内生产总值的稳态比率,并且,我们使用的是2009年中国持有的美国债券占中国国内生产总值的比率。我们假定汇率及国际投资头寸冲击的测量误差都存在很大的标准差。分布函数的类型根据参数域的范围进行设定。

后验和模拟

表2.2中显示的参数估计值和冲击标准差,使我们能够用现实生活中的数据对该模型进行实证检验。利用这些参数值和标准差,我们进行了随机模拟,并生成了脉冲响应函数,结果反映了不同冲击对所考察系统中的经济体的影响。模拟之后,我们还将进行方差分解分析,以便弄清个别冲击能在多大程度上导致这些变量的波动。

据称,贝叶斯估计量有时会面临如下问题:只有一些系数保持不更新;后验与先验太过接近。然而,在我们的估计中,大多数系数都得到更新,并且和先验大不相同,这意味着该模型运行得很好。中美两国的消费习惯系数 h 分别为0.6576和0.8944。在面对冲击时,习惯系数的值越大,消费者越不愿意改变其消费水平,因为改变现期的消费水平将会带来下一期效用的减少。鉴于此,我们可以做出这样的预期:美国比中国有更持久的消费动力。系数 ψ 的估计值为4.1706,这意味着当变动的外国头寸相当可观时,调整成本将会发生。对两个经济体最大的冲击来自于生产率,而中美两国各自的生产率水平分别为2.893和2.3754。中国的生产率冲击比美国的更不稳定。据估计,中国持有美国资产变化的标准差 b 为0.2941。

基于参数的估计值和冲击的标准差,我们随后模拟了该模型,并计算了不同冲击单位变化的脉冲响应。其中,不同冲击的单位变化用单位标准差的变化来衡量。图 2.1—2.8 描绘了几种不同冲击的脉冲响应函数(IRFs),这些冲击涵盖了四十个季度以来中国持有美国国债 b、国内外消费 c 和 c^*、消费价格指数通胀 π 和 π^*、汇率 e 及产出 y 和 y^* 的冲击。大多数变量在四十期以后又回到稳态,因此,我们给出了与这些时期对应的脉冲响应函数。

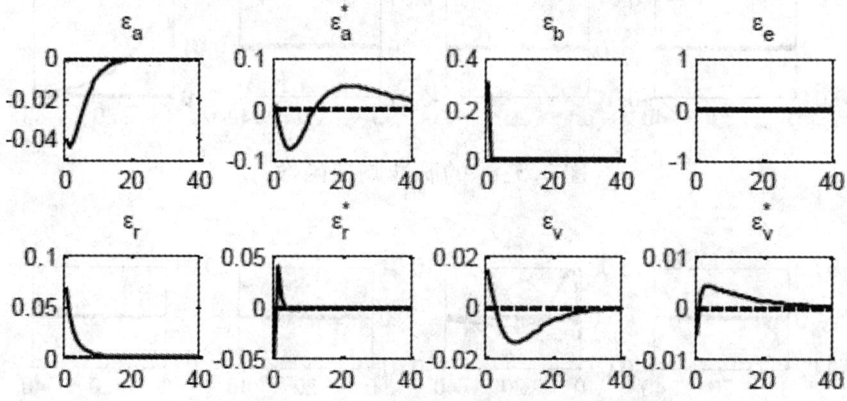

图 2.1:b 的脉冲响应函数

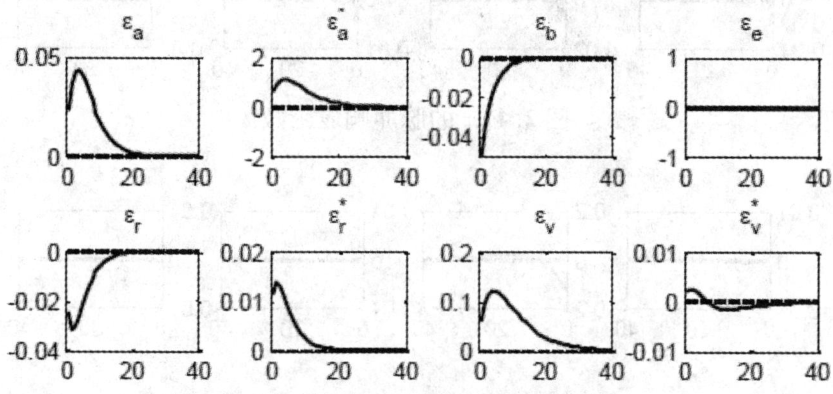

图 2.2:c 的脉冲响应函数

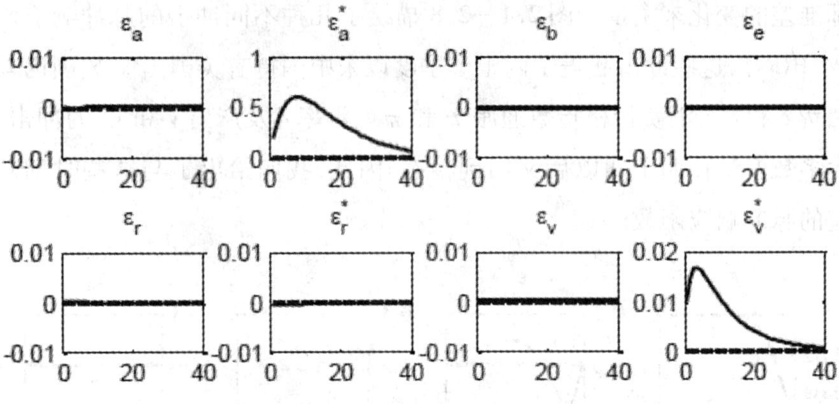

图 2.3：c^* 的脉冲响应函数

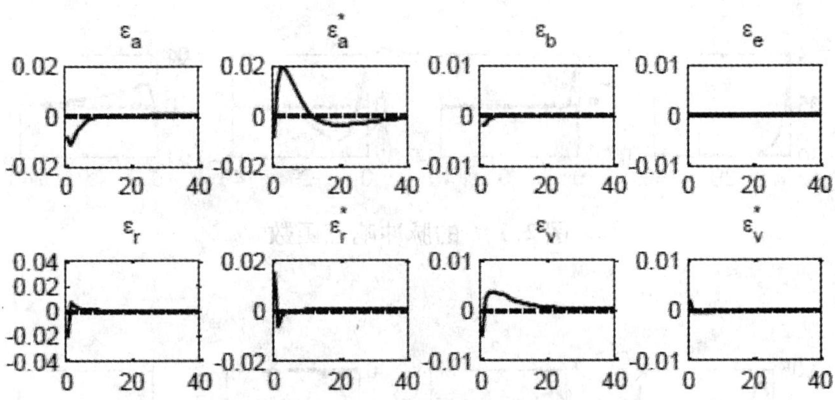

图 2.4：π 的脉冲响应函数

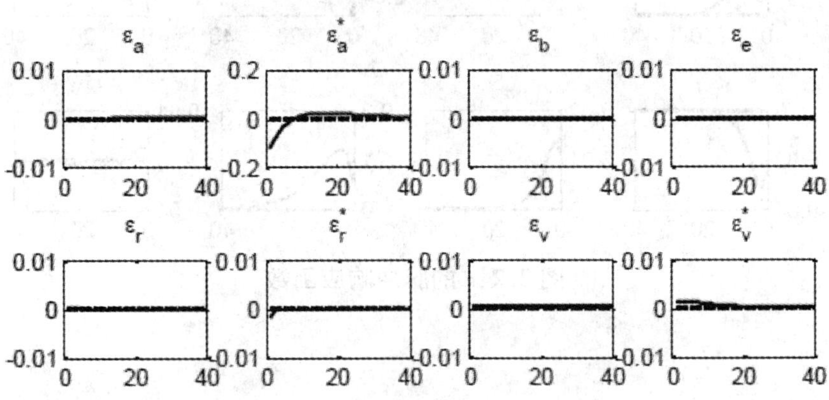

图 2.5：π^* 的脉冲响应函数

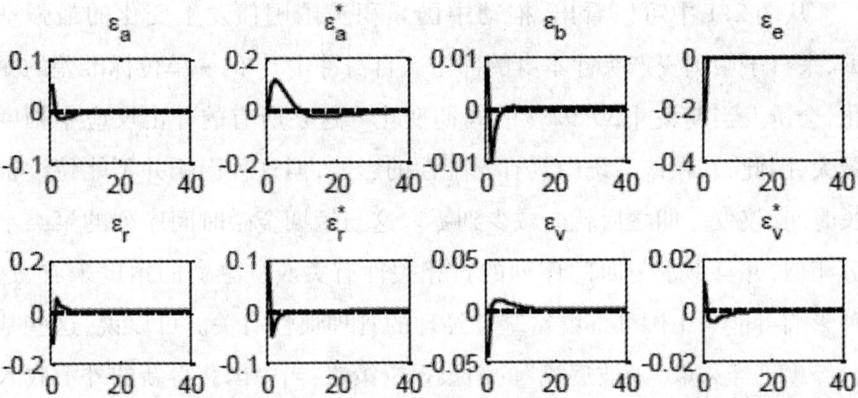

图 2.6 : e 的脉冲响应函数

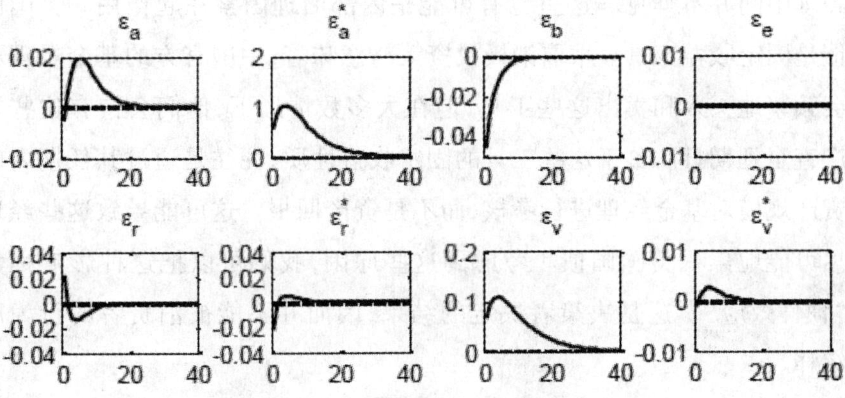

图 2.7 : y 的脉冲响应函数

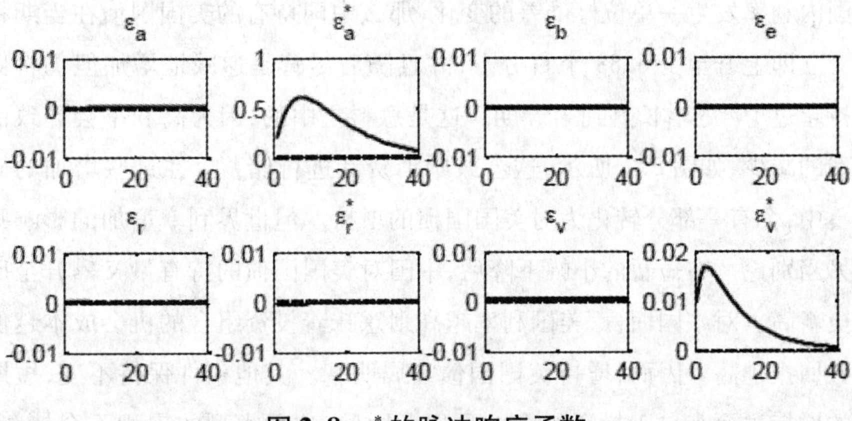

图 2.8 : y^* 的脉冲响应函数

从图2.1中可以看出，推动中国累积美国国债发生变化的最强动力，来自于中国资产头寸本身的冲击。自身冲击ε_b的一单位标准差的变化，会诱发当期头寸30.92%的同期变化。这在所有的冲击反应中幅度最大，因此，它在该系统中具有支配性的影响，但这种影响并不能持续很长时间，仅仅一期之后就会减少到零。这与短期金融时间序列的聚类十分相似，并且似乎与时间序列的自相关性有关。从融资的角度来看，这种影响可能与中国外部财富基金经理的管理惯性有关。可以说，这些基金经理已经采取"随波逐流"的消极投资策略：当中国获得新的外汇收入时，只是简单地增加更多的美国国债。这种做法在任命的政府资产基金经理中间并不鲜见。这里也有可能是内部治理因素在起作用。美国国债是固定收益工具。采取消极投资策略意味着，中国官方的基金经理不会频繁地买入和卖出这些工具，但在大多数情形下，他们会持有这些资产直至到期日。鉴于这些工具的固定收益性质，往往是通过其任期内的资产规模对基金经理进行考核，而不是资产回报。这可能导致这些经理尽可能地累积美国国债。考虑到这些原因，我们可以把这种影响称为"惯性效应"。这是决策者决定的结果，因而并不能被消费者的行为所解释。

无论国内还是国外，影响力次强的都是对利率的冲击。如果因冲击国内利率发生一单位标准差的变化，那么中国持有的美国国债在当期将会立即上升至少6.88个百分点，并且随后尽管是递减地增加但仍将保持超过1%的增长直到第五期。这是意料之中的，因为高利率会导致消费的减少，如图2.2所示，这会鼓励消费者进行储蓄。在这些增加的储蓄中，会有一部分转化为对美国国债的增持。但世界利率增加的影响则另当别论。在短暂的小幅下降后，中国对美国国债的持有量又攀升至历史新高。对中国而言，美国利率越高则意味着投资组合的机会成本越低且回报越高。因而，增持美国国债实属明智。其他条件保持不变，短期的增持主要来自于投资组合的重置。因此，这种类型的累积不会持久。

如图 2.2 所示，随后增长又会迅速跌至其稳定状态。

最初，生产率冲击对中国持有美国国债的影响是负向的，但随后又反弹至稳态。当期，生产率冲击会导致其下降 4.44%；而随着时间的推移，下降幅度会递减，并且大约在冲击后九期又会回到稳定路径。可以想象，随着生产率的提高，消费者会选择一个更高水平的消费，我们的理论模型预测和图 2.2 的脉冲响应函数都很好地说明了这一点。其他条件保持不变，这意味着国内消费者只能使用较少的资源来购买美国资产。对源于美国的生产率冲击的反应也有相似的模式。

令人感兴趣的是，美国的消费与中国大量持有美国资产之间是如何相互影响的。我们的研究结果表明，国内外的偏好冲击作为一种需求性冲击只有轻微的影响。从图 2.1 中我们可以发现，如果本国国内消费者的偏好正向变动一单位，那么中国对美国资产的累积将会在同期增长 1.47%，然后在三期之后会迅速下降为负，降幅为 1.41%。

为了更深入地探究这种不寻常伙伴关系会如何发展，在给定美国的消费偏好改变一单位的条件下，也许考察美国消费者的行为更为重要。很难想象美国消费者的消费习惯和消费倾向在短期内会有任何改变。然而，即使这一改变发生，从图 2.3 也可以看出，美国的消费偏好每发生一单位的负向变化就会导致 1.68% 的下降。如图 2.8 所示，就生产而言，一单位消费偏好的减少会导致美国的产出下降 1.68%。中国持有美国国债对国外偏好变化的影响更小：美国偏好每变化一单位，中国的持有量就会立即下降 0.5%，但这种局面很快就会扭转，因为只需一期中国的累积就会回到其稳态路径上来。总的来说，美国消费偏好的变化很难影响中国对美国国债的持有量。

至于消费和产出，其对生产率冲击的反应如图 2.2、2.7 和 2.8 所示。图 2.2 表明，本国国内生产率冲击 ε_a 的一单位变化会导致消费增加 4.34%，但这种影响在十二期后会逐渐消失。从图 2.7 中我们可以了解到，生产率冲击每变化一单位标准差，产出就会增加约 1.98%，而随后，在大约十期的时间内,生产增长会回到其稳态路径上。

然而,值得注意的是,消费和产出对 ε_b 的反应都是负向的。惯性冲击每增加一单位会使消费和产出立即下降,下降幅度分别为 4.99% 和 4.63%。最后,我们并没有发现人民币汇率对中国持有美国国债有任何影响。中国对美国国债的官方投资,很可能是通过美元而非人民币进行评估。因此,对中国官方基金经理来说,投资的人民币回报就显得无关紧要了。我们猜测,如果用人民币计价,那么事情将变得异常有趣。

表 2.3 通过方差分解分析,反映了不同类型的冲击对相关变量波动性的贡献。分解分析进一步证实了我们先前的研究结果,即头寸 b 的变化绝大部分可以被其自身的冲击所解释。这一点可以由如下事实说明:b 的方差中的 52% 可以由 ε_b 来解释。因此,美国资产头寸自身的冲击是造成中国对美国国债持有量发生变化的主导因素。世界生产率 ε_a^* 的变化是导致中国持有美国国债波动性的第二大影响力,影响幅度为 36%。然而,从 b 的脉冲响应函数(图 2.1)来看,生产率的变化往往会诱发头寸上下波动。在开始的几期,它对中国持有美国国债的影响是负面的,但在十二期以后又变为正向的。因此,这种类型冲击的影响是混合型的。

从某种程度上来说,国内利率政策对头寸的影响反映了国内消费者的最优选择。源于这种冲击的变化可以解释中国持有的外国资产头寸中 4.21% 的波动性。本国国内生产率变化的影响与其类似,可以解释总波动性的 4.79%,影响幅度同样较小。总的来说,这两个变量对中国持有美国资产波动性的贡献较小。

表 2.3:受到冲击的变量的方差分解(%)

	ε_a	ε_a^*	ε_r	ε_r^*	ε_v	ε_v^*	ε_e	ε_b
b	4.79	35.58	4.21	2.24	1.25	0.10	0.00	51.83
e	2.26	35.25	12.04	7.20	1.56	0.14	41.44	0.12

续表

c	0.12	98.43	0.04	0.01	1.35	0.00	0.00	0.05
c^*	0.00	99.95	0.00	0.00	0.00	0.05	0.00	0.00
y	0.03	98.74	0.01	0.01	1.17	0.00	0.00	0.04
y^*	0.00	99.95	0.00	0.00	0.00	0.05	0.00	0.00
π	10.64	58.49	17.23	9.41	3.74	0.19	0.00	0.30
π^*	0.00	99.95	0.00	0.01	0.00	0.04	0.00	0.00

结　论

美国的过度消费连同中国过多地持有美国国债,很好地反映了两国之间的不寻常伙伴关系,而人们也已经将这一关系看成全球经济失衡的主要推动因素。为了促进世界经济的再平衡,理解这种不寻常伙伴关系的动因也就变得至关重要了。目前的研究主要是通过建立一般均衡模型集中研究中国方面的情况,以弄清楚中国会在多大程度上继续持有美国国债,尽管这样做很明显是徒劳的。模型模拟及脉冲响应函数和方差分解分析都表明,"惯性效应"是推动继续大量增持的最大影响力。中国对美国国债的持有量是如此之大,以至于这笔巨额财富的管理有其自身的生命和动力。中国基金经理的行为因素和内部治理因素,在形成惯性的过程中都发挥了作用。鉴于此,至少在短期内,中国对美国资产的累积不会突然停止。

然而,在更长的时期内,中国乃至世界利率和生产率的提升都将发挥持久作用。中国利率的上调会导致中国对美国国债持有量的增加,这很可能是由对消费的挤出效应造成的。为了应对世界利率的增加,中国的外国资产累积在短期内会下降,但很快就会逆转直到平衡。中国的外国资产累积对生产率冲击的反应最初是负向的,因为如果生产率得到提升,那么国内消费者将会选择进行更多的消费,从而只能有较少的资源用于购买美国资产。总的来说,消费偏好冲击的影响是较小的。几乎没有证据表明,美国消费者行为的变化能从根本上改变中国继续累积美国国债。由于中国对美国国债的投资回报是用美元计价的,因此我们发现没有人民币汇率的影响。在未来的研究中,更换中国投资绩效评定的计价货币,可能会带来结果上的有趣差异。

综合以上这些影响,我们可以断定:尽管中美伙伴关系中的荒谬性加剧了全球经济失衡,但中国对美国国债的持有很可能还会继续。中国持有美国资产的规模,会导致其相应的管理具有自身的生命和动力。"惯性效应"主导了其他所有的影响,并将作为中国继续增持美国国债的主导力量。期待美国消费者的行为发生显著变化是不切实际的,而我们的证据也表明,即使上述变化真的发生,它们也无法改变这一趋势。如果要长期内控制住"惯性效应",并改变这种不寻常伙伴关系,中国就得在相当长的时期内保持很低的利率,而美国则持续保持高利率;而且,两国的生产率都要有较大且可持续的提升。我们并不预期这些类型和规模的变化能很快到来,因此,中美之间的不寻常伙伴关系将会是世界经济的一个持续特征。(姚志敏 译)

参考文献:

Bergin, P. R. ,2006, ' How Well Can the New Open Economy Macroeconomics Explain the Exchange Rate and Current Account?' *Journal of International Money and Finance*, 25(5): 675—701.

Chen Xinping, 2009, ' American Treasuries, a Dilemma Facing China?, *Macroeconomic Management*, 9: 29—37 (in Chinese).

Del Negroa, M. and Schorfheide, F. ,2008, ' Forming Priors for DSGE Models and How It Affects the Assessment of Nominal Rigidities', *Journal of Monetary Economics*, 55 (7): 191—208.

Dong Xiaojun, 2009, ' New Explorations of Using Foreign Exchange Reserves on Domestic Market: from the Perspective of Both Fiscal and Financial Policy', *Studies of*

International Finance, 12: 49—57 (in Chinese).

Eichengreen, B. ,2009, 'The Financial Crisis and Global Policy Reforms', Proceedings of Federal Reserve Bank of San Francisco Conference on Asia and the Financial Crisis, Santa Barbara, CA, October.

Ferrero, A. , Gertler, M. and Svensson, L. E. O. ,2008, 'Current Account Dynamics and Monetary Policy', NBER Working Paper 13906, National Bureau of Economic Research.

Galí, J. and Monacelli, T. ,2005, 'Monetary Policy and Exchange Rate Volatility in a Small Open Economy', *Review of Economic Studies*, 72(3): 707—734.

Huang Gang ,2009, 'Thoughts on Using Foreign Reserves to Inject Funds into State Owned Enterprises', *China Collective Economy*, 12: 87—88 (in Chinese).

Lane, P. and Milesi-Ferretti, G. M. ,2007, 'The External Wealth of Nations Mark II; Revised and Extended Estimates of Foreign Assets and Liabilities, 1970—2004', *Journal of International Economics*, 73: 223—250.

Li Yining, ,2010, 'Safety of the Nation's Foreign Reserves', *Shanghai Economy*, 8: 32—33 (in Chinese).

Lubik, T. and Schorfheide, F. ,2005, 'A Bayesian Look at New Open Economy Macroeconomics', NBER Macroeconomics Annual, 20: 313—366.

Obstfeld, M. and Rogoff, K. ,1995, 'Exchange Rate Dynamics Redux', *Journal of Political Economy*, 103(3): 624—660.

Obstfeld, M. and Rogoff, K. ,2005, 'Global Current Account Imbalances and Exchange Rate Adjustment', *Brookings Papers on Economic Activity*, 36: 67—146.

Rabanal, P. and Tuesta, V. ,2006, 'Euro-Dollar Real Exchange Rate Dynamics in An Estimated Two-country Model: What Is Important and What Is Not', IMF Working Paper.

Schmitt-Grohé, S. and Uribe, M. ,2003, 'Closing Small Open Economy Models', *Journal of International Economics*, 61(1): 163—185.

Shen Haoyao and Shao Lue ,2010, 'Switching the Strategy for Using Foreign Reserves and Reform the Management Regime of Foreign Reserves', *Shanghai Economy*, 8: 19—21 (in Chinese).

Shen A. and Ng. A. ,2008, 'The External Wealth of China: An Investigation from the International Balance Sheet Perspective', Working Papers 012008, Hong Kong Institute for Monetary Research.

Shi Jiaoyan ,2010, 'Whether Foreign Exchange Reserves Can Boost the Overseas Financing of Enterprises', *Construction*, 9: 18 (in Chinese).

Song Guoyou ,2008, 'China's Purchase of American Treasury Securities: Sources, Prof-Its and Impacts', *The Fudan Journal*, 4: 31—38 (in Chinese).

Tang Bing and Feng Chao ,2007, 'Views on How to Expand Domestic Demand: A Survey', *Economic Review* , 6: 74—76 (in Chinese).

Xia Hua ,2009, 'The Strange Circle of China's Economic Development as Highlighted by Financial Crisis', *Journal of Tianjin University of Finance and Economics* (*Modern Finance and Economics*), 12: 9—14 (in Chinese).

Yu Yongding ,2009, 'Reform of the International Monetary System and China's Foreign Reserve Assets', *International Economic Review*, 3: 12—18 (in Chinese).

Zhang Zhihua ,2009, 'Economic Nature and Usage of Vast Foreign Exchange Reserve of People's Bank of China', *Finance and Economics*, 12: 1—9 (in Chinese).

第三章　经济危机中的适应性压力与中国的经济体制改革

玛利亚·乔纳蒂

引　言

总体增长和不断融入全球经济，直接刺激了中国国内经济的增长，同时间接促进了其经济学领域改革进程的加快。我们假设与经济总体繁荣相反，经济总体萧条会直接导致经济下降，在长期可能会间接成为政治体制变革的前提。从理论上讲，这个假设依赖于 IPS 模型分析改革过程所使用的方法——"政党—国家网络"①正从一个拥有垄断经济、政治和社会子领域的社会体制中消退，与此同时，拥有这些子领域的新的社会体制正出现在旧的社会体制之外。

IPS 模型体现了，由于经济和政治子领域的错综关系，导致了政治对经济动态变化的高度敏感性。这个模型对改革的前提，包括了长期中一

① 政党—国家网络，作为一种社会体制，是从政党—国家和经济决策者在决策制定过程中的相互关系中形成的。相互依赖线作为政党—国家网络的一部分，是政党高层权力产生的工具。它们不断向外延伸扩展，渗透到其他领域和非政党机构。同时通过组织机构的活动结构和非政党机构的个人决策者的决策过程相重叠。在网络中，策略行为者的捷径是可行的。因此，在网络中存在相互连线和捷径界定的依赖性，以及利益促进的可能性和内置的不公平性。网络中不同的议价地位提供了政党—国家体制中的权力分配。

致的外部和内部经济限制所产生的适应性努力。这种内外部一致的经济限制先于并伴随着1989年和20世纪90年代初的政党—国家关系中的政治改革。大饥荒和罗马尼亚的例子,为这一理论提供了实证支持。中国的结构性特点又为这一理论提供了另外一个事实:国有领域的可分配资源和政治稳定性,强烈依赖于市场动力,其中出口是压倒性的,同时与政治子领域有着数不清的正式和非正式的联系。

中国深度融入全球经济,加强了模型的理论前提。这种深度融入的结果,是外部和内部敏感性之间强烈的相互作用。2007年,中国对外贸易的份额是国内生产总值的66.8%,其中出口占到了国内生产总值的37%(Cai F. et al.,2010:36,38)。因此,综合以上的分析,以及出口通过消费和投资渠道对国内生产总值增长的多元影响(Cai F. et al.,2010:38),对外部和内部适应性压力的敏感性是很明显的。

不仅仅是经济的变化,某些特定的社会变化,如移民的规模、作用和空间特征,也都支持了中国对外部和内部的高度敏感性。中国流动人口规模巨大,据估计2008年有1.4亿流动人口,占到了总劳动力的三分之一(Chan, 2010)。这些流动人口无论是在政治上、社会上还是经济上都至关重要。此外,移民对于外部作用变化的敏感性很强,这是因为,据估计对外贸易吸收了将近70%的移民工人。三分之一的移民工人就业于出口导向型的制造业,后者80%的劳动力由移民工人组成(Chan, 2010)。移民同时还具有空间敏感性,无论是内陆向沿海转移,还是沿海地区向内陆转移。沿海城市生产了大多数出口产品。在这些地区,出口占国内生产总值的比率在50%至90%之间。同时,沿海省份吸收了70%由内陆向沿海地区转移的劳动力,而内陆省份在2005年产生了80%的向外转移的劳动力(Csanadi,2010)。

移民的集中不仅仅是地区性的或者省际的,而且在一省的内部。人均国内生产总值的水平和变化非常明显,既有人均国内生产总值水平高且不断增长的地方,也有人均国内生产总值水平低且不断减少的地方

(Gyuris, 2008)。人均国内生产总值水平高且不断增长的城市(主要是给定城市的资本),被人均国内生产总值水平低且不断减少的县区所围绕。如果假设高且不断增长的人均国内生产总值水平之后是城市化、工业化、商业、服务和出口,我们同样可以假设大多数的移民工人集中在一个省份的发达区域。劳动力集中现象的出现说明,在突发经济冲击的情况下形成集中社会和政治紧张状态的可能性。移民的高度集中为生产面临外部冲击、解雇大量出现时迅速组织他们提供了潜在可能性。由于移民工人被"锁定"在特定的城市,他们很少有机会在人均国内生产总值水平低且不断减少的城市找到替代性的工作,社会和政治的紧张局势有可能加剧。

目前,这些可列举的理论和实践方面的特征,为证实我们的假设提供了机会。然而,这种机会的不确定性仍然存在。首先,与其他转型的政党—国家相比,转型的结果有以下不同:中国的体制改革首先体现在经济上,而非政治改革。关于经济改革之后出现政治改革的经济条件如何,并没有相关的历史经验。在适应性压力缓解的情况下,对于政治改革不断发展的条件的可逆性而言,关于危机持续时间和含义的不确定性仍然会出现。短期内,复杂权力结构对经济下行的敏感程度是未知的。影响的空间不对称性、适应性反应和反应的空间传播性会导致不确定性的出现。

经济危机

不断发展的适应性压力,很快就在经济和政治的子领域中出现了。2008 年下半年经济危机的初期,6.7 万个中小型企业,作为中国经济的重要成员,都纷纷停产。2009 年 1 月份,10 万个中小型企业面临同样的命运,其中的 60% 都分布在沿海省市。全国的订单量下降了 20% 到 30%,但是局部地区的订单量下降了 50% 甚至 100%(Liu, 2009:13;

Chen, 2009),使数以千万的非农业劳动力面临失业。2007 年国内生产总值两位数的增长速度,也降到了 2008 年第四季度的 6.8%,2009 年第一季度的 6.1%,是中国经济近十年来的最差表现。出口增长率由 2007 年的 23.5%,下降到了 2008 年 12 月的 -2.8%(Liu, 2009:11)。结果是,出口和经济复苏的机会,劳动力市场的吸收能力,紧张的社会局势和政治不稳定性,都呈现出一个戏剧性的画面(Demick ,2008; Martin, 2008; Chan, 2010;Walsh, 2009)。基于以上的变化,最初的实事报道和后期的专家预测,都估计将会有更长、更深程度的总体影响。

悲观的预测都是有根据的。根据对 2008 年 1.4 亿移民的估计,其中的一半(7000 万)在 2009 年 1 月春节期间返乡,剩下的一半仍然留在他们的目的地(假设他们继续拥有职业)。那些 1 月份返乡的 7000 万流动人口中,有 5600 万在 2009 年的 2 月或 3 月返回了他们原来工作的城市,但是其中的 1100 万人没有找到工作。那些留在家中找工作的 1400 万流动人口中,只有 200 万能够重新找到工作,剩下的 1200 万处于失业状态。在 2009 年的 2 月到 3 月,共有 2300 万工人处于失业状态。据估计,流动人口的失业率是 16%,与此同时,城市人口的失业率是 4%。所有数字都间接地表明了,中央和地方政府的权力结构都存在非常高的内部和外部适应性压力。

一些学术论文、实事文章和政府报告,都反映出移民目的地城市出现了逐渐增加的群体性抱怨。原因是,大量的工厂没有支付或者部分支付工人的工资(Chan, 2010:12)。新闻采访也反映出,由于这些原因而出现了逐渐增多的紧张局势和工人抱怨。另一方面,在那些劳动力流出的地方,返乡的工人经常会发现他们失去了土地。导致这些现象的原因是腐败、城市化,以及中央指示地方执行的经济刺激计划所进行的基础设施建设(Chan, 2010:20)。

2008 年下半年,许多沿海用工城市出现了工人抗议活动。这导致了群体抗议、抱怨及不断增加的犯罪现象的出现。2008 年和 2009 年的第一季度，官方报告的大规模群体事件显著增加。2008 年，官方报告的大规模群体事件有 12.7 万件，而在 2005 年只有 8.7 万件。在这些事件中，有 467 起是骚扰当地政府部门，615 起袭击警察和司法部门，110 起损毁政府建筑和交通工具。2009 年第一季度的数据是上述数据的两倍，官方统计有 5.8 万起群体事件，据估计，一年中发生的群体性事件有 23.2 万起（Walsh，2009）。除了偶尔发生的大规模抗议事件变得越来越频繁、规模更大、更加暴力之外，工人们也开始寻求网络外的途径来自我保护和提出他们的不满，维权机构随之出现，甚至连知识分子们也开始发出自己的声音。据预测，在未来的几十年，大规模抗议会越来越多，应寻求途径缓解社会抱怨，避免直接冲突的压力增加。

所有的数据和事件间接地表明，国家和地方政府的权力结构面临着突然增加的内部和外部适应性压力。然而，最初的迹象并没有发展成政治变革的前提，就像我们的理论模型和初步预测中所显示的那样。接下来，我们要揭示普遍的政治稳定性（尽管会有突然的大规模失业）及持续发展的经济、社会和政治对"政党—国家"体制影响的原因。

时间跨度的作用

实际上，中国的深度危机被证明是短期的：大体上从 2008 年的第四季度持续到 2009 年的第一季度。尽管由于多方面的原因，短期的含义也是不同的。编制的统计数据显示，内外部的影响是非常显著，但时期非常短，而且国民经济在不同维度的复苏开始得非常迅速。它们同时表明了内外部适应性压力的显著性和较短的持续期。

因此，长期规划和政治改革前提发展前景的基础迅速消失。相反，经济下行和潜在的政治紧张态势引起了适应性压力。这种出现在社会和经济领域的适应性压力，补偿了短期政治的潜在不稳定性，同时也引起了短暂的经济改革步伐减缓。

全球经济衰退中的短期敏感性及其空间不对称性

即使在短期显著增加的大规模事件,也没有在政治上影响到这种体制的稳定性,其中的潜在原因是什么呢?近期出版的一本书中定义了若干大规模抗议的权衡标准,同时还描述了抗议成功或失败的条件,为了达到目的,抗议所使用的方法包括借助第三方支持或者给当地政府施压,权衡来自不同政府层级和政党首脑的容忍、让步或者镇压的反应(Cai, 2010:3—20)。擅自闯入该书作者深入且广阔的研究领域是一种不负责任的冒险,但是,让我们用系统的方法增加一些评论,同时试着将其思想应用于现实危机。

首先,由于危机最主要的破坏期很短,内部和外部的压力各自只持续一段时间。截至 2009 年 6 月,移民工人的失业率已经从 16% 降到了 3%(Chan, 2010:2),当局的潜在压力明显减轻。即使有时间去组织移民工人,也存在结构上的困难,因为用工地区 78% 的移民群体都是相互独立的,分散在不同的中小型私营企业(Liu, 2009:2)。用工地区的工厂倒闭主要影响中小型企业,因此并没有出现因大型企业的关闭而导致的大规模失业下岗。由于政府机构的严格和惩罚性的规定——当超过十名工人同时被解雇时,必须提供所要求的报告——大规模失业下岗的情况并不严重。当然,这并不能阻止突然破产、停产或者企业消失。大多数失业的移民工人没有用工合同(Li, 2008),因此无法提供一些法律程序上的依据。输出移民工人的城市政府所提供的法律代表和援助也遇到了障碍。例如,由于"源头"和用工城市之间存在一定的距离,对问题的认知上存在一定的时滞,被告缺乏支持性证据和材料,而且原告经常缺席,政府提供法律援助开展一项法律程序有相当大的困难。权益代表作用微小,因为移民工人没有形成一个稳定的群体,而且他们的工作地点更换率高(经常换工作),同时移民工人很少成立工会(Khoo,2009)。

他们的工会意识淡薄，并没有将自己视为中国工人阶层的一分子，而仍然将自己视作农民(Howell, 2008:851,853)。相反，移民工人的网络主要是基于亲属关系。在劳动力输出地区进行大规模的组织也存在困难，因为返乡的移民工人分散在不同的相距甚远的小村子里。危机期间的大多数问题都源自于经济问题：工资拖欠和企业突然倒闭。此外，即使大规模的示威有政治上的意义，但这些抱怨大多是直接反对地方党和政府官员的行为，而非一般意义上质疑党的合法性(Cai, 2008,2010)。当地工人的抱怨和抗议在地理上的传播可能会被阻止，一是因为高水平和人均国内生产总值快速增长的用工地区的空间分隔，工人们被"锁"在当地，被低水平和发展缓慢的地区包围；二是因为用工城市距离移民工人的家乡遥远，而且这些工人分散在小村庄里。

充满强烈经济和劳动力内涵的中央政治决议的迅速部署，在缓解紧张局势方面发挥了重要作用。在2008 年11 月实施的四万亿人民币刺激政策，着重推动中西部地区的经济社会基础设施建设，增加了中央和地方政府的经济活动，吸引并吸收了数以百万的移民工人。在危机最严重的时期，银行资源大规模流入和固定资产迅速增长。世界银行的估计表明，政府在固定资产增长过程中所起的作用大于市场所起的作用。

我们假设，除了中西部地区的发展目标之外，中央政府的四万亿刺激政策导致劳动力从已有的流出路径转移，还使得地方原来存在的潜在紧张局势有所缓和(尽管会造成其他地方的紧张局势)。这是因为，非常有意思的是，四万亿刺激政策的空间、所有权、规模和地区性侧重点和贸易定位，似乎与全球经济危机影响的侧重点相反。刺激性政策将中西部地区而非沿海地区摆在了首位，倾向于国有大型企业而非私营企业，侧重于基础设施建设而非工业生产，注重内需而非出口；仅有一个方面不存在普遍的错配，即非技能型劳动力需求大多是移民工人。因此，春节之后，返城务工人员能很快地找到工作，那些生活成本较低的邻近省市而非沿海城市成为他们工作的新目的地。当地出台的一些有利政策，为农民工就近就业提供了机会。这些政策主要是通过鼓励个体经营、发展小型贷款机构体系、通过生产转移吸引新的投资机会。逐渐增加的政府干预,通过在危机时期创造补偿需求缓解了一定的社会压力。这种短期的国家干预措施究竟会在地区发展、结构变化和改革的差异方面产生何种长期结果,需要另行研究。

当然,偶然性和个人因素也会导致用工城市在经济危机时期局势的缓解,尤其是在2009年1月到2月的春节期间。生产企业在春节前停产一个月,给工人们一个月的假期回家。另一个意想不到的事情是,2008年5月12日四川大地震之后由于灾后重建对劳动力的高需求,灾后重建工程吸收了大量的返乡劳动力,否则他们就会失业。劳动力流出地和流入地的合作,在控制流动工人方面也起到了积极的作用。据调查,在经济危机期间,劳动力流出地和流入地在刺激和保留流动人口,以适应用工地区的实际需求方面通力合作,防止了大规模失业的发生。严厉的中央政策可能通过在一些严重的少数民族骚动中采取维稳措施,也会起到一定程度的作用。同时,中央政府对分裂国家分子所采取的人身、信息和交流限制,也可能会减少政治不稳定的机会。

2009年初,出口订单开始增加,刺激了沿海地区的用工需求,增加了国内生产总值和工业产量。结果是,到2009年6月,流动人口的高失业率出现下降(Chan, 2010),同时,劳动力回流由于以上有意识或者意想不到的因素而下降。

目前,我们已经提出了正在出现的适应性压力及其不断缓解的现象;接下来,我们要基于以上改革的系统方法考察短期的经济下行,目的是探究地方政府应对经济危机的政策取向,以及这些政策取向在产生主要影响之前、之中和之后的不同之处。采用的方法是调查那些流动劳动力主要的输出地和输入地,以便于寻找一些空间不对称性。

我们的研究包括2008年第四季度到2009年12月这一时间段。我们希望能够在区域、方法及适应性压力敏感性的不同时期方面作出一些贡献。通过研究经济危机之前、之中和之后在反应方面的差别，以及空间方面的相同和不同之处来达到以上的研究目标。因此，我们研究了整个观察期，或者是其中的三个阶段：(1)危机开始之前，从2008年7月到9月；(2)危机严重的时期，2008年10月到2009年3月；(3)经济复苏期的开始阶段，从2009年4月到年底。最后，所有这些都将从经济、社会和政治改革的角度加以分析。

研究方法的优点和不足

本章包含了一个研究的部分成果。这个研究是中国和印度尼西亚城乡移民调查的补充。它是基于学术论文和报纸内容的分析，包含16个被调查地区①的新闻评论及15个地方劳动保障部门官员的采访。这些地区是调查中移民的来源地和目的地。

研究所使用的方法，为强调经济危机中的经济政策背景，当地正在出现的紧张局势，以及为了应对这些紧张局势所做出的努力和动机提供了绝好的机会。它同时还为指出适应敏感性提供了机会。它还阐释了一些具体的措施，危机到来之前、之中和之后决策者的策略差异。同时，移民的输出地和移民的主要目的地会产生行为上的地理差异，这揭示了两地合作的动机和信息及行为的传播。

然而，数据集、新闻报纸和采访作为研究材料有其不足之处。在写这一章的时候，仅仅2007年研究数据的结果是可行的。因此，将移民流作为经济危机的产物来分析，实际上是不可能的。对于报纸的分析，我们必须进行处理，基于软材料和个人对于新闻的选择和自身判断，我们艰难地得到了一些数据。我们必须承认，出版的报纸并不一定报道了事

① 共有8个城市作为移民工人的输出地：洛阳、郑州（河南）；成都、雅安（四川）；重庆；合肥、蚌埠（安徽）；武汉；还有其他8个城市作为移民工人的输入地：无锡、南京（江苏）；上海；广州；深圳、东莞（广东）；杭州、宁波（浙江）。

件的真实面貌。此外，因为新闻采访的数量如此之少，被采访者的数量及职位都不同，再一次采访中出现的被采访者数量也会发生变化，因此可比性很低。在设计新的研究问题时，这些优点和不足都要充分考虑，有助于这个领域更加复杂项目研究方法的形成。

经济危机产生了企业调整的多种途径。采访显示，一些出口企业通过轻松地转向国内市场而灵活调整策略。大型企业的调整据说要比私营企业的调整更加顺利。据采访者说，主要是那些没有品牌、原料加工和组装企业，雇用文化程度低的移民工人的企业对订单下降更为敏感，即使这种下降只是暂时的。它们对利润空间缺少控制，对危机时期手足无措，直至订单重新出现。在一些地区，私营本土企业更加敏感，在另外一些地区，外资企业的敏感性更强。在南京，出口导向型的国有企业更加敏感，但是很难再重新定位生产。我们知道，在经济危机时期新建立起来的企业，据说主要是机器制造行业和服务业。被调查者说，他们现在不像以前以劳动密集型为主，而是转向了技术密集型，这表明，对于移民工人的教育、技术和年龄结构有了不同的要求。这些变化得益于政府提供的税收优惠和其他动机。另一方面，还存在业务上的地域再分配：低端的私营企业将生产转移到中西部省份，并能够得到当地提供的一系列优惠政策。

经济危机期间人口输出地和输入地经济政策的作用

在这些动态变化之后，是中央、省和市县一级政府在社会、经济和政治领域的密集行动。根据采访和报纸分析，在研究期内所采取的不同措施是非常宽广的：我们总共找到了 47 种公开的社会、经济和移民领域的措施。行动分为不同的类型：出台大规模的刺激性政策，针对中西部的发展并吸收当地的劳动力；在中央政府允许的情况下固定工资水平；通过多种途径补偿企业损失；提高企业贷款数量；实行税收优惠；对职工进行培训;为移民个体经营提供方便;建立政府基金补偿工人工资拖欠;通过减免私营企业的社会保险税收负担来减轻其生存压力,通过与移民输出地合作来疏导移民流;通过限制一次性失业的上限来限制大规模失业,如果失业人数高于预期,要求用工单位出具强制性报告;等等。然而,这些措施的使用频率仅限于少数几种。

政府当局是循规蹈矩,还是根据经济危机的影响而产生了一些新的政策特点?这些新的特点是否会随着移民的输出地和目的地的不同而变化?由于受到限制,我们只能对部分进行具体分析。一部分是整个研究期输出地和目的地所采取措施的相同和不同特点;另一部分是经济变革的观点在危机前、危机中和危机后,输出地和目的地所采取的措施的相同和不同特点。

共同特征

事实上,被调查者会强调危机突然发生,因此他们都没有做好准备去应对或者减轻危机的影响。根据收集到的新闻,移民的输出地和目的地都是为政治利益而非经济利益斗争。他们都倾向于得到危机所造成的直接政治影响的赔偿,而非经济利益的损失。加强前者的功能,偶尔也会在政府组织内部创造出新的办法而非新的组织机构(Csanadi,2010)。他们更倾向于个体经营和私营企业而非大的国有企业。

然而,在长达一年半的公开政府干预反映出,政策措施总体上的较高频率加剧了竞争程度,而不是在经济改革的社会领域扩展了网络。至于行动措施的传播,调查访问揭示了,困难条件下的措施并没有在临近的输出地和目的地城市和地区得到协调。然而,一些被调查者报告,在输出地和目的地之间在流动人口管理方面存在频繁的交叉关系。如果我们将移民目的地城市分开的话,这种普遍现象就会变得更加微妙;对于移民的输出地也是如此。

空间差异

尽管会有一些共同特征,以上特征的比率在移民输出和输入地之间是不同的。输出地城市的政府似乎拥有较少的政府基金,但在银行贷款方面有更多的权力。在通常情况下,政策与企业直接相关,广泛宣传短期措施与新机构相关。在这些城市中,这些措施的影响对于市场发展的影响要比输入地更弱。反过来,后者拥有更多的政府基金来支配,更少地用企业的银行贷款来代替给企业的拨付。这些城市所采取的措施,将经济改革朝着市场层面的制度化发展,而非增加政府权力。根据我目前的实证检验,移民输入地的政党—国家网络的权力分配比移民输入地更加集中。

由此出现了两个新的问题:我们能否在危机前、危机中、危机后所实施的措施的重要性中找到变化?如果有,这些变化会根据城市的不同而变化吗?

应对危机措施变化中的适应敏感性

为了找到上述问题的答案,我们根据出版日期记录了两组城市的新闻,并将它们分为三个时期:

(1)2008.07—2008.09　　全球危机发生期

(2)2008.10—2009.03　　全球危机达到顶峰并开始结束

(3)2009.04—2009.12　　全球危机结束直至年末

危机之前、之中、之后在输出地城市所公布的措施种类的数量共有30、335和153;而在输入地城市这一数量达到了58、253和81。这些数字显示了,在每个城市组群中,在较短的危机期内宣传的措施绝对数量更高,即使分散到每个月中,也显现出这种特点。让我们把各个时期内所提到的所有措施看作100%。根据第一期给定措施的频率占所有这些的比重进行排序,将第二、三期所采取同样措施的频率与第一期比较。

我们将比较期的措施频率划分为五类:①这三个时期份额规模没有变化;②份额规模持续增加;③规模持续减少;④只有在危机时期份额规模减少;⑤只有在危机时期增加。我们在两个城市组群检验了这个动态变化,并分析了这些措施的特征。我们对于政府当局在经济危机严重时期的敏感性特点尤其感兴趣。通过研究一些政策措施在危机严重期的重要性的增加或者减少,与危机前与危机后进行比较。我们着重于这些措施,它们的比重在危机严重时期增加,遵循同样的时期结构,根据参与机构的水平和初期扩展的特征或网络来区分它们。

共同特征

首先,比较输入地和输出地城市在危机前、中、后适应的敏感性。然而,在危机时期只有少数的共同特征增加或者减少。考虑到这些措施的性质,在两个城市组群中,提到中央、省及地方等高等级政府措施的新闻报道频率增加,因此提高了网络的活动和扩张。同时,它们经历了促进市场环境措施的减少。这些促进网络措施的扩张,以及活跃市场措施的紧缩,导致了改革步伐变缓。然而,随着冲击期警告的减轻,减缓对于两个组群都具有过渡性,因此是可逆的。

空间差异

在移民输出地,这些涉及经济基础设施增长的措施、关键项目、刺激方案暂时增加。在沿海城市,通常是移民输入地,涉及到出口刺激、扶持关键企业及私营企业和工作保障措施非常多。考虑到这些措施的特征,中西部地区一般为移民输出地,更多的行政性活动在所有的行政层级发生。措施涵盖个人及频率有所增加的有机构参与的联合行动,机构包括来自更高的政治、金融和行政领域。同时,地方行政组织作为资源分配者的提及频率在下降。危机时期干预措施的高频率暂时使网络后退,同时改革速度下降。同时,沿海用工地区,关于地方政府的资源分配非更高层级政府的新闻报道频率在危机时期上升。低于市县级政府活动的措施亦是如此,减慢改革或增强两个领域的措施在频率上暂时上升。

结　论

统计数据、学术文章、采访和报纸分析表明,危机在2008年的第四季度和2009年第一季度的后期强烈影响了这些地区。危机严重期的强制适应性很深,但是时间短。危机并没有持续足够长的时间挑战中国权力结构的稳定性,在政治子领域加强了制度的适应性。最初的政治、社会和经济子领域的冲击在半年内消失。在这个时期,主要是暂时的缓解措施,而不是经济、政治、政府和社会领域的长期制度化措施。对短期适应性压力的反应,并没有使政治子领域不稳定,但是缓和了异常状况和潜在紧张。危机和内外部适应性压力持续时间更长。初期社会措施和投资方面的短期政府干预,可能发展成为更大的变化。这些潜在的变化是否会促进或者延缓体制改革是一个问题。

我们经历了刺激性的内外部适应性压力变化(由经济危机变化)的敏感反应。在经济危机的反应转换过程中出现了敏感性。适应性压力会导致经济改革的扩张或者减缓,或者网络稳定程度的变化,以及由于政府干预增加而导致竞争领域下降。然而,一旦适应性压力减轻,经济改革的减缓就是暂时的,换句话说是可逆的。缓解措施和经济改革的减缓会引起政治稳定而非变革。我们必须意识到,内外部限制刺激了经济改革期间的空间不同反应。这是对通常的地理布局、地缘政治和个人特征的补充。中西部地区的网络活动,是由于在危机严重期间,内地省份相对于沿海地区,中央、省及地方干预更多,扩张范围更广。因此,时间跨度、密度和空间不对称性,必须被包括在初始的假设中。(李婷 译)

参考文献：

Cai Y. ,2008, 'Conflicts and Modes of Action in China', *The China Journal* , 59, January, pp. 89—109.

Cai Y. ,2010, *Collective Resistance in China: Why Popular Protests Succeed or Fail* , Stanford: Stanford University Press.

Chan, K. W. ,2010, 'Global Financial Crisis and Migrant Workers in China: The City Has No Future; the Home Village Has No Meaning', *International Journal of Urban and Regional Research* (forthcoming).

Chen N. ,2009, 'The Present Situation and Perspective of Small and Medium Enterprises', *Small and Medium Enterprises Review* 5: pp. 4—5.

Csanadi, M. ,2010, 'Institutional Reactions to the Impact of Global Crisis at Source and Destination Cities of Migration in China', Budapest, Working Paper series, 2010/13.

Demick, B. ,2008, 'In China, Anger Rises as Economy Falls', *Los Angeles Times*, http://www. latimes. com/news/nationworld/world/la-fg-china-politics12—2008dec12, 0,2413482. story

Gyuris, F. ,2008, Regional Disparities in China. Unpublished thesis.

Howell, Jude A. , 2008, 'All-China Federation of Trades Unions beyond Reform? The Slow March of Direct Elections', *The China Quarterly* 196, pp. 845—863.

Khoo Heiko, 2009, 'Rural Reform and Revolt in China', in *Defense of Marxism* , Tuesday, 21 October , http://www. marxist. com/rural-reform-and-revolt-in-china. htm.

Li S. ,2008, 'Rural Migrant Workers in China: Scenario, Challenges and Public Policy. Policy Integration and Statistics Department', International Labour Office, Geueva WP. No. 89.

Liu X. ,2009, 'Impacts of the Global Financial Crisis on Small and Medium Enterprises in the People's Republic of China', ADBI Working Paper Series No. 180, December.

Martin, J. ,2008, 'Negative Economic Indicators Pile Up as China is Hit by Global Capitalist Crisis', reported by Jorge Martin, referring to Qu Hongbin, the chief China economist at HSBC, 12 December, http://www. marxist. com/china-hit-by-global-capitalist-crisis. htm.

Walsh, L. ,2009, 'China: Economic Crisis Feeds Escalating Class Struggles', 21 September 2009 , http://www. sa. org. au/international/2167-china-economic-crisis-feeds-escalating-class-struggles.

第四章 “关系”成为经济危机时期的竞争优势

苏珊娜·吕勒

引 言

自1978年中国对国际市场开放以来，中国形成了一个被称为“关系”或网络资本主义的经济体制。这样的一个体制，代表了一种特殊的资本主义形式，且深深地扎根于1978年后的中国文化环境之中。它被描述为由一系列不同于西方式资本主义的，特别依赖于旨在促进商业发展的人与人之间的联系所构成，组成了“中国式”的商业经营方式。这种类型的资本主义常被质疑是否具有可持续性。很多人认为，随着时间的推移，中国的这种体制将会改变，并趋向收敛于通常的合同式市场制度，这些制度都是在西方国家中建立起来的。一旦经济发展到成熟的资本主义社会，拥有一套自身运作的法律制度体系和对产权的保护，那么维持关系网以保证商业成功的必要性将会消失。从这个论点也可以看出，相比于西方的合同式制度，中国的关系效率并不高，要花费更多的时间和金钱。一般认为，西方式资本主义必然导向一个拥有大规模企业的经济系统，并在独立于特定个人及其私人关系的高效的理性管理下运行。

相反，本章提出，由于历史和文化的差异，基于不同制度体系的各种类型的资本主义,都可以实现经济的成功。特别是中国的关系资本主义,强烈地依赖于个人及其私人关系。接下来,本章将证明,植根于其网络的企业家形象有助于其公司生存,特别是在危机时期。"关系"不仅是克服经济转型中所面临挑战的有力工具,而且被证实在危机时刻是极具适应性和力量的。这是由于网络通常比实体企业更具有耐久性。为了证明"关系"在经济体系中并非是一种过渡性的而是永久性的形式,关系资本主义必须展现自身的稳定性,因而还有它在(经济)危机中的生存能力。由于特别强调对目前经济危机的反应,关于网络联系是通过何种方式规避经济衰退的问题将会被提出讨论。

因此,本章的结构安排如下:首先,本章将给出"西方视角"的关于经济制度随着时间的趋同性,以及不断增长的私人关系无用性的概况。接下来,将会描述关系资本主义。作为一种特殊的资本主义,其拥有着自身独特的系列制度,并将会以温州为例进行说明。温州是中国首个实现高度私有化的城市,也是中国受经济危机严重冲击的区域之一。为了对发生在温州的这样一个特殊现象和发生在中国的普遍现象有更深入的认识,并对"关系"作为一种工具在其中是如何克服危机有更深刻的见解,本章会使用更多的来自报纸的轶事证据,并以统计数据为辅助。这些将证明,在中国,与其说是公司在经济危机中生存下来,不如说是"关系"在其中得以生存。中国资本主义的多样性,被证明比传统观点看来更具有可持续性。

西方视角中的理性资本主义

在 20 世纪初,马克斯·韦伯描述了欧洲相对崭新的经济制度。当然,其他作者在这个主题上也做了大量的工作,其中很著名的可能便是卡尔·马克思。然而,本章利用的是马克斯·韦伯的论据,他的原理阐述对我的目的更有价值。韦伯将资本主义定义为"无论在哪里都是通过企业的方式为人类需求提供工业品”和“运用资本会计”的“理性资本主义的企业”。在他看来,资本主义的精神描述了“系统地和理性地寻求利润的态度”①。马克斯·韦伯假设,现代资本主义将独特的制度结构加于现存的传统社会以促进其发展是很自然的,这样,那些过时的文化特质将会被取代。市场经济不是出现在那些经济生活植根于社会的地方,而是出现在那些社会制度被当成经济体制纯粹附属物的地方。这样的制度不管它产生在哪里,都会成为一个自发的机制,这样的机制受到基于效率和利润的理性精神的控制。

马克斯·韦伯认为,资本主义必将导致不断增长的官僚制和理性。在这种情形下,过时的社会文化,如小型家庭经济,将没有存在的空间。企业的规模会不断扩大。这些大规模的企业将会在高效的理性管理下运行,于是就不断地独立于特定的个人。客观的官僚权力会取代传统的个人特权。另外,“管理人员会与生产或管理的资料所有权完全分离”。

韦伯描述了,在西方成熟的资本主义制度的发展过程中,私人和企业行为的分离,以及为企业家创造的一系列特定规则,是必不可少的。在这样的环境中,企业家的个人品格对经营商业来说并不重要,只有商业交易过程中的行为才是重要的。私人问题不再让人感兴趣,一个商人的道德是否可疑,与经营商业无关。这被当做是与一个企业家的行为完全脱离的,并构成了各种不同规则的基件。一家公司一旦创建,它的所有者,甚至是它的管理者,都不被看成是评价这家公司的重要因素;而是这家公司本身,更多的是公司的声誉,以及公司的产品,才是关键因素。使一家公司实现成功管理背后的个人,可能也不会为人所知,或者也无法进行交易。这意味着,“在西方,商业联系更具技术性,很早以前就认可了公司是以合同形式的可能需求为导向”②。利润最大化并非依赖于

① M. Weber, 1976[1930], p. 64.

② Y. L. So and A. Walker, 2006, p. 7.

个人特质和某个特定人物的关系,而是被合同关系所取代。西方经营商业的方式,被看成是唯一有效的且(交易)费用最小的方式。“在西方,交易必须依靠在需要时能够通过法律的正式合约安排,但是这会产生高额的交易费用。由于西方做法趋向于如此安排,因此通过诸如关系所提供的某种正式化的信任制度来减少交易费用,是不被认可的。”

因此,在西方人的观点中,这种特殊的中国资本主义的想法仅仅只是一个暂时的现象。从长远来看,这种现象将会趋向收敛于由大型企业所执行的通常的合约关系。一些中国的作者也赞同此看法,他们声称:“个人化的交易形式……将会持续不断地且有利地转化为非个人化的交易形式。”①

与之相反,在接下来的章节中,本文将会证明,韦伯的不可避免的官僚化的观点是不被支持的。21 世纪资本主义的灵活多变的积累,不仅依靠巨型的跨国公司,而且还“成功地形成了一种全新的竞争优势:用灵活的、更小型的外包公司取代多层级的、资本密集型的官僚企业”②。这种依赖于个人网络的形式,不仅仅是处于经济转型期的一种暂时特征,而且是资本主义的一种稳定形式。它也是资本主义的可选类型之一。

中国的资本主义和“关系”

西方资本主义要求完全摧毁封建制度,从而创建起一个完美的适合资本主义生产的制度环境,这与中国是相当不同的。1978 年之后,传统的制度又重新复活了。通过个人网络得以重建(建设)的私人部门,以及平行于政府的企业、集体部门,实现了历史上从未出现过的极大成功。与东欧很多国家不同,中国这次从计划经济向市场经济的转型,再到资本主义的转型,实现得十分顺利。

① S. Jinchuan, 2004, p. 54.
② M. M. Yang, 2000, p. 481.

中国对个人网络的表达词是"关系"。"关系"描述了在网络内部建立个人间联系的动态过程,这是中国社会的一个核心特征。人与人之间的这种关联联系,存在于答应给予帮助、接受服务或者赠与礼品等行为活动中。在多层级的联系中,"关系"还包括了感情因素,这反映了人与人之间的情感深度。①"关系"中的赠与礼品行为有其自身的规则,并且这还取决于赠与者和接受者的社会地位。在互惠互利的观念下,赠送礼物将家庭之外的人们联系在了一起。另一个重要的观念是面子和偏爱即人情(也有互惠互利和同理心)。这些都是建立在不仅是友情、家庭和家族关系,还有偏爱、礼仪和习俗之上形成的感情。这是礼的来源,也是中文的表达"礼物"一词的构成部分。包括人情,也是接受礼物之后所形成的长期"负债",这甚至可以延续好几代人。无法偿还这些债务,会让人们觉得丢失了道德和社会面子。除了互惠互利、义务和无负债的观念,信任也是人与人关系间的一大关键因素。被信任意味着某些特定行为是可预期的,而且人情这条规则也会被遵守。

"关系"是建立在人们之间之前已经存在的联系之上。在这些人之间,大家享有共同的特征,例如来自于同一区域的人、同班同学、共同工作过的人,或者在军队或大学里认识的人,这便创立了一个虚构的类似家族的关系(所谓的同关系)。这些网络联系也被描述为"核心关系圈",以家庭作为核心参照点延展扩大的区域。"关系"是一个创造和重新创造联系的过程,就像正在进行的"社会工程"。

"关系"嵌入日常生活中的大多数功能活动中,包括政治联盟、消遣和经济活动。对中国人来讲,"人类生活是一个复杂的网络联系,与世界的联系、与思想的联系、与其他各式各样东西的联系"②。因此,不存在分开独立的针对商业关系的网络联系。不仅如此,"似乎中国人并不习

① B. J. Jacobs, 1979, pp. 243—253, 259.

② Z. Zhu, 2007, p. 1505.

惯于对他们交往的对象进行不同的角色划分,并由此根据当前角色的要求选择如何对待他人”①。这个适用于不与某个特定的人发展关系的情形,是为了避免相互之间的义务承担,因为“当你扮演不同的角色与同一个人打交道时,用不同方式进行的可能性比较小”②。

与西方的思考方式相比,在中国经营商业并没有独立的道德和不同的规则。商业事务与私人生活并非是相互分离的,每个部分都没有相互独立的行为。中国公司间的成功商业关系,开始于管理者之间的个人纽带的建立,为了让这层关系永久保存,需要很小心地去经营维持。然而,虽然在大多数情况下,家庭在企业创立之初是十分重要的,但如果这些人被认为是家庭型的,并且如果因为长期关系存在的缘故,他们被认为是可信任的,那么与这些人创建企业和分享资源就是可能的。建立在感情上的非亲属关系的网络,为私人企业家精神的发展埋下了种子。

“关系”和危机

“关系”和做生意

经济改革一般是通过重振制度以扩大和调控经济交易,尤其是在私人部门中。它们在国有企业不占主导地位的领域中得到发展,从而补充了计划经济中分配产品和服务的既有制度。它们回应了改革过程中产生于农业和工业中的组织问题。中央政府给地方政府空间,让它们寻找自己的方式来处理改革进程中的问题,而不是挑选最成功的结构,通过引进法律结构和强制权利的相应法律去事后合法化这种行为。地方官员通常有强烈的动机发展当地经济,因此通常不会遵循中央的管制。私人企业家们与政府官员们合作,“创造一个官商联盟网并从中得益”。虽然这可以追溯到解放前的年代,但是改革开放政策并没有消除反倒加深

① Y. L. So and A. Walker,2006,p. 4.

② Y. L. So and A. Walker, 2006,p. 5.

了这种中国传统。这意味着，现实中的交易并不会过多地涉及明确为合法的事情，而是做那些没有被明确禁止的事情。

因此，西方认为为了保持持续的增长需要保护产权，但恰恰相反，私人企业的建立再次证明了模棱两可是中国观念的重要特征。集体企业模糊不清的所有权结构，同样证明了这种实用主义或者不明确的接受，是中国文化的一个重要特色。这种对模糊的忍耐力是一种重要的中国美德，并且认为一种模糊混沌状态“能够产生创造力”。

中国观念的另一个具体方面就是企业家们的道德观念。一个企业家忙于“为其所属的集体和其所认同的集体，长期追求不断改善的物质财富并确保长期安全”①，从而更强调“集体的福利而非个人的满足感”②。因此，企业家精神的道德并非短期的而是面向未来的，也并非为了个人利益，指引他们努力的集体大多数是家庭和朋友圈。在改革过程中没能建立一个企业，是出于个人职业生涯的考虑，但主要是为了确保关系网中的长期利益，尤其是家族利益。因此，中国的企业家不仅仅是资本主义中只贪图钱财和物质所得的“经济人”，而更关心的是长期的安全保证。

资本主义的逻辑产生于社会主义社会中，而其中法律体系仍存在缺陷，并且缺少资本主义的制度，中国的企业家们只能在早已熟知的制度中感受资本主义的逻辑。因此，“关系”通常发生在一些非正式的场合，比如餐馆、家庭或是夜总会，因为生意伙伴和客户更喜欢在既有关系的基础上做生意。与中国国企和外国公司的共同投资中产生的艰难谈判相比，基于“关系”而不依赖于合法合同的投资可以更快建立。

在西方，市场依赖于一个复杂的法律体系来执行合同，而中国的体制是依赖于信誉和信任。与西方的信念相反，这不会增加交易费用，由

① S. Harrell, 1985, p. 216.
② X. Li and E. Li, 2007, p. 45.

于交易发生在灵活却固定的长期关系网中，反倒降低了成本。建立这些关系网需要花费很长时间，但是一旦建立起来，他们就会有助于交易，尽管不可否认这样会限制体制的成长能力。企业家们“更注重友谊的培养，而不是使利润最大化”①。

此外，在关系的帮助下达成交易更具灵活性。它之所以比合同更灵活，是因为，相对于寻找妥协方案或者给予新的合作机会，特别是如果一个生意伙伴无法履行责任的时候，与一个人的关系网中的人做生意会更容易。“当出现问题时，我们可以详细地讨论。和欧洲人做生意就大不相同了。我们和很多跨国公司合作……他们不够灵活变通，他们不会妥协退让放你走（如果你需要作出调整）。他们无法分享我们的共识。欧洲人依据书本和规则行事。”②“过去，我们没有书面形式的合同，没有涉及法律文件。只要有君子协定就够了……中国的传统，最主要的是诚实和可靠。”③基于互信关系而确立合同，这种非正式的方式更容易达成契约，并且，“公司所有者之间的闲谈，是一个公司收集有关市场状况和技术信息的主要渠道”④。

这种体制要通过当前的经济危机来检验。关系网的反应证明了，它们具有缓和这种严峻的经济危机对小型私人企业产生影响的能力，这会在下文中加以分析。如果处理得成功，它就可以作为一个指标，即中国式资本主义是一个可以组织一国经济的可持续体制。

危机管理的关系策略

现代西方资本主义自19世纪起就证明了，它们能够在多次经济危机中成功地生存下来（不仅如此，危机看起来与资本主义制度有着内在

① X. Li and E. Li, 2007, p.45.
② T. C. Kiong and Y. P. Kee, 1998, pp. 82, 86.
③ 同上，p. 84.
④ X. Li and E. Li, 2007, pp. 40—42.

联系)。作为资本主义可持续的类型,中国关系网这样一种资本主义类型,也会与西方资本主义有着同样的情况。

在中国转换为市场经济的开始阶段,由于缺乏法律和相关制度环境,企业家通过与当地官员们建立起良好的关系,从而克服了这些障碍。他们建立了“红帽子企业”,意思是注册为集体性质的企业(因此戴着“红帽子”),实际上是通过私人方式运营。这些集体企业,在一开始经常是以合作股权的形式,这包含了集体所有权的优势,例如更容易得到银行贷款、税收减免,但同时还能让企业家对公司的资产实施控制,但是“没有对他们作为所有者的权利保证”①。此外,这些公司在很大程度上依赖于当地政府的宽容,因此不得不与当地政府分享利润,否则将承担当地权力机构可能会不遵守保护他们私有财产的承诺的风险。“红帽子企业”的存在,显示了在更正式安排下的企业与政府保护之间的不信任。同时,如果官员们变得太过贪婪和掠夺过度,密集的关系网还可以当做一种保护性力量。王达伟(David L. Wank)将此理解为“企业家的合理一致的策略,这么做是为了产生稳定的预期”。实际上,这看上去足以证明,这些关系网是能够处理中国特殊情况的最有效和理性的制度。

然而,当地的权力机构也会歧视企业家,作为企业的“后台老板”,对他们施加压力从而获取“权力份额”。反过来,官员们会提供信息和资源,让企业能够得到政府的银行贷款。与当地政府机构的密切联系,不仅仅促进了企业的创立,也促使企业家去预期当地政府对他们企业的影响,从而建立起一种能够保证他们家族和关系网利益的生产结构方式,并能够最小化政治家们对商业的影响。一旦私人公司的规模不断扩张,随着利润的不断增加,官员们将寻求对企业的更大程度的影响和获得其中的部分利润,此时,这个问题就变得更具压力。

这些因素鼓励企业家们去多样化他们的产品组合,并对多元化的部

① S. H. Whiting, 2001, pp. 121—123, 145, 162.

门进行投资。这是由于会产生所谓的“特别税收”,或者利润和实物资产被当地官员们充公没收的风险。私人企业家对“管理费”的数量和水平没有控制权,也不可能去反抗这些。在政治气候中非预期的变化,有利于生产的弹性。企业家创造了一整套不同的生产方式选择,或者以多样化的工业部门进行生产,或者在不同的地点进行生产。另外,企业家们没有让他们公司的增长超过一定规模——相反的,他们建立起新的业务,生产不同的产品,或者在不同的省份进行生产。另一个特征就是,出租企业的部分业务给转包商,这进一步混淆了企业的所有权和企业的子单位。这与西方的观点相矛盾。西方观点认为,个人间的联系与合同相比,效率更低,成本更高,这导致了“资本不足”,并且限制了公司在超过一定规模后的成长。中国企业家们趋向于拓宽他们的关系网,而不是沿袭西方公司的策略。企业家们形成了“在亲属和朋友间从事小规模制造业的非正式合作”,这减弱了受歧视的程度和对私人投资的其他限制。这产生了企业集团,里面包含了重要的资本,虽然每个成员公司都比较小。这种互惠的和相互支持的商业合作关系,使得“可观的规模经济,以及不管是大公司还是小公司的关系网能够被扩展”。

这种生产模式能阻止资本的耗尽,并使得(但也是迫使)企业家极其具有灵活性。由于供给并不总是能通过普通的方式(意思是指没有个人关系)得到保证,这增加了在尽可能多的不同产品领域投资的重要性,从而能够实现利润最大化。为了达到这一目的,不仅一定的企业组织是必需的,还需要更多的人与人之间的联系。这样做的结果是,核心能力的概念——西方对商业管理的理解中最重要的特征之一——对很多私人拥有的公司并非真正适用,这是由于,当考虑到长远投资时,这不是相关因素。“从很大程度上说,一家公司之所以知名,不是由于它所生产的东西,而是谁站在公司的背后,人们会抓住任何一个有利可图的机会去展示自己,而极少关注一家公司可能具有或者可能没有的任何核心能力。与“将所有的鸡蛋都放在一个篮子里”相反,中国企业家投资于多种多样的分支和产品,于是在危机时刻,他们可以调动资源到那些可以保证获得最多利润的领域和地域进行生产,这样会对收益和损失都具有杠杆作用,因此也可以藉此发现新市场和新投资。

众所周知,这是与西方经营商业的观点完全相反的。就算考虑了相对来说巨额的交易成本或沉没成本,这也不会阻碍这个体制成为极其成功的体制。另外,“企业家……将他们的投资集中在可转换的资产上。企业家所拥有的单项最具有可转换性的资产,是他们和他们的社会资本,这表现在他们调动忠诚度的能力上”。这些资产不会被当地官员们没收充公,有必要的话,能够应用在尽可能多的不同商业机遇中,从而获取成功。“结盟是企业家的才能,而之后从合作中随之获得的租金,对公司的建立与长期盈利都至关重要。”

在经济景气时期,在各地理区域之间便捷转移的特点,无疑有利于小规模企业的发展,但在经济萧条时期,小规模企业的这种弹性也很有益于小企业的生存。芭芭拉·克鲁格(Barbara Krug)认为,关系网的作用主要体现在四个方面:(1)便捷的内部信息传递;(2)行政处罚能够弥补法律方面的不足,所以合约安全能够得到保障;(3)能够确保企业家在第一次失败后做第二次尝试,同时也构成了第一种失败情形的缓冲带;(4)可以作为一个记忆载体,这样失败的经历不仅是投资损失,也是大家借鉴的经验。

换句话说,“风险是经济个体产生的,但不能依靠一个外部机构(如银行)或是绑定合约的主体机构进行消化”。然而,关系相比于正式合同所具有的优势,并不被西方人认可。西方人往往认为,能够通过法律加以保障,才是做生意的首要先决条件。

案例研究:温州和全球金融危机

1978 年后温州的崛起

温州,“中国网络关系资本主义的典型城市”,是在 1978 年之后首批实现高度私有化和工业化的城市之一。温州在此之前,于毛泽东时代是个贫困地区,并且只有非常少量的国有企业。然而,温州作为一座商业城市拥有悠久的传统,由于高密度的人口和耕地面积的缺少,就一直吸引商人和店主。温州人还抵制住了 20 世纪 50 年代的集体化,在整个共产主义时代温州的集体部门都是弱小的。相反,“私有小型商业和手工制造业”私底下很盛行,“在改革年代更加自由宽松的氛围下能够‘快速地出现在地面之上’”。1978 年之后,中国中央政府把高度自治权给予如温州这样的贫困地区的决定,对当地的发展有很大贡献。农民很快建立了小型的家庭企业,因此回到了共产主义实践之前的做法。企业家精神在温州有很长的历史传统,另外由于温州和台湾邻近的缘故,导致政府在共产主义时期对其投资的缺乏,以及由于温州地理位置的隔离使得政府控制较弱,这些因素一起导致形成了“企业过多……凝聚成巨大的商业网络”。

这造就了温州的经济增长,并在全国范围内获得声誉,家喻户晓,被称为温州模式。因此,温州被用来说明基于关系的适当经济。这可以用来解释,这样的环境在应对普通危机和目前的特殊危机能够有多成功。

从 1980 年到 1988 年,温州工业产量的增长从 1% 增加到 41%,在 2002 年,占整个浙江省产量的 47.1%,高于大多数其他省份。从 2002 年到 2007 年,温州的国内生产总值的年平均增长速度是 13.8%。在相同的时期,私有公司的数量巨幅增加。主要的工业产品包括:鞋类、衣服、金属香烟打火机、剃刀、锁和塑料产品。温州产的钢笔在中国市场估计占比达到 30%,鞋类产品则占到了 20%。另外,媒体很骄傲地宣称,“地球上几乎三分之二的打火机在这里的五百多家工厂中生产”①。

温州私有部门如此迅速成功的原因还有:温州生产的产品都是那些能够轻易组装的产品,而且是那些不被国有企业看上的产品,例如塑料鞋和化纤服装。这些产品能够小规模地进行生产,使用简单的劳动密集型技术,这只需要很小的起动资金,虽然只能获得小额利润,但是能快速周转。于是,温州公司利用中国经济结构中的空隙,努力开拓市场来销售这些产品,这种行为被来自政府的“善意的忽视”所支持。

此外,当地的关系网使得公司间能够相互合作而不是相互独立,这也有利于进行专业化,从而克服传统家庭公司的限制。由于官方贷款很难获得,企业家依靠非正式的资金来源,这样的结果是,“地下金融市场迅速发展,在其中多种形式的非正式关系网扮演着资金中介的角色……2003 年所有借款的 30% 是通过这样的关系网扩展开来的”②。

因此,温州模式的成功,归因于私有企业的动态发展,以及生产者和消费者之间关系网的分配。私人公司能够进行炫耀,是因为“当地官员和企业家共生关系的演化。这创造了一个‘政治亚文化’和半正式的集体制度,这种集体制度利用了快速变化的中国经济和中国社会与政府控制延迟之间的缺口”。然而,这种合作也只是旧传统的一部分。温州人被认为是不顺从、不听话的,在这方面臭名昭著:在他们的整个历史中,温州人都擅长于走私,并且从不愿意放弃贸易和家庭式工业,甚至在共产主义时期。还有一种说法是,在 1949 年,由当地独立的游击队力量带来的解放,创造了当地干部的结构,这个干部结构愿意保护当地私人的积极性,从而违反中央政府的政策和歧视。这种实用主义和愿意尝试风险,使得政府政策在当地会产生偏离,也让政府控制和税收上缴更难实现。除了温州的地理位置使其难以接近,以及赋予私人部门的自治权之

① D. Mavin, 2009.

② C. McNally, 2007, p. 34.

外，与当地权力机构的合作，使得温州早在被官方正式批准前就促进了私人部门的崛起。例如，早在1986年，温州的工商局就建议对私人部门放松政策，包括对个人企业雇员的限制（到那时为止，允许的最多雇员数量为八人）。很多与私人部门相关的法律的制定，都是考虑到温州模式而形成的。这些法律的通过就成为了"一个相当延后的尝试，被铭记在法规的实践中，并已经进行了好多年的运作"①。在这个部分之前所描述过的当地官员的掠夺行为，由将当地政府的很多领导职位给予当地人来满足。因此，他们通过个人与家庭、朋友和邻居的联系深深嵌入在温州社会结构之中，而且更有可能在执行或违背政府政策时把当地的利益列入考虑范围。官员们帮助企业家获得土地和银行贷款，为企业家们减少税收和政府费用。

温州的企业在一个以家族公司和植根于历史的信任和文化为中心的密集社会网关系中运作。甚至在今天，温州的企业仍由低加工水平和低附加值的传统劳动力密集型产业所构成，从在20世纪70年代温州的企业建立开始一直到现在都是如此。② 温州经济的重构是基于"当地的亲属关系和结构，这与大多数人对资本主义的理解相反，工资劳动者的流动性和分裂对亲属关系未造成破坏"。这明显与韦伯的预期相悖，他预期工业化和之后带来的理性主义，会取代传统的封建制度，从而取得成功。

虽然温州人的关系网形成了一张"不可接触的网"，从而抵制了温州以外的人们的侵入和与"外部世界"的联系，但同时也是在危机时期的一种保护。他们分享当地商业文化的知识和联合配送及销售渠道的信息。这些模式已经帮助温州人，在没有支持甚至是与来自政府的指令相违背的情况下开始了私有化进程，这迫使温州人在劳动力密集型产业进行投

① K. Forster, 1990, p. 135.

② S. Jinchuan, 2004, p. 48.

资,因为这基本不需要资金。温州人还能够迅速适应产品和设计,从而成功地成为主要的欧洲品牌的供应商。

当前危机下的温州

自1978年以来,为了保持原有的经济增长速度,温州前前后后经历了几次结构改造。然而,温州的大多数企业都是家族企业。这些企业规模不大,技术水平较低,而且往往与"本地关系网和送礼文化"交织在一起。虽然在发展过程中,温州经历过几次滑坡,但我们也发现,在每次经济变化中,温州往往能够成功适应,从而保证了自身的经济发展。

当前全球金融危机对中国实体经济(尤其出口)造成了很大的影响。为了抵消全球金融危机对中国经济造成的冲击,中国政府实施了大量的刺激措施。因此,2009年,中国的国内生产总值增长了8.7%,虽然相比2008年的9.6%略有下降,但也明显高于政府8%的经济增长目标。2010年,中国经济增长9.9%,而到了2011年,经济增长速度下滑到了8.2%。由此看出,经济紧缩政策对经济的影响已经开始显现。相比于2007年的13%(调整前为11.9%),中国经济增长速度下降明显。但相较于世界其他国家(2010年,世界的生产总值增长约为4.1%,欧盟只增长0.8%),中国经济状况明显好很多。从2003年到2008年,中国出口平均年增长率高达27%,而2009年却收缩到了8.8%。由于全球需求的整体改善,中国在2010年至2011年的实际出口增长率有望恢复到8%左右。

由于缺少信贷配额,中小企业受到的冲击明显大于国有企业。小型企业中至少有20%已破产,还有20%由于缺少获得信贷的途径而受到很大的影响。

一份报纸上的描述有助于我们了解这次危机对中国造成的冲击,或更准确地说,是对温州造成的影响。在2008年的报纸上,作者描述如下:

> 单在今年上半年，就有大约6.7万家中小企业破产，其中很多企业都位于东部，生产的产品主要出口到美国、欧盟。很多中小企业抱怨，当地很多资金充足的银行因借贷风险而惜贷。

譬如浙江省的一家中小企业——孟达行李公司，该公司主要生产瑞士军刀袋，其80%的客户来自美国。但自2008年开始，来自美国的订单就持续下降，该公司自然也取消了原增工800人的计划，却采取了裁员200人的措施。企业主由于未能从两家当地银行获得贷款，而不得不卖掉价值“数千万元”的厂房。

人脉广泛的企业家会从地下融资渠道借贷，以渡过这次经济危机。对那些在经济危机中很难从正规渠道获得贷款的中小企业更是如此。然而，温州经济比中国其他地区的经济恢复得更快：“在2008年上半年，浙江省经济同比上涨11.4%，这显著高于全国的平均增长率10.5%。”

其中的一个可能原因是已经使用事后批准的惯例做法：“对浙江省经济发展的更激动人心的消息是，中国银监会考虑将地下私人借贷合法化，并设立服务中小企业的小额贷款公司。”

不规范的银行机构，并不认为自身是地下或者私人银行。与规范的银行不同，这些银行并不靠利息赚取利润，也不会在经济危机中遭受损失。相反，当借款者破产的时候，他们反而能够获得最多的利润。中国的国有银行倾向于给国有企业贷款，而地下钱庄借贷给小企业往往承担较大的风险。据说，温州拥有中国最大的地下钱庄网络，但这些地下钱庄并不认为自身承担了很大的风险。有证据显示，本地的温州企业家与当地的政府官员结盟合作。

对于温州企业家的多元化战略，也有证据存在：

> 温州人不会轻易放弃。今年的商业经营环境不景气，很多制造

商十分努力地维持生存。一些制造商尽管停止了运营,但是他们十分积极地在寻找机会以进行改变——进入到其他领域中去。

(“温州投资者在寻求交易:企业家在低迷时期看到机会”,《南华早报》,2008年11月26日)

温州比其他以出口导向型的城市遭受的影响要少些,原因是经商人群都十分灵活多变,都已经转移到其他行业中去了……如果我仍然停留在机器行业中,我的处境将会很艰难,由于整个大环境的不良影响……但是,我们孩子一辈的服装行业现在能获得很显著的利润。

(“温州惊奇回首,有时它不会犯错”,《南华早报》,2008年12月2日)

温州的企业家看上去已经从危机中获得生存,同时并没有遭遇很大的损失。尤其重要的是,他们“宁做鸡头,不做凤尾”,这是中国的一句俗语,用来描述制定决策者的偏好。一篇文章甚至声称,只有大约2%的企业在危机中倒下了。这个数据并不显著,与平常时期中的情形相似。

很多企业在经历最困难的时刻之前,就已经做好了决定。温州人的广泛游历,让他们很早就嗅到了经济下滑的危机,且这消息在他们的亲属、朋友和商业上熟悉的伙伴中很快传播。“由于我们很早就意识到了危机,当危机真正来临时,我们并没有感到恐慌或困惑……我们很清楚我们应该做什么。我们有一个战略性计划,并且也采取了相应的对策。”……在2009年1月……对商业的贷款急剧增加……有种种迹象预示着经济危机即将来临。温州经受住了考验。在中国,温州非常有可能比其他城市更早地走出经济困境。

(“中国的温州努力寻求经济早日恢复”,

《亚洲脉动》,2009 年 3 月 17 日)

公司能够在经济困难时期生存下来,是因为家族和亲密朋友愿意在没有薪水和福利的情况下连续数月地工作,在某些情形下,他们甚至收集资金以避免现金流量出现问题。另一方面,大量的政治关系网是成功的关键因素。正如一位企业家所言:"关系比资金更加重要。如果你有关系的话,你将能获得资金。然而,如果一个企业家只有资金而没有关系,她或他的商业将无法生存。"他又提到他花费了将近一半的时间为关系网耕作,特别是与政府官员的关系。

总之,所有之前描述的关系资本主义的特征都是有证据的,这能帮助我们在经济危机中生存,而这实际上在温州被进行了应用。这显示了关系资本主义能与西方资本主义一样稳定和持续。

结　论

本章为中国资本主义的稳定性特征给出了证据。假设一种恒久持续的资本主义形式是能够抗拒危机的,"关系"的特定特征能够帮助企业家生存下来的事实也被示予众人。以温州为例,以下情况已被证明:企业家不仅让自己与当地官员保持联系,而且深深嵌入到密集的网络中,以促进商业的维系,或者在某个特定的部分失败时创立新的。由于他们的极端灵活性,他们关系网的包容和经验,投资于各种产品的组合,以及对地下钱庄设施的使用,都会帮助企业家在经济危机中生存。这与特定企业的生存是不相同的,因为这会被原谅,因为一项业务的失败并不会被认为与人的失败一样。关系网的存在给予了必要的稳定性和安全性,特别是在经济混乱时。与政治家直接的联系被证明是十分管用的。人们使用他们与当地干部的关系纽带,由于他们与当地的密切联系,这些政治家反过来也会服从于支持当地企业。

虽然温州是作为一个阐释说明的案例,而且在中国也可以找到其他相似的案例,但有必要记住,“中国是一个大陆系统,其中包含着大量不同的社会和文化实践。根据世界上其他国家的标准,中国各个省级层面的权力大多数都是国家级规模的”。还有,中国农村的产业集聚在很多地方自发地发展起来,这是由当地传统文化、当地资源及“当地的能人”所决定的。因此,在中国内部必然有不同的策略来应对危机的影响,特别是在那些有大型集体部门的区域。然而,虽然主流的宏观政策,例如刺激计划,对中国经济的恢复具有很大的意义(即使对国有部门会更加直接),但本章强调了私人部门的重要性,因此还强调了非正式联系的影响和企业家的“关系”,这是中国经济成功重建和稳定必不可少的重要因素。

然而,全球经济变动越来越快的事实,不仅有助于大量的产品生产,而且更加有助于转包和小型企业的生产,这已经在城市里的某种特定产品进行集中生产的创建中十分有效地实现了,例如温州的鞋子或打火机。中国的小型私人部门,能够对市场条件的改变做出快速反应,特别是在困难的条件下,这与大规模的跨国公司相比是一个比较优势。这与中国的只与熟人或有联系的人做生意的做法是相符的。如果同一个生意中的企业家都处在同一个密集的网络中,而不是相互之间竞争,那么他们会相互支持,交换资源和技术。关系网不仅是作为保护私有财产的庇护所,而且还可以借此增加安全性和减少交易成本,另外还可以为供给或者商业机会提供信息。总之,关系网“降低进入壁垒且提高了私人企业家的生存和成功的比例”,这在危机中是尤其重要的。

与韦伯和松巴特的对不断增长的理性和官僚主义的预期相反,企业家在中国的经济体制中并没有失去其重要意义,他们仍然对一家企业经济上的成功具有关键作用。企业家拥有必要的灵活性,对有利可图的投资的准确直觉,以及对关系网的动员调动,为全球生产环境创造有价值的联盟资产。在西方人更加理性的思维方式中,个人联系不会被其他经营商业的方式所交换，或是被切分为私人部分和商业部分，因为这包含了诸如名誉和对家族长期利益的因素。个人联系显示了比较效率优势，因为在中国，它被选中作为对私人部门最有效的工具。“关系”是中国社会长久的一个部分，也是中国经济体制长久的一个部分。它将会与西方的制度形成互补，并与之共存，从而在“关系”的基础上形成一种特殊形式的资本主义。（沈浩平 译）

参考文献：

Forster, K., 1990, ‘The Wenzhou Model for Economic Development Impressions’, *China Iuformation* Vol. 5, 53—64.

Harrell, S., 1985, ‘Why do the Chinese Work so Hard? Reflections on an Entrepreneurial Ethic’, *Modern China*, vol. 11(2), 203—226.

Jacobs, B. J., 1979, ‘A Preliminary Model of Particularistic Ties in Chinese Political Alliances’, *China Quarterly*, vol. 78, 237—273.

Jinchuan, S., 2004, ‘Analysis of the Historical System of the Wenzhou Model: A View from the Perspective of Personalized Transaction and Nonpersonalized Transaction’, *The Chinese Economy*, vol. 37(2), 47—55.

Kiong, T. C. and Kee, Y. P., 1998, ‘Guanxi Bases, Sinyong and Chinese Businese Networks’, *The British Journal of Sociology*, Vol. 49(1), 75—96.

Krug, B. and Mehta, J., 2004 ‘Entrepreneurship by Alliance’, in Barbara Krug (ed.), *China's Rational Entrepreneurs: The Development of the New Private Business Sector*, London: Routledge Curzon, 50—71.

Li, X. and Li, E., 2007 ‘Competitive Advantage and Rural Industrial Clustering: The Case of Steel Measuring Tape Production in a Chinese Village’, *The China Review*, vol. 7 (1), 27—52.

Mavin, D., 2009, ‘China's Overseas Order Books Thinning’, National Post's Financial Post & FP Investing (Canada), 14 January.

McNally, C., Guo, H. and Guangwei, H., 2007, *Entrepreneurship and Political Guanxi Networks in China's Private Sector*, East-West Center Working Papers.

So, Y. L. and Walker, A. ,2006, *Explaining Guanxi*, London: Routledge.

Wank, D. L. ,1996, 'The Institutional Process of Market Clientelism: Guanxi and Private Business in a South China City', *The China Quarterly* , vol. 147, 820—838.

Weber, Max, 1976 [1930], *The Protestant Ethic and the Spirit of Capitalism.* London: Allen & Unwin.

Weber, M. , Henderson, A. M. and Parsons, T. , 1947, *The Theory of Social and Economic Organization* , New York: Oxford Univ. Press.

Whiting, S. H. 2001, *Power and Wealth in Rural China: The Political Economy of Institutional Change* , Cambridge: Cambridge Univ. Press.

Whyte, M. K. , 1995, 'The Social Roots of China's Economic Development', *China Quarterly* , vol. 144 (Special Issue), 999—1019.

Yang, M. M. , 2000, 'Putting Global Capitalism in its Place: Economic Hybridity, Bataille, and Ritual Expenditure', *Current Anthropology*, Vol. 41(4), p. 481.

Zhu, Z. , 2007, 'Reform Without a Theory: Why Does it Work in China?', *Organization Studies* , vol. 28, 1503—1522.

第五章　中国与世界：后危机时代的评价与展望

胡鞍钢

在目前的全球发展中，已经出现了四个明显的趋势：经济全球化、信息通信技术革命、世界的多样化增长和绿色产业革命。与之相伴随的是两种新的交互发展：首先，对全球公共品（包括全球安全、全球生态环境、应对全球气候变化的措施和全球公共健康问题等）的需求在日益增长，但是它们的供给目前却存在很大的缺口；其次，在当前联合国和其他国际组织无法处理国际危机和全球金融危机，并难以就全球气候变化协议达成一致的情况下，不合理的经济和政治秩序已使全球治理宣告失败。

当前的全球金融危机的持续影响，已经造成了世界主要强国经济的增长放缓。在恢复增长时期很有可能出现大的波动，因此全球金融市场、初级产品市场和全球秩序面临着巨大的改变和挑战。传统的世界政治和经济体系，正在逐渐让位给一个新的国际治理机制。在不确定性、不稳定性和安全感缺失仍然在增长的情况下，国际政治和经济形势依然十分复杂。但是，全球化是不可逆转的，而且中国在形成新的世界秩序的过程中将扮演着越来越重要的角色，同时在提供全球公共品和全球治理的问题上将承担起越来越大的责任。当然，这也提供给了中国新的发展机遇：首先，成为一个贸易自由化推动者的机会，通过参与经济全球化各个领域的活动,获得投资自由化和享受服务的便利性;其次,通过参与应对全球气候变暖危机的共同努力,在绿色发展中成为一个标杆的机会;第三,在参与建设一个新的全球治理体系过程中,扮演一个领导者角色的机会;第四,在参与第四次(绿色)工业革命过程中,成为创新型国家的机会。当回顾世界近代史时,世界从未如今天这样需要中国,中国也从未像今天这样需要世界。中国的领导人必须从被动应对和参与的立场,转向一个更加积极甚至引领全球及区域事件的立场。

本章将分析和讨论中国在全球经济中的地位,以及从未来发展战略的特点来审视后危机时代的发展战略,危机后的全球发展趋势和中国在后危机时代面临的机遇和挑战。

后危机时代

由于2008年下半年震撼全球的金融危机,世界经济和贸易都遭受了巨大的冲击。多亏了中国和其他新兴经济体的刺激,它们在2010年已经开始恢复,从而避免了类似大萧条规模的悲剧。目前,世界经济和贸易已经进入了一个恢复发展的时期,发达国家还处在一个低速增长时期,而发展中国家已经恢复到了高速发展时期。中国发挥了作为世界经济、贸易和投资增长引擎的作用。根据世界银行2010年6月的预测,在2010年到2012年间,世界经济将会增长3.3%至3.5%,发展中国家平均则达到了6%,而中国仍然保持着8.2%至9.5%的高速增长。全球贸易也从一个短暂的负增长时期,进入到了恢复发展时期,它的增长速度在6.8%至11.2%之间,高于世界经济发展速度。全球外商直接投资也进入了恢复发展时期,随着发展中国家净流入的增长,它在国内生产总值中的比重达到了3%以上(见表5.1)。

表 5.1:世界经济增长指标(2008—2012)

单位(%)	2008	2009	2010	2011	2012
世界 GDP 增长	1.7	-2.1	3.3	3.3	3.5
高收入国家的 GDP 增长	0.4	-3.3	2.3	2.4	2.7
发展中国家的 GDP 增长	5.7	1.7	6.2	6.0	6.0
中国的 GDP 增长	9.6	9.1	9.5	8.5	8.2
世界贸易总体增长	3.2	-11.6	11.2	6.8	7.2
非石油产品价格指数变化	0.0	-21.6	16.8	-4.0	-5.4
石油价格指数变化	36.4	-36.3	26.4	-4.5	-0.9
发展中国家投资净流入占 GDP 的比重	4.3	2.7	3.0	3.1	3.2

数据来源:世界银行,《全球展望》,2010 年 6 月 10 日。

目前,全球经济以 2% 至 3% 的速度缓慢增长,因此总的来说,全球经济仍然处于后危机时代的缓慢复苏期。相应的,全球贸易也处在一个相对较慢的增长阶段。这些外部因素都迫使中国从出口导向型增长模式,转向扩大国内市场需求的拉动模式,而中国恰恰拥有一个巨大的并且不断扩大的国内市场。这一转变也将加快中国从世界工厂转变为世界消费市场和服务提供商的进程。

然而,在危机和危机恢复的过程中,中国经济实力得到了显著提高,一跃成为世界第二大经济体,也是一个世界经济新的最大拉动力量。根据世界银行数据显示,中国对世界经济增长的贡献在 2001 年至 2005 年间达到了 7.12%。这一排名仅次于排名第一的美国,通过汇率换算,美国的贡献率为 17.95%。这一数据在 2006 年至 2010 年达到了 16.23%,居世界第一,而同期美国的贡献率下降到了 13.9%。如果按购买力平价计算法,中国在 2001 年至 2005 年对世界经济增长的贡献为 15.96%,紧随美国排名第二。美国这一时期的贡献率为 17.95%。但这个数字在

2006 年至 2010 年变为了 23.16%，排名世界第一，这也使得美国从第一位降到了第二，美国在该段时间的贡献率为 12.26%。根据上述两种计算方法，我们估计中国对世界经济增长的贡献在 2011 年至 2015 年将分别达到21.11% 和 31.84%，而美国将分别为 17.52% 和 14.30%（见表 5.2）。

表 5.2：中美对世界经济增长贡献（2000—2015）

单位（%）		2000—2005	2006—2010	2011—2015
购买力评价法	中国	15.96	23.16	31.84
	美国	17.95	12.26	14.30
市场汇率法	中国	7.12	16.23	21.11
	美国	17.95	13.19	17.52

数据来源：2000—2008 年的数据来自世界银行，《世界发展指数》，2010；2009 年数据来自 CIA，《世界概况》，2010；2010 年的数据是作者基于 2009 年的数据计算求得，依据是下一年的增长率：中国 10%，美国 3%，世界 4%；2011—2015 年数据的计算依据是下一年的增长率：中国 9%，美国 3%，世界 4%。

自 20 世纪 90 年代以来，全球经济发展已经变得更加不平衡，中国、印度和其他人口较多的发展中国家的增长速度高于发达国家。这导致了世界经济格局的重大变化。经济合作与发展组织的最新报告（2010）表明，经合组织成员国在 1990 年的经济总量占世界总量的 62%（国内生产总值，购买力平价），但这一比重以平均每年下降 0.2 个百分点的速度减少，在 2000 年该比例为 60%。当前的国际金融危机，给美国、欧洲、日本和其他发达国家造成了重大打击，加速了它们的经济相对衰落进程，这导致了世界财富前所未有的重大转变，而非经合组织国家则迅速发展。以中国和印度为代表的人口大国的振兴，对国际经济格局产生了广泛而深远的影响。到 2010 年，经合组织国家占世界经济总量已经下降到了 51%，这一比例以平均每年 0.9 个百分点下降。一种南方和北方之间的势均力敌的新国际格局已初具规模。在未来,经合组织成员国的经济总量,在世界范围内的生产总值将继续下降,同时非经合组织国家将持续上升。到2030年,这一比例预计将进一步下降到43%,而非经合组织国家则会上升到57%。

后危机时代的国际发展

在目前的后金融危机时代,不确定性、不稳定性、地区差异和缺乏安全感将仍然存在,在一些地区甚至会愈演愈烈。国际政治经济秩序正面临着重大调整。在当今世界大国相互影响的国际环境中,中国正与世界越来越贴近。中国和美国及其他强国之间的关系将发生深刻的变化,这更有利于中国成为一个强大的世界经济体。从现代世界历史的发展角度来说,自1750年来形成的以西方为主导的世界格局,即在20世纪90年代冷战结束之后,以美国这个世界上唯一的超级大国为主导的世界格局,正在悄然发生着变化。

全球公共治理问题突出

全球金融危机已严重打击美国、欧洲、日本等发达国家,并且加速了其经济实力的相对下降。虽然新兴国家在一定程度上也受到了这次危机的影响,但是它们在世界经济中的相对位置上升了。危机势必会加速全球产业转变的步伐,带来世界政治经济格局的根本变化。客观上,它已成为推进多极化的加速器。殖民地和半殖民地等非西方国家的兴起,对国际政治格局有广泛而深远的影响。

从当今世界的金融、军事、科学、技术和文化来说,美国仍然是世界上唯一的超级大国,但其实力和国际竞争力已经在相对下降。金融危机的致命打击,已经使美国在管理世界事务的过程中力不从心。它越来越多地依赖与其他像中国这样的大国合作来获得领导权。客观地说,它已经推动 G3 或者“三个最强体”(美国、欧盟和中国)获得了世界上的领导地位。欧盟是反气候变化、低碳经济和区域一体化的领导者和先行者。中国,作为一个新的非西方国家的强大经济体,在推动绿色发展、国际贸易、多边领域谈判、经济全球化、区域一体化和国际政治民主化、文化多样化等领域中,有机会和能力在建设和谐亚洲与和谐世界承担起领导者和建设者的角色。

全球化虽然深入发展,但仍然缺乏有效的治理结构,这也导致了公共资源过度使用的悲剧。所有国家都需要大量的包含各种物品的“免费午餐”,而大量的“搭便车者”的存在,又引起了严重的供应短缺,这就造成了“囚徒困境”。这次危机揭示了国际金融体系中弱势和不平等的一面。全球安全体系无法遏制核武器扩散,全球气候变化谈判可能面临着僵局。失败是必然的,因为不同的国家都在尝试保护自己的利益。所有这些,都反映了国际体系在提供公共品时的无能和激励不足。据考尔等人对全球公共品的分类,由于公共品的非排他性和非竞争性,所有国家拒绝承担费用,它们只希望分享利益。

全球治理体系的格局,正面临着来自后美国时代的国际政治变化和国际能源、环境和政治格局改变的双重挑战。全球治理体系正面临着失败的危机和重组的机遇。

中国在全球治理体系中的角色发生了本质的改变:从一个被动的参与者,变为制定游戏规则的操盘手,从一个“搭便车者”变为全球公共品的提供者,从一个追随者变为在全球事务中的领导者。然而,中国的领导人仍然没有做好心理上和思想上的准备。他们仍然信仰的想法是,成为一个一般意义上的“非领导者”和“强大的发展中国家”。

全球气候变化——最严峻的挑战

从长远角度来看,全球气候变化是人类面临的最严重挑战。目前,中国面临的全球生态环境比全球金融危机更加严重、复杂。

由于温室气体已经存在于大气中，在短时间内不可能去除它们。不管采取什么措施，全球气候变暖趋势只能加剧，气候变化问题将是人类面临的更大挑战。生态、经济和社会的灾难构成了人类发展的巨大挑战。正如联合国气候变化小组的报告指出："气候变化将影响到生命的所有基本元素：水、食品、健康和环境。"全球变暖问题从未像今天这般尖锐和有害。它已经成为了人类发展过程中共同面对的一个挑战。

值得一提的是，发展中国家受到气候变化的影响更大。在遭受气候变化危害的国家中，中国作为一个世界上人口最多的国家，地域辽阔，是全球变暖的最大受害者。中国要承担70%至80%的损失，这远远超出了中国的应对能力。气候变化会导致灾民人数和由气候引起的贫困程度大幅上升。在最近的一份报告中，乐施会指出，在1997年至2008年的全球气候变化中的受害者，平均每年有2.78亿，这一数字预计到2015年会上升45%，达到3.75亿，这意味着全球人道主义救灾系统将面临严峻挑战。联合国气候变化小组报告断言，在未来十年内，在拉丁美洲、美洲、亚洲和非洲至少有2.07亿人将遭受缺水。到21世纪中叶，在亚洲将有另外1.3亿人受到饥饿的威胁。到2100年，在非洲的作物收入将下降90%。

不久前通过的"欧盟2020"战略规划里提到，到2020年，欧盟将在1990年的基础上减少20%的二氧化碳排放量，将可再生能源的份额提高到能源消费总量的20%，削减20%的能源消耗，以及将科技研究经费提高到国内生产总值的3%。这项规划里的各项指标均远远高于美国奥巴马政府的承诺，美国是唯一一个尚未签署"京都协议书"的发达国家。这项协议旨在到2020年将温室气体排放量减少到1990年的水平。美国立场变化引发的对环境的巨大压力，将主要由新兴发展中国家承担。作为最大的温室气体排放国，中国将不得不承担最大的国际压力。据国际能源机构（IEA）在其"世界能源展望2007"中预测，相关证据显示，全球二氧化碳排放量在2005年至2030年间上升57%。其中，美国、中国、俄罗斯和印度等国的二氧化碳排放量总额将占增加额的三分之二。中国占最大的份额,印度将在2015年成为第三大排放体。如果美国真的改变其立场,压力将传递到诸如中国和印度等发展中大国。

非传统安全问题的挑战

首先,能源安全仍然面临严峻挑战。目前,全球石油和天然气资源供不应求。可用资源普遍不够充裕。人类可开采的石油储量已达到350万亿桶,但是目前的石油产量只有1.1万亿桶。已探明的储量和未开发的储量占到了三分之一。据国际能源机构称,未来五年的年需求量将平均增加1%,从2008年的每天8690万桶增加到2013年的9410万桶。中国的进口也将由每天400万桶上升至每天570万桶。与此同时,能源和其他资源的供应已经越来越不确定,初级产品价格可能出现大幅波动。首先,对大国经济复苏前景的预期,将影响初级产品的需求。其次,由于国际石油价格主要是钉住美元计算,美元汇率的变化将对石油价格有直接的影响。因此,美元汇率的不确定性,也是影响国际石油价格的一个重要因素。第三,局部地区发生的冲突,将对初级产品的价格有一个外部的影响,包括石油运输通道的损坏、飓风带来的灾害、石油生产国的局势动荡、世界各地的战争和恐怖袭击。最后但并非最不重要的是地理因素,这也将影响初级产品的供应。这包括民族意识的提高、政府的摩擦、军事冲突和资源生产国的外交形势。

其次,全球粮食安全问题可能趋于恶化,尽管在局部地区会趋于缓和。据联合国粮农组织称,世界各地的粮食需求在过去三十年每年增加约2.2%,但在未来的三十年,预计每年将下降1.5%。发展中国家下降速度最快,从每年3.7%下降至2%。联合国粮农组织的最新报告,对未来十年的粮食安全相当乐观,这次金融危机对粮食生产没有太大的影响。世界粮食生产指数在2010年到2015年内将以平均每年2.5%的增长率增长,而发展中国家和欠发达国家的增长速度将更快。

据世界银行报告显示,玉米、小麦、水稻、大豆、豆油等主要谷物的价格可能在2010年至2015年略有下降,但主要谷物的价格将在未来十年内基本保持稳定。在金融危机和气候变化的双重影响下,贫困地区和国家的粮食安全形势会恶化。根据粮农组织的记录,在1995至1997年遭受饥饿的人数为8.25亿。但在金融危机的打击下,2008年这个数字增加到了9.15亿,而2009年则进一步上涨到了10.2亿。这个数字还有可能进一步上升。国际粮食援助组织应加强救援力度,以避免人道主义灾难。中国,作为最大的发展中国家,在加强其粮食安全问题上不能依赖国际市场。可以看出,它在最近几年必须继续保持增长势头。在保持适量粮食进口的基础上,中国应主要依靠自身的努力来解决超过10亿人的吃饭问题,这也是对世界最大的贡献。

第三,全球公共卫生安全正日益受到威胁。自21世纪初,全球公共卫生安全已经面临严峻的挑战。世界卫生组织列出了2003年至2006年间对公众健康构成威胁的685起事件。在将来,这种趋势将继续下去。破坏事件有可能增加,对全球健康造成更严重的威胁。这是因为:新的传染病经常复发,这造成了一个对健康的巨大威胁。根据世界卫生组织的统计数据,在20世纪70年代,新的传染病以无与伦比的速度出现。在短短二十年内,有40个以上的传染病,它们在以高流动性、经济相互依存和电子联系为特征的世界中成为一个更大的威胁。新的疾病每一年以前所未有的速度出现着。航空公司现在每年接待的旅客超过了2亿,大大提高了在国际间传播传染性病原体及其媒介的机会。全球化提供了新的传播疾病的途径。近年来,通过邮政服务故意在信中传播潜在致命的炭疽孢子,已成为一个新的威胁公共卫生安全的途径。引起全球公众健康问题的事件有所增加,被认为灭绝的传染病也重出江湖。新型传染病已经出现。受污染食品的国际贸易增加了流行病蔓延的机会;而有毒化学物质的释放,全球环境灾难,特别是气候变化的灾难,也造成了全球健康严重的威胁。

绿色工业革命——一个新的高潮

新的世纪开始见证新的科学重大发展和技术革命，这将深刻地改变经济和社会面貌。它们是四个相互影响和相互增强的变革：科学技术革命、信息和通信技术革命、能源技术革命、纳米和生物技术革命。这些革命将继续深入下去，许多国家已经将技术创新和增加研发投入作为自己的发展战略。发达国家占据了优势和主导地位，国家间的竞争也变得日益激烈。新兴国家作为迟到者充分利用自身优势，加快赶上来了。它们现在处在由积极参与者转变为潜在领导者的阶段中。

在未来的五至十年内，绿色革命将成为驱动科学和技术革命的最重要因素。绿色革命将发展成为第四次工业革命，深刻地改变经济和社会面貌。它将通过技术创新带来经济和社会发展模式的根本性变化，以应对气候变化和经济衰退这两个重大危机。低碳经济将成为世界主要增长点，不仅有利于发达国家结束经济危机，也是人类应对全球气候变化的最有效手段。

低碳经济是指生产方式的彻底变革，以及在经济增长过程中的无碳排放。新的生产链不会以破坏环境为代价，更重要的是，不会以滥用能源为代价。这有望终止对化石能源的基本依赖。扩大生产将在能耗可控的前提下进行，不进行过剩生产。即使正在进行大型的生产扩张，它也不会导致由于大量能源消耗而造成价格上涨。

中国的历史机遇

对于中国来说，当前的国际形势挑战和机遇并存，机遇是摆在首位的，挑战是次要的。一个称职的政策决策者，应该能够将挑战转换为机遇，随着中国经济力量和综合国力的增长，还有这次爆发于美国的金融危机，中国在世界上的地位与角色发生了巨大改变。事实上，中国从国际事务（尤其是在全球经济事务）中的跟随者转变为一个领导者，从国际规则的被动接受者（尤其是应对全球气候变化的规则）转变为积极参与的规则制定者，从国际舆论（特别是全球电视新闻网）的批评目标成为一个活跃的竞争者，从西方文化的被动接受者到一个多元文化的积极创造者，尤其是非西方文化。

和平崛起的机遇

金融危机已经减缓了发达国家的经济增长速度，缩小了中美两国在综合国力上的差距。在可预见的将来，中国将成为世界上一个新兴的力量。事实上，中国已经成为世界上第二大经济强国、第一大出口国、第二大进口国，以及世界贸易新的增长引擎。在 2009 年，中国的出口总量击败德国排名世界第一，其份额达到世界总量的 9.6%。我们估计，到 2015 年，它可以达到 13% 至 14%。中国的服务贸易总额很可能超过西班牙（3.8%）、日本（3.9%）和法国（4.1%），排名世界第四。同时，中国已成为一个新兴的世界制造中心，其制成品份额在世界总出口中达到 9.9%，仅次于德国（10.2%）。中国很可能超越德国跃居世界第一。2001 年至 2005 年累计出口总额为 2.1727 万亿美元。我们估计，2006 年至 2010 年总额将达到 5.78 万亿美元。2009 年，中国的进口总额达到了 1 万亿美元，占世界总进口额的 8%，成为世界第二大进口国。

中国已成为世界第一大外汇储备国和一个新的对外投资大国。“吸引中国资本”正在成为各国政府的主要政策。这大大扩展了中国对全球投资的空间和领域，这将使国内生产总值和国民生产总值同步增长。中国对外投资的扩张一直在以惊人的速度发展。2001 年的对外投资额是 27 亿美元，只占中国实际利用外资额的二十分之一。但是，到 2009 年底，1.2 万家中国公司投资了 177 个国家和地区，建立起 1.3 万家企业，在国外的净投资额为 565.3 亿美元，占中国实际利用外资额的 61.5%。中国的对外直接投资占全球资本流动的 5.1%，在世界上排名第五。中国的科学和技术力量,也在迅速增长。如今,中国已成为拥有世界第二强的科学和技术力量的国家。科学和科技论文发表和论文引用的数量、国际发明专利申请数、高技术含量的出口和高研发经费的支出,都将中国在世界上的地位进一步推进,这也为在 2020 年前建设成为创新型国家奠定了坚实的基础。中国正在国际舞台上发挥着日益重要的作用,已成为世界事务管理中的重要领导者(见表 5.3)。

表 5.3:中国的世界排名和主要指标所占份额

	1978	1990	2000	2005	2010	2015
GDP(汇率法)	10(0.9)	11(1.9)	6(3.8)	4(5.0)	2(8.0)	2(10)
GDP(购买力平价法)	4(4.9)	3(7.8)	2(11.8)	2(5)	2(18)	1(20)
出口商品总计	29(0.7)	15(1.7)	8(3.7)	3(7.3)	1(10)	1(13)
外汇储备	40	7		2	1	1
科研能力	(0.81)a	5(0.82)	5(3.97)	3(8.04)	3(12.19)	2(16)
综合国力	5(4.5)a	3(5.6)	2(8.8)	2(10.0)	2(14.0)	2(17)

数据来源:(1)1978—2005 年的汇率法 GDP 数据来源于国家统计局《中国统计年鉴(2009)》,第 216 页,中国统计出版社 2009 年版;(2)购买力平价法 GDP 数据,1990 年国际元,参见安格斯·麦迪森,《世界经济》,2006;《中国的六大转型:960—2030》,2009;(3)科研能力由作者计算所得,包括在国际学术期刊发表的论文数、国内申请专利数、个人电脑和互联网使用者数量、研发投入(购买力平价)(国家统计局:《中国统计年鉴(2009)》,第 193 页,中国统计出版社 2009 年版;胡鞍钢、熊义志:《中国科技能力的数量估计(1984—2004)》,《清华大学学报(哲学与社会科学版)》2008 年第 2 期);(4)综合国力由作者计算所得,包括八大战略资源、二十三项数量指标,计算依据是世界银行的世界发展指数。

中国与美国在综合国力方面的差距已明显缩小,从 1990 年的 4.1 倍到2008年的1.5倍。如果保持这样的速度，中国很有可能在2020年前取代美国的地位（见表5.4）。中国的国际政治和安全环境是新中国成立以来最好的，与周边大国的关系也越来越密切。战争和冲突导致的安全问题有可能被进一步削减。中国极有可能和平崛起，并成为一个维持和平的重要力量。

表5.4：以综合国力衡量的世界上主要五个国家所占份额

	1975	1980	1985	1990	1995	2000	2005	2008
中国	3.81	3.86	6.71	5.97	7.76	8.71	11.51	13.14
印度	2.07	2.02	3.12	2.89	3.37	3.72	4.36	4.61
日本	4.99	4.69	11.85	9.87	9.54	8.99	8.17	8.51
俄罗斯					3.00	2.85	3.02	3.24
美国	12.91	13.54	20.35	24.51	23.14	22.19	21.41	19.69
五国总计					46.81	46.46	48.46	49.20
美国与中国之比				4.10	2.98	2.55	1.86	1.50

数据来源：世界银行，《世界发展指数》，2010。

中国发展绿色产业革命的机遇

从人类发展的悠久历史中可以看出，努力应对气候变化问题，并达成全球减排协议，将伴随着一个新的工业革命——绿色工业革命的出现。中国应该抓住这个千载难逢的机会，成为世界第四次工业革命的领导者、创新者和驱动者。自1750年以来，世界已经经历了三次工业革命：首先是由英国主导的第一次工业革命，它以蒸汽机的发明为标志。由于自给自足，中国失去了参与的机会。第二次由美国主导，它以19世纪下半叶发生在铁路、钢铁、能源等领域的革新为标志。因为处于被侵略的位置，中国也失去了机会。第三次是发生在20世纪后半叶的信息技术革命。惊动了中国当时的领导人邓小平和江泽民，他们抓住了这次重大历史变革的机遇，使中国从一个落后的挨打者成为了一个领导者。

与过去两百多年的工业革命相伴随的是人类与自然渐行渐远，自1850 年以来，发达国家排放的温室气体累计占世界总量的四分之三。在21 世纪人类迎来了第四次工业革命——绿色工业革命时，中国正处在一个新的工业革命的初始阶段。全球温室气体排放量减少，可被视为绿色革命的重要标志。要成为这次革命的领导者、创新者和驱动者，中国应与美国、欧盟和日本共同发起此次革命。

绿色革命需要将经济增长与碳排放脱钩，发展绿色能源，生产绿色产品和鼓励绿色消费。其实质是提高能源利用效率，降低污染物排放，发展循环经济和低碳经济（甚至无碳经济）。中国正在走向新型工业化，走向绿色产业和低碳产业，使用绿色能源，推广绿色消费，这都将导致绿色工业革命的发展。

提升中国软实力的机遇

文化是一个国家最重要的软实力，一个综合国力竞争的主要因素。中国已经走过了加强其国力的基本路径：首先是硬实力的崛起，其次是软实力的崛起，经济崛起先于文化振兴。它的硬实力正在上升，而其软实力也在不断提高。

中国的发展模式已成为软实力增长的重要元素，因为它也是软实力的重要组成部分。中国古代的文化中心模式，在东亚地区产生过重要影响。苏联工业化模式在第二次世界大战结束后曾经波及到东欧和其他亚洲国家（被称为“莫斯科社会主义国家共识”）。美国的民主政治模式在世界其他地区已经发挥并将继续发挥重要的影响，虽然美国一直坚持“华盛顿共识”，但其正在遭受发展中国家的强烈质疑。

自 1978 年以来，中国通过“摸着石头过河”或增量改革和开放，走出了具有中国特色的社会主义道路，这被西方学者称为“北京共识”。它已经开始对发展中国家的发展模式有溢出效应，这与“华盛顿共识”形成了鲜明的对比。社会主义的思潮正在重新夺回阵地，而标榜“自由化、私有化和民主化”的西方主义正在失去力量。在意识形态上，西风压倒东风的霸权正在减退。中国不会向外输出它的发展模式。它已赢得了越来越多有洞察力的国际人士的肯定，赢得了更大的独立探索自己发展道路的话语权。

中国转变经济发展模式的机遇

从2005年至2010年的发展过程来看，粗放型经济发展模式已成为中国发展的最大制约因素。作为一个工业化的后起之秀，中国既有避免历史上其他国家所犯错误的机会，也有创造自己发展模式的机会。我们现在正处于一个十字路口——继续“高投入、高消耗、高排放、低效率”的路径依赖型优先发展重工业的传统模式，还是走一条完全不同的道路，走一条低消耗、低排放、高附加价值和高效率的新型工业化道路。

目前的国际形势已经为中国转变其经济发展模式创造了有利条件。绿色发展模式已成为一种时尚，国际贸易体制正面临重组的压力；全球服务业也加快了产业转移的步伐。所有这些都是改变“高投入、高消耗、出口导向型和低附加值”发展模式的有利条件。在后金融危机时代，将危机和挑战转化为机遇的根本途径是转变发展模式，即扩大内需，特别是消费需求，更加注重收入分配公平；对节能和环保高度重视，以及增强在国际竞争中的全面创新。

发展低碳经济以应对气候变化，不仅提供了国际压力，也是实现发展模式转变的重要契机。这也是未来发展的主要和基本方向。绿色发展应该是中国在21世纪的创新发展模式。它符合中国的国情和利益。

中国和平崛起的外部挑战

排放大国——受攻击目标

目前，中国已成为一个资源消耗和污染物排放的“超级大国”。中国是第一大煤炭消费国和二氧化硫、二氧化碳排放国，并已取代美国成为世界第一大能源消费国。所有这些都给“中国威胁论”提供了借口。除了印度，中国已成为环境污染的主要攻击目标。如果美国真的同意作出减排承诺，而中国不主动作出在2050年前减少二氧化碳排放量的承诺，中国将要承担更大的国际压力。从积极的角度来看，这也成为中美战略合作的一个重要“机会窗口”。

随着国际地位的上升，提供全球公共品，既是中国的贡献，也是世界其他地区对中国的期望。在后危机时代，当世界进入一个低增长的康复阶段，中国已经成为一个带动世界经济复苏的领导者。它将成为世界第一或第二大经济体，拥有世界第一大外汇储备量、最多的高等院校和学生数量、第三大研发创新中心，以及最多的政府援助机构和外国直接投资者。这将要求中国承担越来越多的国际责任，并提供越来越多的全球公共品。然而，中国的领导地位仍然处于一个令人困惑的状态，它的角色混淆，定位不明确。中国自身的这种心态，增强了它的发展压力，并且使局面愈加混乱。

国际压力使投资和消费减弱

发达国家的需求减弱，已经导致了中国的生产过剩。虽然经济危机已经触底并开始复苏，但依然需要花很长的时间来调整。发达国家的政府和人民过度收缩消费，从而使国内储蓄上升。这些国家的消费和投资，有可能在长期的低迷状态中去改善资产负债表。目前的情况表明，所有政府，或明或暗，有恢复贸易保护主义，并且在短期内有去全球化的迹象。传统的国际贸易平衡状况已被打破。我们必须清醒地看到,中国将很难依靠强劲的出口来拉动经济增长。

一些国家呼吁注重加强与中国的经济和贸易关系,但是部分国家却与中国在经济和贸易领域的冲突日益增加。特别是在这次金融危机中,贸易保护主义已经出现。围绕着人民币升值、劳动力标准、知识产权和能源开发的外部压力持续增长。

在这些地区的贸易摩擦将继续。不仅如此,中国内部的不平衡所引发的从短缺经济过渡至过剩经济现象,已经越来越严重,这大大掩盖了生产过剩问题。在这个问题上,2008 年诺贝尔经济学奖得主保罗・克鲁格曼说:"两年前,我们生活在这样一个世界,在其中,中国的储蓄大于投资,并且将过剩储蓄投资到美国。如今,这个世界一去不复返了。"①

来自非传统安全的挑战更突出

全球体系的不确定性正在增加。国际问题转变为国内问题的可能性也正在增加。随着世界经济发展方式和政治秩序的调整,如今的世界正处在一个充满不确定性和不稳定性的时期。传统问题和非传统问题的威胁相互交织。初级产品价格和金融市场可能剧烈波动。贸易保护主义和贸易摩擦有所增加,大国之间的相互依存和相互斗争将更加激烈。

日益增长的对外部能源和资源的依赖,意味着中国面临更大的挑战。自 1993 年以来,中国已经从一个石油净出口国转变为石油净进口国,对外部资源的依赖逐步增加,2007 年达到了 50%。这一比例将继续上升。国际能源机构预测,中国对外部能源的依赖程度将进一步上升,到 2020 年,它将进口约三分之二的原油和五分之一的天然气。中国的国内资源相对比较短缺,这将不可避免地使用世界其他地区的资源,由

---

① 保罗・克鲁格曼,"中国的美元陷阱",《纽约时报》,2009 年 4 月 3 日。

此提高了中国的净进口量。1995 年,中国成为初级产品的净进口国。自那时起,进口量一直在稳步上升,在 2006 年达到了国内生产总值的 5.11% ,预计净进口值占国内生产总值的份额将达到 12% 以上。

与世界其他地区的联系日益密切,已经把公共卫生安全推入了一个风险境地。中国是一个人口大量流动的国家,进入中国的游客在 2008 年达到 1.3 亿,出境的游客也达到 4600 万。因此,有必要在提高对外开放水平和积极参与国际公共卫生合作的条件下,改善国内公共卫生安全系统。

小结:中国与世界其他地区关系的重大改变

正如中国共产党第十七次全国代表大会的报告中所说:“当代中国同世界的关系发生了历史性变化。”中国已经成为继美国之后的第二大强国,到 2015 年,它将成为第一或第二大经济体、第二大贸易商、第一大高科技产品出口国、第二大研发创新中心、科技人才储备最大国。

尽管存在越来越多的不确定性和不稳定的国际环境,但是外部环境和对外开放的有利条件没有发生根本改变。它实际上是发展经济、科学、技术、政治和安全,展示悠久历史及和平发展的最好时机。和平、发展与合作仍然是世界的主流。经济全球化和贸易投资自由化的趋势是不可逆转的。全球科学和技术发展迅速,并且传播越来越广泛。国家之间的创新竞争也越来越激烈。区域和全球合作愈加密切和多元化。面对全球性挑战,人类需要共同努力的要求越来越迫切。应对气候变化、生态环境、地区安全和反恐怖主义和其他全球公共品的措施,已经越来越稀缺。所有这些都要求我们能够更好地统筹处理重大的国内和国际形势,牢记当今世界的总体发展形势和中国所扮演角色的正确定位——在全球的功能和地位,长远的发展规划和目标,与世界其他国家努力协调一致以面对挑战。

历史的经验再次证明,战略机遇是珍贵而短暂的。因此,至关重要的是时机,在世界格局中正确定位,并作出重大调整,以适应国际战略与国际形势的变化。领导或不领导,这是中国必须回答的问题。1978 年,邓小平提出的口号是"实现四化,永不称霸",并指出这是由毛泽东主席和周恩来总理定下的基本国策,我们必须继承这一传统。当时,中国的国内生产总值大约只有美国的 22.9%。1982 年,邓小平谈到中国的外交政策时再次表示:"我们说,头头可不能当,头头一当就坏了。搞霸权主义的名誉很坏,当第三世界的头头名誉也不好。这不是客气话,这是一种真实的政治考虑。"在 1990 年,邓小平提出将"不做领头羊"作为基本国策。当时,中国的国内生产总值是美国的 36.6%。邓小平的说法符合中国在世界的地位。

"不做领头羊"或承担较少的责任,仍然是目前中国领导人的主流思想。但是,如果没有与时俱进,很可能陷入新的"两个凡是"的陷阱,其运行违背了邓小平的思想。因此,有必要克服自己奠定了心理障碍,实事求是,解放思想,与时俱进,正确定位中国在世界上的地位。

当前,国际形势是远远不同于以往。中国的国内生产总值 2006 年是美国的 85.5%,并有可能在 2015 年超越美国。在国际政策中继续作为一个"搭便车者",既不可行,也得不偿失。中国已经是世界上最大的外汇储备国,并将成为第二大贸易商、一个在其他国家的新兴投资者、第二大石油进口国、游客输出第二大国。如果中国不当领导者,将无法保护海外的巨大利益。要成为一个领导者,并不一定意味着谋求霸权。这只意味着成为多极化国际新秩序中的重要一极。这意味着积极参与和推动全球治理的改革,积极参与制定国际规则,积极参与引领国际发展潮流,积极承担国际责任。现在,不作领导者不仅对声誉有害,更不利于承担国际责任(例如不作出公开承诺减少温室气体排放量)。现在的中国很难独善其身,它应该做的是寻求国家的最大利益,更大的国际空间,并在统一的过程中处理国内和国际事务。从历史上看,没有任何阶段世界像今天这样需要中国，“世界甚至更需要中国的繁荣和稳定”。中国是否承担起领头羊的角色是一个极为重要的战略选择。这不仅考虑到中国是否可以担此大任的道德高度，更是出于“真实的政治考虑”。

中国的迅速崛起，不仅改变了判断强权的标准，也改变了中国在国际体系中的地位。这将带来前所未有的历史机遇：积极参与和领导经济全球化、经济一体化、贸易自由化、投资自由化，并进一步扩大中国的国际发展，获得其发展所必需的国际资源，推动全球治理体系的改革和重组，打破美国的垄断，并为发展中国家赢得更大的话语权；打破西方文化的垄断和排他性，采取积极主动的方式促进更多元化国际文化和价值观的发展；率先推进第四次工业革命（绿色革命），创造绿色的发展模式，发展低碳经济，参与制定应对气候变化的国际规则。这将是中国第一次采取主动，积极参与制定有关新的世界发展格局的国际规则。

重新定位本身就意味着实现“中国梦”。什么是“中国梦”？它是由五十多年前毛泽东的“中国贡献论”发展而来的。进入21世纪，中国应该对人类作出更大的贡献。在1978年5月改革开放前，邓小平也谈到“中国梦”。2007年中国共产党的第十七次全国代表大会报告正式重提这一伟大的梦想，那就是，到2020年中国“将成为对外更加开放更加具有亲和力、为人类文明作出更大贡献的国家”。从毛泽东的“更大贡献”到胡锦涛进一步提出的“更大贡献”，充分反映了中国在世界上地位的变化。这是中国在综合国力、国际地位上自然而合理的变化。

中国应该向世界作出什么贡献？我们认为，除了同时继续作出经济、贸易和减贫上的贡献外，中国还应该为人类发展作出三大贡献：知识上，建立一个新的创新型国家；环境上，实现绿色现代化；文化上，文化兴起及中华民族的伟大复兴。这些贡献有可能使中国重塑辉煌，这些意义不仅对于中国，更是对于整个世界。当中国已经成为最大的利益相关者时，成为一个领导者，不仅符合中国自身的利益，也符合发展中国家和发达国家的利益。（王璟 译）

第二篇　中国与世界经济

第六章　中国的崛起对全球稳定及可持续发展的影响

卡尔·达尔曼

作为全球经济和政治力量的一极，中国的增长及其崛起对其他国家形成的挑战，将在本章得到剖析。过去三十年间，权力已向发展中国家，尤其是向中国发生了巨大转移，2008 年至 2009 年的经济危机则使转移速度加快。中国的快速崛起引发了对世界经济和环境可持续性的挑战。

第一部分通过考察购买力平价理论下的全球 GDP 份额占比，对经济力量向中国转移的情况进行跟踪。中国的 GDP 份额从 1980 年的 2% 提高到 2009 年的 12.5%。第二部分对 2008 年至 2009 年经济危机及其对经济增长的影响进行了简要分析。危机由美国向全球蔓延，充分恢复需要漫长的时间。资本成本的上升将导致更低的整体增长速度。危机加速了经济力量由美欧向亚洲发展经济体，尤其是向中国的转移。第三部分更详细地分析了中国的情况。中国受危机的负面影响较小，而且因体制和政策原因恢复得更快。尽管面临一些内部和外部的挑战，但中国有可能比其他国家增长得更快。

第四部分解析了因中国崛起而引发的一些挑战。中国的增长将持续对全球体系施加巨大的调整压力，从其制造业和服务业的出口竞争力不断增强可见一斑。同时，这通常意味着对原材料和商品，尤其是能源的竞争加剧。更多的能源使用将增加二氧化碳的排放,使挑战变得更加复杂,引发对发展、环境、公平和责任分担方面的复杂问题。第五部分得出结论:加强合作而不是增加摩擦,需要对所有的主要利益相关方进行调整,尤其是中国和美国。改变经济权力和全球变暖约束,需要国家财富和技术向发展中国家转移,并调整全球经济和政治体系,最后,需要发展并实施更具持续性的发展模式。

经济权力在危机之前已转向亚洲新兴国家

过去三十年间,不同经济体和地区的相对规模发生了显著变化。据国际货币基金组织的数据,新兴和发展中经济体比发达经济体发展得更快,其占全球 GDP 的份额,从 1980 年的 36%,增至 2009 年的 46%(见表 6.1)。在发展地区中,增长最快的则是亚洲地区,其占全球 GDP 的份额,从 1980 年的 7.2%,增至 2009 年的 22.5%,增加了三倍多。截至 2005 年,亚洲地区这一指标超过欧盟,并在 2009 年超过美国。

在 1960 年至 1980 年间迅速增长并被认为是第二次世界大战后崛起大国的日本和苏联,不再被幸运之神所眷顾。日本在 1991 年遭受的重大金融与经济危机,使其在 2008 年至 2009 年金融危机发生时仍未全面恢复。1990 年至 2009 年间,日本失去了其占全球 GDP 份额的三分之一(从 9.1% 降到 6%)。苏联在 1991 年解体为多个共和国,这些国家(包括俄罗斯)皆在 20 世纪 90 年代早期面临严重衰退。2000 年,它们的 GDP 份额仅为 1980 年的 47%,但在 2009 年由于其所依赖的以能源为代表的自然资源出口的快速膨胀而带来的增长,这一数据恢复至 57%。

表 6.1:地区或国家占全球 GDP 的份额(按照当前购买力平价)

	1980	1990	2000	2005	2008	2009
发达经济体	63.80%	64.04%	62.98%	58.81%	55.13%	53.87%

续表

日本	7.89%	9.08%	7.63%	6.86%	6.27%	6.00%
英国	3.92%	3.75%	3.60%	3.42%	3.21%	3.10%
美国	22.50%	22.63%	23.64%	22.39%	20.78%	20.46%
欧元区	n. a.	n. a.	18.50%	16.71%	15.69%	15.21%
亚洲新兴工业经济体*	1.70%	2.71%	3.64%	3.75%	3.75%	3.70%
其他发达经济体	6.06%	6.80%	7.60%	7.50%	7.36%	7.30%
新兴与发展中经济体	36.20%	35.96%	37.02%	41.19%	44.87%	46.13%
非洲	3.16%	2.91%	2.71%	2.97%	3.10%	3.19%
中东欧	4.11%	3.62%	3.36%	3.55%	3.62%	3.48%
独联体**	7.54%	7.56%	3.58%	4.16%	4.55%	4.29%
发展中亚洲经济体	7.24%	10.05%	15.10%	18.24%	20.98%	22.54%
中国	2.00%	3.55%	7.16%	9.41%	11.41%	12.52%
印度	2.24%	2.82%	3.62%	4.18%	4.75%	5.06%
中东	3.88%	3.23%	3.47%	3.84%	4.00%	4.13%
拉美与墨西哥	10.27%	8.59%	8.80%	8.43%	8.63%	8.51%

来源:国际货币基金组织数据库,2010 年 1 月 28 日。

注释:* 指香港、韩国、新加坡和台湾;* * 包括俄罗斯在内的独联体国家。

东亚的中国和南亚的印度是取得最瞩目成就的两个国家。中国占世界 GDP 的份额从 1980 年的 2% 增加至 2009 年的 12.5%,增长超过六倍。该数据 2001 年超过日本,2009 年达到美国的 61%。印度则使其份额翻了一倍多,从 1980 年的 2.2% 增加至 2009 年的 5.1%。

2008—2009 年金融和经济危机

2008 年至 2009 年的金融和经济危机，不是又一次周期性的经济下滑，而是一次重大的结构变化，是自“大萧条”以来最严重的全球危机。危机发源于美国，并向全球蔓延开来。危机的原因是美国人为的低利率、金融创新、资产过剩和缺乏适当金融监管所导致的资产泡沫。2001 年互联网泡沫破灭后，美联储降低利率以刺激经济增长。低利率导致住房需求的上升，抵押支持证券的发展增加了可用信贷，并对那些不符合资格的借款者增发利率可调的抵押贷款——称为“次级抵押贷款”。住房价格上涨使得人们凭其上涨的住房公允价值而增加借款。这刺激了更大规模的消费信贷，包括从国外进口。另一个金融创新是信贷违约互换合约，投资者通过该工具防范投资违约风险，如投资于次级抵押贷款等。抵押证券和信贷违约互换被卖给其他国家的投资者，主要以其他发达国家为主。另外，这些金融创新也被其他发达国家的金融市场所采用。

当美国的利率上涨而次级借款者不再支付更高的按揭贷款时，整个大厦就土崩瓦解了。当住房市场违约率不断增加时，房地产市场面临下行压力，于是住房价格下跌。当住房市场价值下跌至他们所欠的金额时，许多借款者转而抛弃他们的财产，加速了房屋价格的下降，因为有更多的房屋进入了本已饱和的市场。当抵押证券变坏的时候，信用违约互换也同样崩盘，使得美国、英国和其他欧盟国家的金融机构纷纷倒闭。

可见，这场发源于美国的金融危机通过三种机制向全世界扩散。首先是次级贷款和信用违约互换的违约、银行和其他金融机构的倒闭，直接影响到美国和欧洲。其次是投资者抽回其在国外的投资，以弥补其在国内损失的间接金融效应，影响了欧洲和发展中国家。当投资者将资金回笼到母国时，就会出现质量的转移，因为这些国家的政府将刺激性计划、扩张的信贷和政府担保统统放在摇摇欲坠的金融机构中。具讽刺性的是,许多跨国资金投资于美国国债。许多国家经受了资本外逃和汇率贬值,这影响了欧洲国家,以及包括印度、NIAEs(中国香港、新加坡、韩国和中国台湾)在内的大多数发展中国家或地区,但不包括中国。

第三个是对实体经济的间接效应。消费下降导致对进口需求的大幅减少,这影响到全世界的贸易。2008 年全球贸易下降 11%,其中发达国家的贸易下降幅度比发展中国家更大。因此,即便没有受到前面两个效应直接影响的国家,如中国,也因危机受到了负面影响,因为直接受危机影响的国家对中国的需求减少了。

2008 年世界总产出增长从 2007 年的 5.2% 下降至 2.8%,并变成 2009 年的负 0.6%。这是自 1970 年来全球总体生产总值首次呈负增长,而发达国家的降幅比新兴国家和发展中国家要大得多,后者的总增速保持为正。事实上,新兴国家和发展中国家 2009 年的总体增长为 2.5%,而发达经济体这一指标下降了 3.2%。全球贸易也受到负面影响,创下 1970 年来最大的跌幅。

未来的增长前景

根据国际货币基金组织的相关数据,可以观察到主要国家和关键国家集团的经济表现。在发达国家中,日本、英国和欧元区国家相比较,日本遭受下降 5.2% 的最沉重打击;英国下降 4.9%,欧元区国家整体下降 4.1%,紧随其后的美国下降 2.6%,加拿大下降 2.5%。

在新兴和发展中经济体,增长变化更大。俄罗斯下降 7.9%,很大程度上因为,石油价格由之前的斜坡上升,在 2008 年后半期危机时急转直下。独立国家联合体中的国家因资本外流和贸易下滑增长下降约 3.6%。尽管墨西哥因更加依赖石油、贸易,以及同样大幅下降的从美国获得的汇款,下降了 6.5%,整个拉美地区下降为 1.7%。然而,余下的新兴和发展中经济体则持续保持正增长,最引人注目的就是中国和印度,分别实现9.1%和5.7%的增长。部分原因在于,它们没有直接暴露在金融问题之下,而这些问题困扰着发达国家。但是,它们二者都因对出口产品和服务的需求下降而受到负面影响。就中国而言,虽然更加依赖出口,但由政府实施的强有力财政刺激方案与银行借贷的显著扩张一样,是助其抵消出口下降影响的一个重要因素。

表6.2:2007—2009年世界产出与贸易增长及2010—2011预测值

	2007	2008	2009	2010** (估计)	2011** (估计)
世界总产出*	5.2	2.8	-0.6	4.8	4.2
发达经济体	2.7	0.5	-3.2	2.7	2.2
美国	2.1	0.0	-2.6	2.6	2.3
欧元区	2.7	0.5	-4.1	1.7	1.5
日本	2.3	-1.2	-5.2	2.8	1.5
英国	2.6	-0.1	-4.9	1.7	2.0
加拿大	2.5	0.5	-2.5	3.1	2.7
其他经济体	4.7	1.7	-1.2	5.4	3.7
亚洲新兴工业经济体***	5.7	1.8	-0.9	7.8	4.5
新兴与发展中经济体	8.3	6.0	2.5	7.1	6.4
中东欧	5.5	3.0	-3.6	3.7	3.1
独立国家联合体****	8.6	5.3	-6.5	4.3	4.6
俄罗斯	8.1	5.2	-7.9	4.0	4.3
发展中亚洲经济体	10.6	7.7	6.9	9.4	8.4
中国	13.0	9.6	9.1	10.5	9.6
印度	9.4	6.4	5.7	9.7	8.4
中东与北非	6.2	5.0	2.0	4.1	5.1

续表

撒哈拉以南非洲	6.3	5.5	2.6	5.0	5.5
拉美及加勒比	5.7	4.3	-1.7	5.7	4.0
[备忘：欧盟]*****	3.1	0.9	-4.1	1.0	1.8
世界贸易总额（出口+进口）	7.3	2.9	-11.	11.4	7.0
进口					
发达经济体	4.7	0.4	-12.7	10.1	5.2
新兴和发展中经济体	13.8	9.0	-8.2	14.3	9.9
出口					
发达经济体	6.3	1.9	-12.4	11.0	6.0
新兴和发展中经济体	9.8	4.6	-7.8	11.9	9.1

*假设实际有效汇率保持在2010年8月4日—9月1日的水平。国家占总体的权重基于世界购买力平价的权重。

** 估计和预测值占世界购买力平价发达国家权重的90%，占新兴和发展中经济体的77%。

***指中国香港、韩国、新加坡和中国台湾。

****包括俄罗斯在内的独联体国家。

*****欧盟已经包括了发达国家和新兴及发展中经济体。

数据来源：国际货币基金组织，《世界经济展望》(2009年10月 p.2;2010年10月,p.2)。

短期的前景

由于全球贸易的坍塌，从这次危机中全面恢复需要更多的时间。当危机只影响一两个地区时，恢复要容易得多，因为来自增长国家的需求可帮助其他国家从衰退中走出来。然而，当萧条影响到所有的发达国家时，恢复就需要更多的时间，因为这些国家是世界主要的市场。大量的刺激计划、货币扩张，以及政府接管破产的银行、金融公司及其他公司正帮助世界走出衰退。但是,如果政府刺激回收得太快,也存在复苏失速的风险。另一方面,这些刺激计划和货币扩张持续时间太长,又存在通货膨胀并因此进一步弱化复苏力度的风险。此外,2010 年希腊和爱尔兰的财政危机正动摇投资者对葡萄牙、西班牙和意大利的信心,对整个欧元区国家和欧盟自身的稳定性造成威胁。这也对其他向欧盟出口或对欧元区有重要金融投资的地区造成影响。因此,整个世界都没有走出困境。

造成复苏缓慢的原因还有两个:第一是全球金融体系受损。据国际货币基金组织估计,当前只有约一半的金融机构损失得到了确认。第二个原因是,一旦全面复苏开始,利率会走得更高。造成这一结果的原因有两个:首先,危机已表明风险被低估,故而利率会向上调整以将低估的风险纳入其中;其次,许多发达国家政府正准备发行更多的负债以支持刺激计划、救助金融机构(还包括美国和一些欧洲国家的汽车行业),以及弥补国内生产总值低增长所造成的财政收入下降缺口。

很明显,危机对各国的冲击是不一样的。新兴和发展中亚洲经济体,比发达国家更快地从危机中走出来,因为它们的财政头寸总体较强。再则,正如上面提到的,在这场金融危机的中心层面,它们没有沾手主要的金融创新工具(次级抵押贷款和信用违约互换)。第三,它们中的一些国家,如中国,反应得更快,迅速实施了大量财政刺激计划。

中国为应对危机准备得尤其好,有一个很高的储蓄率(2007—2009 年间的储蓄率维持在 54%—55%,而同期世界加权平均储蓄水平为 21%—22%)。所以,与大多数其他发展中国家不同,中国不依赖外国资本。事实上,中国是资本净出口国。此外,中国有世界最高的外汇储备水平,超过 2.4 万亿美元。然而,中国相当依赖进出口国际贸易。因为其人均自然资源水平很低,不得不靠进口;再有,中国也依赖拓宽出口市场以支持其制造业产品出口。短期看来,中国可以通过强势财政刺激和显著的银行信贷扩张,弥补美国和其他发达经济体对其进口需求的缩水。但是,中长期看,中国需要将对出口的严重依赖转向扩大国内市场需求,而由于家庭和企业的高储蓄,使得刺激国内市场需求很难。由于不健全的养老、医疗和社会保险体系,家庭的储蓄很高。政府清楚地知道这些问题,正在努力改善延展社会保障网络。印度应对危机的准备不充分,因为其是资本净进口国。然而,印度拥有同中国一样的重要优势,就是其庞大的国内市场。

展望未来两年,两国(中国和印度)的前景都是好的。国际货币基金组织对2010年10月至2011年的增长预测显示,中国全年增长10%,印度约9%,美国约为2.5%,而欧元区增长1.5%。因此,中印和发达国家间的增长差距预期还会持续下去。

长期的预测

因对未来的许多不确定性以及过去预测的不良表现,对长期经济增长做预测是有风险的。但是,为阐释不同增长率的内涵,在2009年,国际货币基金组织根据2005年的美元购买力平价水平,并结合2000年到2009年的增长率,对十大世界经济体的增长率进行了预测。该预测结果显示,2017年中国会超过美国,而印度会在2013年超过日本(在购买力平价水平下已于2008年超过了德国)。

这些预测仅是为了揭示不同增长率的影响,因此未考虑很多无法预料的事件,比如2008/2009年的金融危机。此外,中国和印度面临着一些重大挑战,可能使它们的增长减速甚至偏离正轨。两国面临的共同挑战包括日益严重的不平等、环境破坏、水资源短缺和腐败。中国的特有挑战包括脆弱的银行体系、权力体系现状和向分权化市场经济转移之间的矛盾以及台湾问题。印度特有的挑战则包括低水平的平均教育素质、不发达的基础设施建设,以及因脆弱执政联盟导致的改革困难。然而,排除任何不可预见的重大危机,两国都很可能在接下来的十到二十年内比其他国家增长得更快,因为它们仍在很多方面处于技术前沿,可以在未来多年间,从快速赶超战略中获益。

中国崛起的挑战

中国的崛起(某种程度也可以说印度崛起)将给全球体系带来经济和环境方面的挑战,因为它们庞大的人口和快速的增长。经济方面的挑战包括其商品和服务出口、自然资源进口方面竞争的加剧。环境挑战包括快速增长对环境的冲击,尤其是二氧化碳排放不断上升对环境的压力。

贸易

中印出口增长造成的压力,可从表6.3中得到体现。最明显的就是中国制造业出口的增长,从1995年占全球总量的2.9%发展到2008年的8.9%,撇开任何国家不说,这是所有区域性集团中最高的份额增长。从绝对量看,中国商品出口在2007年超过美国,2009年超过德国成为世界最大商品出口国。

表6.3:1995年与2008年世界GDP、商品和服务出口份额的变化

	商品出口		服务出口	
	1995	2008	1995	2008
东亚和太平洋	6.9	12.9	5.2	6.5
中国	2.9	8.9	1.5	3.9
欧洲和中亚	3.6	7.1	4.1	5.1
俄罗斯	1.6	2.9	0.9	1.3
拉美和加勒比	4.3	5.4	3.1	2.9
巴西	0.9	1.2	0.5	0.8
中东和北非	1.2	2.6	..	..

续表

南亚	0.9	1.4	0.9	2.9
印度	0.6	1.1	0.6	2.7
撒哈拉以南非洲	1.5	2.1	1.0	1.0
全部低收入和中等收入国家	18.3	31.5	16.0	20.7
高收入国家或地区	81.7	68.6	83.8	79.3
欧元区	33.7	28.6	34.9	32.3
美国	11.3	8.1	16.4	13.6
日本	8.6	4.9	5.3	3.9
新兴亚洲工业经济体				
香港	3.4	2.3	2.8	2.4
韩国	2.4	2.6	1.8	2.0
新加坡	2.3	2.1	2.1	2.1
台湾	n. a.	1.6	n. a.	n. a.

数据来源:《世界发展指数》(2010),第238—240,246—248页。

印度商品出口份额增长很温和。实际上,中国商品出口的年增长量比印度的年出口商品总量还多,但是,印度服务出口份额的增长非常迅速,占世界服务出口份额,从1995年的0.6%增加到2008年的2.7%,撇开任何国家不说,是所有地区中最高的份额增长。

这两个国家出口的快速增长,正给世界其他国家施加重大结构重塑压力。中国制造业出口大部分起始于劳动密集型产品,但正快速地向技术密集型转身。2007年,中国30%的制造品出口在联合国贸易发展委员会(UNCTAD)的贸易数据库中被归类为高技术类,因为中国很大一部分出口产品的组成部件,是从比其更发达的日本、NIAEs等亚洲邻国或地区进口的,且其超过一半的出口是由外资公司生产的,还因为其国内公司的技术能力在不断增强。印度服务出口的增长源于其信息技术服务出口的巨大成功。2007 年其信息技术服务出口占整个服务出口的 39%,是中国可比出口价值的十倍。

再则,出口方面的竞争很可能因为向高等教育和研发领域不断增加投入而加剧。

高等教育

表 6.4 反映了对高等教育投入增长的情况,反映了快速增长的入学率,尤其是对中国这一情况的反映。然而,最引人注目的是,中印两国的高等教育容纳的实际学生人数都很庞大。2008 年,中国是世界上高等教育容纳学生人数最多的国家,共 2700 万,占世界总量的 17%;美国以 1800 万位居第二,占世界 12%;印度则有 1300 万,占世界 9%。

表 6.4:1980—2008 年高等教育就学率

	1980	1990	2000	2008
中国	2	3	13	22
印度	5	6	11	13
世界	13	16	24	26

数据来源:《世界发展指数》(2010,2004,2002)。

研发

中国和印度一直在提升它们的创新能力。1995 年到 2005 年期间,中国从事研发的科学家和工程师从 53 万增加至 93.6 万,而科技出版物种类从 9300 种增加至 4.26 万种。中国对研发的支出也从 1995 年占 GDP 的 0.6% 增加至 2006 年的 1.4%,按购买力平价衡量标准排名世界第三位,仅次于美国和日本。

印度在同期虽然科学家和工程师的数量没有增加,但它的科技出版物种类从 9600 种增加到了 1.46 万种,且国家对研发的投入从 1995 年占

GDP 的 0.8% 增加至 2006 年的近 1%。

此外，由于全球外包趋势的兴起，许多跨国公司也正在加强向发展中国家转移研发活动，尤其是对中国和印度。截至 2006 年，中国已有 750 余家跨国公司设立了研发中心，印度亦有 250 多家。

过去十年间，中印两国，尤其是中国的专利显著增加。中国 2008 年由其国内居民研发的专利数量排世界第三位（次于日本和美国），而国内居民研发的工业设计和商标专利数量是世界之最。

简言之，当两国都在外国直接投资、技术许可、派遣留学生和技术复制反超中获得知识而受益的时候，也正在为提高国内自主研发能力而大力投入，使它们在有更强的能力发展自主科技时，也能更好地利用已有的全球性知识。

这两个国家不断增强的科技能力和快速增长的出口，加上中国制造业产品和印度信息服务的快速扩张，正对全球经济施加很大的重构压力。早在 2008/2009 年经济危机之前，保护主义就已经抬头了，而经济危机则加剧了这种态势。从 2010 年 10 月发布的八国贸易监管报告中可以发现，尽管全世界的主要国家在 2008 年 11 月 20 日的 G20 会议上发誓不采取保护主义措施，但事实却不然。报告发现，自 2008 年 11 月以来，各国政府已采取了 692 项可能会损害其他国家对外商业利益的限制性贸易措施。超过 12 个国家已经实施了保护措施，对 100 多个贸易伙伴国造成了负面伤害。中国则是受这些保护措施打击最严重的国家，有 337 项是针对它的，紧跟着是美国，有 260 项。可见，保护主义抬头风险正不断上升。

自 2010 年中期开始，作为对关税和非关税措施的一种替代，斗争焦点转向了对汇率的操纵。大多数国家指控中国用其巨大的贸易顺差额购买美国国债和其他资产的行为，是不平等地将其币值维持在低水平。但日本政府也在干预日元币值，避免其被过度高估；德国也正从欧元危机导致的欧元贬值中受益。美国则被指控通过由联邦购买大额长期债券来操纵美元货币，因为联邦政府源源不断地在增加美元供给。许多人因此说世界进入了可称之为一种贸易战的货币战时期，而且战争很可能因发达国家居高不下的失业率和大选临近而加剧。

环境

对环境的挑战可以从三个方面来反映：一国环境资源总体利用水平、对能源需求的预测和对二氧化碳排放量预测。

“生态足迹”是了解一国对环境资源的总体利用水平的途径之一，衡量了为满足人们的资源使用和吸收人们产生的废物的需要而对生物圈的需求，衡量指标是具有生物生产力的陆地和海洋面积。表6.5比较了具有最大生物足迹的七个国家2005年的生态承载力，表明了与世界总生态承载力相比较下的各国净剩余和净赤字水平。

生态承载力最大的是美国，然后依次是巴西、中国、俄罗斯、欧盟和印度。尽管因人均资源贫乏和人口总量庞大，中国和印度的人均生态足迹水平比发达国家要低得多（分别为2.1和0.9，高收入国家平均为6.4），但中国、美国、欧盟和印度却都是最大的赤字国，赤字水平分别占世界总生态承载力的11.9%、9.8%、8.7%和4.1%。

中国和印度是世界人口最多的国家（分别占世界人口总量的20%和18%），同时正以比世界平均水平快三至四倍的速度增长，意味着两国会不断地给全球环境资源施加压力，故而产生全球性的问题。我们需要探索更多环境友好型的方式，来增加发展中国家的收入和福利，同时需要适应发达国家的经济社会体系。这不仅会涉及生产什么和怎么生产的问题，还会涉及我们在哪生活、怎么生活以及如何组织生活的问题。

中国和印度对自然资源的需求，从2008/2009年全球经济危机期间快速上升的商品价格就可见一斑。商品价格的部分增长是对冲基金投机行为造成的，但是，主要推动因素之一是中国的旺盛需求，放宽点说，也包括印度。当中国和印度得以继续增长、世界开始复苏时，商品价格就已经在不断上涨了。虽然未加工农产品、饮料和食品价格在未来两年内预期不会上涨,但金属和能源价格预期会持续上涨几年,虽然达不到危机前的峰值。

根据国际能源机构的世界能源概览编制的表6.6,有助于从全球视角预测中国和印度的能源需求和二氧化碳排放量。2007年到2030年间,仅中印两国的能源需求就会占到世界总能源需求的53%(中国占39%,印度占14%)。由于两国使用的碳燃料(尤其是煤)比重很大且缺乏有效的能源技术,2007年到2030年间,其增加的二氧化碳排放量会占全球的67%(中国占49%,印度占18%)。理解挑战的另一项预测是,截至2030年,仅这两国的二氧化碳排放量就会占到全世界1990年二氧化碳总排放量的75%。为使全球气温上升幅度低于2摄氏度,需要在2030年前将全球总排放量降为1990年的一半,可见,中印两国应该比迄今它们承诺的做得更多。

表6.5:2005年生态足迹最大的七国的生态足迹和生态承载力比较

	美国	中国	欧盟	印度	俄罗斯	日本	巴西
百万人口,2008	298.2	1323.3	487.3	1103.4	143.2	128.1	186.4
人均生态足迹 vs. 2.7全球公顷世界平均水平	9.4	2.1	4.7	0.9	3.7	4.9	2.4
国家生态足迹总量,百万全球公顷	2803.1	2778.9	2290.3	993.1	529.1	627.7	447.4
世界175亿全球公顷占比(%)	16	15.9	13.1	5.7	3	3.6	2.6
人均生态承载力 vs. 2.1全球公顷世界平均水平	5	0.9	2.3	0.4	8.1	0.6	7.3

续表

国家生态承载力总量	1491	1191	1120.8	441.4	1159.9	76.9	1360.7
世界134亿全球公顷占比(%)	11	8.9	8.4	3.3	8.7	1	10.2
百万公顷净量	-1321.1	-1587.9	-1169.5	-551.7	630.8	-550	913.3
世界生态承载力净占比(%)	-9.8	-11.9	-8.7	-4.1	4.7	-4.1	6.8
人均净量	-4.4	-1.2	-2.4	-0.5	4.4	-4.3	4.9

注释:人口数据是2008年的,但生态足迹的数据是2005的,因此存在小幅的差异。

生态足迹指耕地、牧场、森林(包括燃料木材)、渔场和建设用地(包括地区水电大坝),以及需要用来吸收二氧化碳排放(自化石燃料和外国制造产品的消耗)的全球公顷。

生态承载力包括耕地、牧地、森林和渔场。

数据来源:据《世界野生动物基金的地球报告》(2008)计算而得。网址:http://assets.panda.org/living_planet_report_2008.pdf,2009年11月19日。

达成协议的困难包括成本、公平、效率、集体行动和竞争。虽然采用现有的更高效的节能技术来降低二氧化碳排放,是符合成本收益原则的,但将排放水平降至1990年的水平以下,需要增加成本和高效新技术的研发支出。诸如中国和印度的发展中国家认为,如果不是发达国家自工业革命开始就一直排放大量二氧化碳,它们的二氧化碳排放将不会成为问题。它们反对承担对其二氧化碳排放超过封顶值部分的成本,因为它们仍然是贫困国家(中国的人均收入是美国的二十分之一多一点,印度则不到美国的四十分之一)。它们承认,比起发达国家而言,它们能更有效地减少一些二氧化碳的排放,但除非能从发达国家得到相关技术和资源,它们不愿意独自承担成本。2009年12月哥本哈根会议上,发达国家保证在2020年前每年向发展中国家提供累计总额达一千亿美元的资金，以帮助它们减少二氧化碳排放，并适应全球变暖环境。但是，没有关于该项措施具体如何实施的细节。

奥巴马政府已提出，在2020年前将美国的排放水平在2005年的水平上减少17%，勉强低于1990年的排放水平。欧盟和日本承诺将其二氧化碳排放在1990年的水平上减少20%至30%。它们表示，如果存在包括美国和中国作出重大承诺的全球性协议，它们愿意更多地减少排放。中国承诺在2020年前将每单位GDP的二氧化碳排放密度在2005年基础上减少40%至45%。由于中国的快速增长，即使每单位GDP对应的排放水平下降45%，也会导致排放总量为1990年的两倍。印度声明2020年前将人均国内生产总值的二氧化碳排放强度减少20%至25%。

奥巴马政府减少17%的提议，还需得到美国国会的批准，但除非中国做更多努力，国会不愿意承认这项减少如此幅度二氧化碳排放的承诺，因其担心减少二氧化碳排放的昂贵成本开支，会使美国工业在与中国和印度的竞争中处于劣势地位。通过国会运作的立法机构，将对从排放标准较低国家的进口更大范围地征税，如果跳过这项措施，将会对全球贸易体系造成威胁。

表6.6：人口、GDP、能源需求和二氧化碳排放（1990—2030）

	1990	2007	2020	2020 450*	2030	2030 450*
世界						
人口	5262	6614	7608		8236	
GDP	33.6	67.2	107		137	
能源	8761	12013	14450	13600	16790	14384

续表

人均能源	1.7	1.8	1.9	1.8	2	1.7
二氧化碳	20941	28825	34500	30676	40200	26386
人均二氧化碳	4	4.4	4.5	4	4.9	3.2
中国						
人口	1414	1327	1429		1461	
占世界比重(%)	22	20	19		18	
GDP	1.5	7.8	18.8		28.5	
占世界比重(%)	4	11	18		21	
能源	872	1970	3116	1876	3827	2974
人均能源	0.8	1.5	2.2	2	2.6	2
二氧化碳	2244	6071	9600	8405	11600	7072
二氧化碳份额	11	21	28	27	29	27
累积二氧化碳(%)	5	21	13	13	16	27
人均二氧化碳	2	4.6	6.7	5.9	8	4.8
印度						
人口	850	1123	1391		1432	
占世界比重(%)	16	17	17		17	
GDP	1.1	3.1	7.1		12.5	
占世界比重(%)	3	5	7		9	
能源	318	595	901	833	1287	1048
人均能源	0.4	0.5	0.7	0.6	0.9	0.8
二氧化碳	589	1327	2200	1911	3400	2194
二氧化碳份额	3	5	6	6	8	8
累积二氧化碳(%)	2	3	3	3	4	4
人均二氧化碳	0.7	1.2	1.6	1.4	2.3	1.4
欧盟						
人口	473	496	508		508	

续表

占世界比重(%)	9	7	7		6	
GDP	10.4	15.1	17.9		21.3	
占世界比重(%)	27	22	18		16	
能源	1633	1757	1723	1668	1781	1682
人均能源	3.5	3.5	3.4	3.3	3.5	3.3
二氧化碳	4042	3886	3600	3106	3500	2270
二氧化碳份额	19	13	10	10	9	9
累积二氧化碳(%)	27	23	20	20	18	18
人均二氧化碳	8.5	7.8	7	6.1	6.9	4.5
美国						
人口	254	306	343		367	
占世界比重(%)	5	5	5		4	
GDP	8.7	14.1	18.1		22.4	
占世界比重(%)	23	21	18		16	
能源	1913	2337	2316	2167	2396	2092
人均能源	7.5	7.6	6.7	6.3	6.5	5.7
二氧化碳	4845	5742	5500	4717	5500	3175
二氧化碳份额	23	20	16	15	14	12
累积二氧化碳(%)	31	28	25	25	23	23
人均二氧化碳	19.1	18.7	15.9	13.7	15.1	8.6

2020 和 2030 的 450 场景是国际能源署对碳排放水平的提议,与将二氧化碳维持在每百万 450 颗粒相一致,并包括将全球气温上升维持在 2 摄氏度左右。

数据来源:国际能源署《世界经济展望》,2010,第 322,324,330,332,334,336,350,352,358 和 360 页。

因此,世界陷入了主要由美国、中国和印度造成的僵局。除非三国为减少全球二氧化碳排放做更多努力,否则欧盟和日本也不会做更多的承诺。为了打破这个僵局,这三个国家需要承诺做更多努力。为了取得进展,有必要将零和博弈转向正和博弈,唯一的方法是在能源技术上取得重大创新。罗马俱乐部 1972 年关于增长极限的预测已被证实为错误,因为有技术的支援。然而,技术能成为支援,是因为原材料和商品价格的上涨,使得开发更有效的勘探、开采和加工技术,以及能更有效利用原材料和增加农业产出的技术变得有利可图。此外,价格上涨也使得人们在减少原材料消耗的同时,将更多的努力和先进技术用于原材料回收和循环再利用。

因此,要前进,就必须解决需求和供给两方面。需求方面,有必要对碳排放制定价格,这将对减少能源消耗、提高能源效率、转向低碳型能源和研发更有效的能源替代技术产生激励作用。

在技术供给方面,需要一场重大的能源革命,这需要对复合能源技术创新的长期支持,需要基础科学取得重大进步,也需要广泛的技术原型的开发、规模化和商品化。由于挑战如此巨大,上述行动需要在全球层面展开。美国、中国和印度都具备很高的创造能力。如果能以实际的承诺和资源开启这项进程,欧盟、日本和许多其他国家都很可能会参与进来。然而,美国当前存在的预算约束,以及来自反环境保护的强烈游说,使得行动困难重重。但无论如何,这都给领导层一个将零和博弈转向正和博弈并拯救地球的机会。

研发将现有新兴技术和金融资源转向发展中国家,以帮助其减少二氧化碳排放,并适应全球变暖挑战的机制,也是很有必要的。发达国家已许诺的一千亿美元于此是够的。此外,发展中国家有必要发展更高的能力,来准备和实施它们减少二氧化碳排放和适应气候变化的战略。

结　论

过去三十年间,全球经济力量已向发展中国家,尤其是向中国转移。

2008/2009 年的全球经济危机不是传统的经济周期下行，而是一次重大的结构转移。中国没有受到危机的严重影响，即使在 2009 年经济仍在持续增长，且在增长速度上进一步拉开了与发达国家的差距。预测表明，中国将以发达国家三至四倍的增长速度持续增长。所以，经济力量向中国的转移即便不加速，也会持续下去。中国的持续增长，从加剧的贸易竞争和对环境的压力看，对世界其他国家构成了挑战。

中国出口竞争力不断增强，源自其巨大的市场和劳动力队伍，它正在利用对高等教育和研发的投资、生产的规模经济和全球分销。因为中国人均自然资源拥有量低，其快速增长将不断给一般商品，尤其是能源的价格施加压力。因为中国的人口总量占世界五分之一，其快速增长将会不断地对全球环境施加压力。早在 2005 年，中国占世界总生态承载力的比例就已为 12% 的净赤字。因中国之大和其快速增长的经济，从当前到 2030 年间，其增加的能源需求将占世界的 39%；同时由于其能源结构和低下的能源效率，同期其增加的二氧化碳排放将占世界的 49%。迄今为止，还没有关于解决全球变暖威胁的可行方案，并且，除非中国、美国（和印度）能做更多减少二氧化碳排放的努力，否则没有方案是可行的。

因此可以预见，关于贸易和获得自然资源的摩擦会越来越多，而且要中国和印度达成关于二氧化碳排放的协议是很困难的，因为内含其中的公平、成本、竞争和集体行动等方面的问题。由于对国际贸易体制的要求、全球经济下行和多数发达国家居高不下的失业率，贸易保护主义抬头风险已浮出水面，且该风险会因美国立法机构对从环境管制较宽松国家的进口实施更广泛的碳税而加剧。

第二次世界大战后建立起来的全球治理体系，从其对经济力量转移的代表性和能够解决全球问题的范围来看是不合时宜的。全球变暖即是最明显的例子，但问题也包括贸易摩擦、自然资源竞争、全球金融失衡和全球金融结构等。有些全球问题很难解决，因为要国家在关键问题上放弃国家主权是很困难的，且还有集体行动和搭便车等很多问题。全球主要的玩家——美国、欧盟、中国和印度——需要在追求国家利益时当心不偏离全球轨道。为了避免这些摩擦升级失控，引发更严重的对抗，有必要谨慎地解决它们，寻求关于贸易调整和金融失衡的合作性解决方法，并建立解决全球变暖的有效机制。

中国（印度）的迅速崛起还向我们表明，我们的发展模式太过于依赖资源和环境，从建筑设计到城市化、城市规划、生产消费生活的定位，都需要采取对环境更友好的战略，除了研发环境友好型的能源技术外，还要有环境友好型的生产和社会组织。这是一个我们需要认真对待的宏大议程。（向飞艳 译）

参考文献：

Dahlman, Carl J. ,2011, *Collision Course? Will the World Accommodate the Rapid Rise of China and India?* Palo Alto: Stanford University Press.

Dutz, Mark (ed.), 2007, *Unleashing India's Innovation: Toward Sustainable and Inclusive Growth.* Washington DC: World Bank.

Hufbauer, Gary Clyde, Steve Charnovitz, and Jisun, Kim, 2009, *Global Warming and the World Trading System*. Washington DC: The Peterson Institute.

Meadows, Donella H, 1972, *Limits to Growth.* Universe Books.

Reinhart, Carmen, and Kenneth Rogoff, 2009, *This Time It's Different: Eight Centuries of Financial Folly*. Princeton: Princeton University Press.

United Nations Educational, Scientific, and Social Organization, 2009, *Global Education Digest* 2009. Montreal: UNESCO Statistical Institute.

Weiss, Charles, and William Bonvillian, 2009, *Structuring an Energy Technology Revolution.* Cambridge: MIT Press.

World Bank, 2010, *World Development Indicators* 2010. Washington DC: World Bank.

World Bank, 2010, *World Development Report: Development and Climate Change*. Washington DC: World Bank.

第七章 中国出口产品的国际比较

傅晓岚 迪纳尔·卡勒 拉菲尔·卡普林斯基

引 言

自三十年前中国对外开放经济以来,贴着“中国制造”标签的产品大量涌入世界市场。中国占世界出口的份额从 1990 年的 2% 增长到 2007 年的 9%。尽管这种快速的出口增长并非史无前例,但当这种快速增长与中国自身的大国地位相结合时,人们普遍认为世界经济的面貌被改变了,并且这种快速增长也成为影响世界制造业价格的又一潜在重要因素。国际货币基金组织 20 世纪 90 年代中期后的记录表明,中国制造业的快速扩张,已经成为世界制造业价格整体下降的首要原因(国际货币基金组织,2003)。

中国的出口产品被普遍认为,相较于众多竞争者而言拥有更低的价格。当一个国家拥有大量剩余非熟练劳动力(并且熟练和半熟练工人都在增长),并且生产率持续增长(Fu & Gong,2008),其出口产品很可能相对于其他国家更具有价格上的竞争优势。广阔的国内市场,持续快速的经济增长,以及一个与众不同的经济体制,可能支撑了中国选择一条不同于其他经济体的出口价格增长路径,特别是在中国享有巨大市场份额的领域。然而,尽管中国的出口增长导致许多制造业产品的世界价格降低的观点已被广泛认同,但可以用来详细证明价格变化的经验证据却很少;而这种证据恰恰是探讨中国贸易是否真的改变了制造业产品世界价格的首要步骤。

在本章中,我们通过分析1989年到2006年间的世界贸易性制造业产品的价格演变,来探讨下述问题:(1)中国出口商品的价格变动趋势,是否表现得不同于其他类型经济体的出口商品价格变动趋势;(2)世界性贸易商品的价格变化趋势表现不同,是否依赖于它们内在的技术内容。我们主要关注1989年至2006年间,三大进口市场——欧盟、日本和美国——的制造业产品单位价格的演变。我们将区分高、中、低收入经济体的出口价格的演变路径。我们还将运用拉尔的分类法(2000)来区分不同技术范畴地区的出口价格。其中潜在的假设是,鉴于中国相对于许多其他制造品出口国拥有的要素禀赋,以及中国相对于类似竞争者所拥有的独特竞争优势,相对价格将会在不同产品和国家群体中具有不同的表现。除此之外,我们还假设,最终市场的性质决定了中国和其他出口国的价格竞争力。比如,我们会预期到,结合快速外包将导致出口美国商品更大的价格压力,以及中国在美国市场更大的竞争力。

最后,在过去的十八年中,还有一系列的外生冲击也对价格的表现产生了影响。这些因素说明,可能存在着一些导致价格变化的暂时性因素。出于这种考虑,我们也将探讨相对价格随着文中提及的各种重要因素的共同演化。第一个重要因素是,中国在2001年加入了世界贸易组织,使其国内市场竞争力提高与出口市场关税壁垒降低两方面结合起来,影响其制造业出口价格的可能性提高。第二个因素是,1997年的亚洲金融危机导致相关地区产能过剩,并因此促使全球市场的价格竞争更加激烈,特别是来自中等技术水平区间具有中等收入水平的亚洲经济体。第三个因素则是欧元的引入,其导致的结果是,一个关键进口地区的相对价格钉住了一个单一账户,欧盟在全球贸易中的具有举足轻重的地位，以至于这个事件促使欧盟范围内的产品价格飙升。第四个因素是商品繁荣，商品繁荣在2002年以后已经改变了资源密集型与非资源密集型商品的相对价格；尽管商品价格只是在2008年上半年真正地加速了它们波峰的到来(Kaplinsky,2009)。

在之前研究结果的基础上，本章主要作出以下一些发展和贡献。第一，本文运用的是来自三元经济(欧盟、日本和美国)在更高分解水平上的一个更大样本。第二，本文运用不同的方法对样本进行组织，并且从中国的角度来透视全球制造业产品价格的演变。第三，运用自回归求和移动平均模型(ARIMA)这种可以更好地反映价格动态变化的方法，来模型化出口的价格表现。为了避免出现欺骗性的结果，本章还将用单位根检验时间序列的平稳性，以及对数据进行必要的变换，以保证结果的可靠性和无偏性。最后，贸易加权的影响也被考虑在内，并对价格变动的差异进行了统计意义上的检验。

本章的整体结构如下：第一部分讨论了和单位价格相关的文献，第二部分讨论了本章用到的数据和方法，第三部分对结果进行展示，第四部分是结论。

已有的研究成果：单位价格的利用

在过去四十多年的时间里，单位价格被广泛用于反映国际竞争力。20世纪70年代和80年代，在关于英国经济的研究中，单位价格被作为竞争力和技术密集程度的代理变量(Pavitt,1980;Walker Gardiner,1980;Dosi et. al.,1988)；而在较新的研究中，单位价格被用来检验全球贸易分工的变化模式(Schott,2002)。在最近的研究中，其被用来分析中国的出口结构(参见Feenstra & Wei, Amiti & Freund, Broda & Weinstein, Brambilla, Khandelwal & Schott, Blonigen & Ma in Feenstra & Wei,2009)。

中国快速增长的出口对全球价格的影响，产生于贸易总量和贸易项目质量的变化两个方面(Broda & Weinstein,2009)。在需求方面,有证据表明,国际贸易的价格运动倾向于被世界工业活动以及美国的汇率所驱动(Hua,1998;Lalonde,et al.,2003)。

有学者利用基于季度数据的时间序列,针对新兴亚洲经济体对原油和基础金属的真实价格的影响进行了评估(Cheung & Morin,2007)。他们发现,原油和金属的价格在历史上会随着发达国家的经济发生周期性变动,一直到1997年中期以后,这种关系才被打破。这表明,新兴亚洲经济体工业活动的出现,已经成为左右原油价格的一个更重要因素。相较于之前的研究,他们的结论认为,供给方面的原因是影响金属价格的更重要的决定性因素。更一般地说,这还表明,那种忽略供给的“需求驱动”结构模式,在20世纪80年代后半段到20世纪90年代上半段期间,过高地预测了真实的商品价格(Borensztein & Reinhart,1994)。我们除了对三元市场在价格表现的估计上进行区分以外,在本章中我们的分析主要着重于供给方面的因素。当然,我们知道,这只是影响结果的一方面原因,一个完整的答案必须要考虑需求方面的因素。

在过去的文献中,有三组经验研究都集中于探讨一般的贸易价格与中国加入贸易市场这两者之间的联系。卡普林斯基等人(Kaplinsky & Santos Paulino,2005,2006)对1989年到2001年间12439种进口到欧盟的产品的价格状况进行了检验。分析所选取的产品专门来自于低收入国家。这些研究得出的结论是,在四个由技术密集度区分的不同组别中(利用拉尔产品分类法),那些出口到欧盟的产品中,来自中国和低收入国家出口部分的价格,较之由中、高收入的经济体出口的价格,下降的可能性更大。有报告指出:“1997年至2005年间,从中国出口到美国的商品的平均价格每年平均下降1.5%,而由除中国以外的出口国出口到美国的商品价格每年平均上升0.4%。”(Amiti & Freund,2009:3)最后,表面上看起来与这两种研究的结论相悖,布罗达 和韦恩斯坦对“中国的出口迫使其竞争者出口至日本的价格下降”的论断提出挑战:

> 在那些中国在 1992 年就已经有所展现的范畴内,我们没有发现中国的价格较之其他出口方出口到日本的价格下降得更迅速。而且,中国相对于其他竞争者的竞争影响也相对很小。没有证据表明,中国公司进入新市场对其他出口国的定价行为产生显著的影响(Broda & Weinstein,2009:2—3)。然而,至关重要的是,如果中国和中国香港的出口被排除,他们的结论将不存在——这个结果看起来取决于如何对待中国香港。在我们的数据中,如果我们将中国和中国香港看做两个不同的经济体,我们将得到中国的价格显著下降,而中国香港的价格却显著上升的结果。

然而,这三组研究都没有尝试对中国出口与其他国家出口价格之间的因果关系进行模型化,而且都没有做出任何尝试,来区分对不同出口国家组别的不同影响,对不同技术密集程度的出口产品的影响,或者对技术密集度和国家类别之间相互作用的影响。然而,尽管存在这种分析的空白,但并没有阻止作者对因果关系趋势的推断——“我们没有发现中国的价格较之其他出口方出口到日本的价格下降得更迅速。……没有证据表明,中国公司进入新市场对其他出口国的定价行为产生显著影响。”(Broda & Weinstein,2009:2—3)在这一章节中,我们不去设法模拟可能存在的因果关系,而是选择尝试填补价格变动相关信息的空白。关于因果关系问题的后续探讨,将在补充的文章中进行检验。

数据和方法

数据库

原则上,贸易商品单位价格的测量是相对简单的。几乎所有的国家都会公布详细的贸易数据,每种商品的类别、所有商品的价值和数量都会被详细记录。在一些国家,比如美国,贸易数据甚至包括海关官方编制的单位价格指数。

然而,事实上,计算这些价格指数比看上去更加复杂。首先,大部分国家在到岸价格(CIF)的基础上计算进口商品,在离岸价格(FOB)的基础上计算出口商品。这立刻增加了双边贸易中保持价格一致性的复杂性。一般来说,低收入国家的海关能力较弱,很难系统性地报告最新的贸易数据,或者在报告中容易出现较大的错误。除此之外,世界关税的削减,一般来说也减少了海关当局所承担的对贸易进行准确测量的义务。然而,这里存在一种不对称性,因为即使海关制度是适当的,这些也是他们自身发生错误记录的一个诱因。

这些贸易数据中与关税有关的问题主要是,一般来说,并非所有的国家都拥有相同的关税结构和相同的关税削减速度。面对这些难题,在单位价格数据的分析中,我们选择三组数据。鉴于高收入国家所搜集的贸易数据更能够被广泛接受,我们将利用三元国家——欧盟、日本和美国——的进口数据。然而,美国的进口数据是在离岸价格的基础上收集的,而日本和欧盟的贸易数据却是在到岸价格的基础上收集的。

测量单位价格的最大问题在于产品的异质性。分类时集合的程度越高,贸易数据抓住特定商品价格变动的可能性就越小。这个问题十分重要,以至于一些观察者由于“单位价值指数主要并非来自于同类事物的比较”,而放弃使用单位价格(Silver,2007:5)。该批评在很大程度上是基于在三分位总体水平上收集的贸易数据。在早期的工作中,我们已经说明分解集合的程度越高,价格的趋势越清晰可见(Kaplinsky & Santos Paulino,2006:表2)。因此,在此次的分析中,我们将选用可以达到的分散程度最高的贸易数据——1989 年至 2006 年这段时期的欧盟和美国的八分位数据和日本的六分位数据。欧盟的数据来源于 COMEXT EUROSTAT 数据库;美国的数据来源于美国国际贸易委员会数据库;日本的数据来源于日本海关官方网站。

我们针对所分析的问题选取的时间段开始于 1989 年,在这一年,贸易数据引入了协调制度编码(HS)。此外,较为合宜的是,中国的出口激增也开始于 20 世纪 80 年代晚期。物品税则分类较之 COMTRADE 数据库运用的国际贸易标准分类(SITC)可以实现更细的分类水平,虽然它减少了分析价格变化趋势可利用的时间长度,但它提供了一个更好的降低集合程度的方法,我们认为降低集合程度对分析单位价格至关重要。

我们运用到单位价格分析中的产品分类,是由中国贸易规范定义的。我们对三元区域中的每一个国家进口自中国,以及三个比较组国家进口自中国的 300 种主要进口商品的价格表现进行检验。在决定价格变化的方向时,我们运用 2006 年贸易结构来确认这部分的样本。比较组国家是由世界银行定义的主要收入组,即低收入(包括中国)、中等收入和高收入。

我们已经详细阐述了拉尔(2000)定义的估计方法,利用这种方法对商品的分类可以反映技术密集程度,这个方法后来还被联合国工业发展组织(UNIDO)用来计算它的世界竞争表格(UNIDO,2002)。由于拉尔的标准定义在三分位的水平上,我们已经将其扩展至六分位和八分位的水平,很大部分是基于以前 1989 年到 2001 年间,欧盟单位价格分析的一个相似运用(Kaplinsky & Santos Paulino,2005,2006)。

最后一个有关方法方面的关键点,是数据可获得部分的数量。贸易结构在超过十八年数据分析的时间段内已经发生了改变,一些在 2006 年时出现的中国与三元经济间的贸易部分在 1989 年并没有出现。这些贸易构成的动态变化,在美国的数据中有详细的证据。除此之外,数据集并不完整,一些年度的数据丢失(包括价格和数量)。在十八年的时间序列中存在空缺的地方,我们将通过插入趋势的办法来解决。然而,以下几种情况我们排除在外:在整个序列中只有两年的观察值,或插入后的贸易数据的最大年份仍小于五年,或空缺太大难以插入,或整个十八年的时间序列不存在。这些情况会导致,相对于我们一开始分析的三元经济中各自对应的300个部类的样本,每个市场的样本变得更小。我们还剔除了有限个单位价格不可靠增长的异常值(±3)。最后,一些出现在中国出口商品前300位的商品,在一年、几年甚至整个样本区间,没有出现在其他国家的分组当中。为了确保我们可以做到相似物与相似物的比较,我们只保留那些在给定时间内所有四个国家中都拥有价格值的商品。因此,最终用于分析的样本部类,日本有213个,美国94个,欧盟177个,结果总共有来自四个国家组在三个目标市场的1936个部类。

我们如何知晓单位价格是否改变?

一般来说,主要有四种方法可以用来模拟经济时间序列(Gujarati,2003)。分别是单方程回归模型、联立方程回归模型、自回归求和移动平均模型和矢量自回归(VAR)模型。尽管联立回归模型在20世纪60年代和70年代被广泛应用,但其经历了著名的卢卡斯批判:被估计的参数在政策变化时仍然保持不变(Lucas,1976)。在我们所分析的时间段中,所经历的冲击主要包括世界贸易和金融系统的改变,以及生产政策、环境和管制要求的改变。

概率或随机模型是近期被用来模拟时间序列的主要方法,其被设计的目的 为“让数据为自己说话”。比如,在伯克斯一詹金斯(Box-Jenkins)自回归求和移动平均模型中,Y由Y自身过去的或滞后的值和一个随机误差项模拟,作为单变量分析的基础。

最常用的自回归(AR)模型的P阶形式如下:

$$y_y = \mu = \gamma_1 y_{t-1} + \gamma_2 y_{t-2} + \cdots + \gamma_p y_{t-p} + \varepsilon_t \tag{7.1}$$

一阶 AR 过程被写作

$$y_y = \mu + \gamma_1 y_{t-1} + \varepsilon_t \tag{7.2}$$

其中 Y 也可以被等价模拟成一个常数加上一个现在或过去残差项的移动平均(MA):

$$y_y = \mu + \varepsilon_t - \theta \varepsilon_{t-1} \tag{7.3}$$

一个同时包含 AR 和 MA 的更一般的模型是自回归移动平均模型 ARMA(p,q),写作:

$$y_y = \mu + y_1 y_{t-1} + \gamma_2 y_{t-2} + \cdots + \gamma_p y_{t-p} + \varepsilon_t - \theta_1 \varepsilon_{t-1} - \cdots - \theta_q \varepsilon_{t-q} \tag{7.4}$$

这意味着 ARMA 过程包含 p 个自回归项和 q 个滞后移动平均项。这类拥有相对更小 p、q 值的模型,被认为非常有效且有时候甚至比一些精心设计的方法表现更优越(Greene,2003)。

运用所有这些模型方法的共同前提是时间序列的平稳性。如果一个时间序列含有单位根,那么它就是不平稳的。这可以用扩展后的迪克—弗勒(Dickey-Fuller)检验方法进行检验,以评估一个变量是否遵循单位根过程。零假设是变量包含一个单位根,备择假设是变量由一个平稳过程产生。如果一个变量在 d 阶平稳,一个 ARMA 过程就需要修改成含有变量 Y 的自回归求和移动平均时间序列模型。构造模型过程中一个重要方面是如何决定滞后结构,我们可以用伯克斯—詹金斯检验完成。因此,从经验上讲,我们首先用单位根检验来检测每个时间序列的平稳性。如果一个时间序列是 0 阶平稳的,那么 ARMA 比 ARIMA 更好。如果一个时间序列式 d 阶平稳的,那么 ARIMA 将被优先选择。

我们对每个市场的每个产品进行价格表现模拟。这种方法可以研究不同市场中不同产品的不同表现。但有一个很重要的方面需要指出,这种方法的局限性在于,每种产品观察值的数量很小。由于单位根检验的结果表明,大部分的变量为一阶平稳,我们必须将数据进行一阶差分处理,以获得使估计结果可靠的平稳时间序列。因此,我们用ARIMA模拟的价格行为实际上是单位价格的增长。由于针对的是短的时间序列数据,我们运用ARIMA(1,1,1)模型——一个价格滞后、一个误差项滞后,以及整体为一阶。

我们接着比较那些来自于不同国家的,在样本选取的时间区间内,经历了正的价格增长以及平均价格波动大的产品。我们也对出口自不同国家的不同技术密集程度的产品进行了相同的工作。依据我们详细阐述过的拉尔的方法,我们按照技术密集程度将产品分成四组:基于资源的产品、低技术水平产品、中等技术水平产品、高技术水平产品。

我们用估计出的增长系数(α)对代表国家组别的哑变量进行回归,以检验中国相较于其他国家价格增长率的差别是否统计显著。中国在回归中被设定为基本组。代表技术类别的一组哑变量和代表市场类别的哑变量,也被包含在回归方程中作为控制变量。回归分别在贸易加权和非贸易加权的情况下进行,以得到稳健性检验结果。

我们工作方法上的创新主要体现在以下几个方面。首先,我们考虑了时间序列的动态变化,并运用ARIMA方法进行估计。其次,我们逐个检验了1936个时间序列的平稳性,并将数据转化为平稳的一阶差分数据,以避免得出欺骗性的估计结果。第三,我们检验了来自中国与来自其他进口国进口商品的单位价格差别的统计显著性,以及不同技术组别之间的单位价格差别的统计显著性。最后,我们将贸易加权的因素考虑在内,分别检验考虑和不考虑贸易加权情况下的单位价格变化情况。我们并没有看到之前有运用这种方法分析单位价格行为的研究。

结果:单位价格变化了吗?

我们将分四步来报告结果。我们首先通过图表的方式呈现一个直观的整体变化趋势,图表分别描绘了三元经济体中各个国家,关于进口自中国及低、中、高收入经济体所经历的价格上升的商品部类的数量。我们接着继续检验三元经济体中各个国家，进口自各出口经济体的商品价格变化的斜率，并将其与进口自中国的部分进行比较。接下来，我们对物价水平进行分析，最后我们将分析扩展到检验哪种价格变化与之前提到的四个外生冲击（1997 年亚洲经济危机、中国加入世界贸易组织、欧元的引入和商品繁荣的开始）相联系。

各部门价格变化的影响

图 7.1（a）和（b）显示了从中国和其他三类不同经济体出口至日本、美国和欧盟的商品价格状况的全部结果。其报告了在十八年的时间区间里所经历的价格上涨的部类数量。总的来说，在十八年中经历价格下降和价格上涨的部类数量几乎一致。考虑到出口经济体的出口商品价格表现（图 7.1（a）），总的来说，中等收入国家的出口商品价格上升的可能性最小，并且这是与日本和欧盟进口相关的明确证据。此外，大致的观察可以看出，中国接下来将会成为持续低价出口源队伍中的一员（除了在美国），同时，低收入国家和高收入国家经历出口价格下降的可能性最小。考虑到与进口经济有关的图表（图 7.1（b）），在日本，看起来主要经历价格压力的是中等收入国家，接下来是中国。然而，在美国，看起来经受价格压力的却是低收入国家，而中国、中等收入和高收入国家普遍享受价格上涨。在欧盟，中等收入国家和中国在样本选取的时间段内都经历了价格压力。

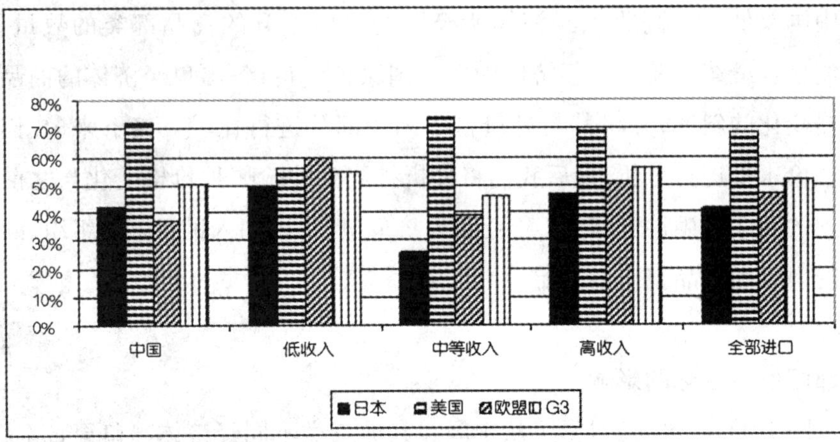

图 7.1(a) 出口经济体价格上升的部类百分比

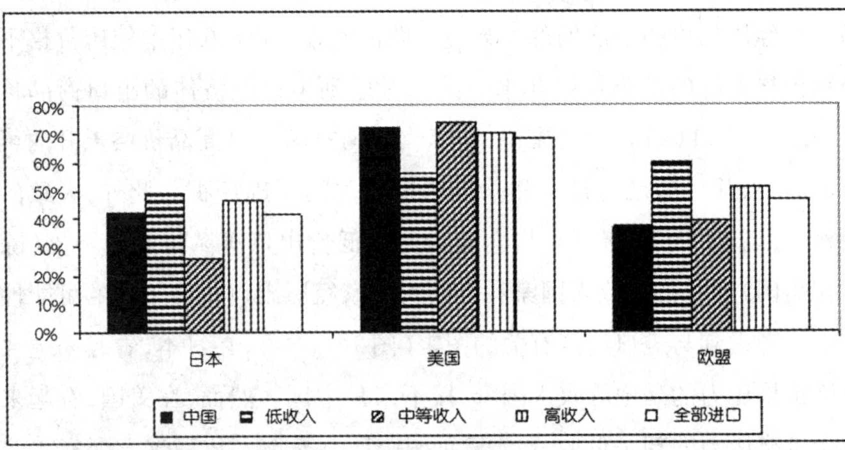

图 7.1(b) 进口经济体价格上升的部类百分比

来源:作者估计。

注释:图 7.1(a) 中的 G3 指全部三个市场。

单位价格的变化率

图 7.1(a)和(b)显示了三个进口市场的进口商品中价格上涨的部分。表 7.1 显示了平均的商品价格变化率,也就是各部类 ARIMA 估计的斜率。结果同时显示了考虑贸易加权和不考虑贸易加权的情况。结果表明,美国较之日本和欧盟在样本期内,不仅拥有更大的享受价格的

部类比例,而且价格变化的平均斜率也较之另外两个市场更大。这种交叉的市场价格差异模式,在考虑了贸易加权后更加突出。有趣的是,不同出口国家的价格变化模式,在贸易加权被考虑进来后发生了变化。当模型包含了贸易加权,中国出口商品加权的平均价格变化率比低收入国家更高,而等同于中等收入国家。

表 7.1:来自中国和其他国家的进口商品的平均价格变化

		未加权平均			贸易份额加权平均		
	数量	美国	欧盟	日本	美国	欧盟	日本
中国	8712	0.133	-0.127	-0.022	0.209	0.126	-0.003
低收入	8712	0.348	0.058	-0.010	0.109	0.142	-0.005
中等收入	8712	0.192	-0.069	-0.093	0.277	0.108	-0.148
高收入	8712	0.054	0.095	-0.006	0.325	0.127	-0.024
总计	34848	0.182	-0.011	-0.033	0.230	0.126	-0.045

数据来源:作者估计。

表 7.2:出口产品的单位价格变化:全部样本,1989—2006

		Δp (γ)增长率	
		系数	标准差
与中国的出口相比	低收入	0.0818***	-0.0311
	中等收入	0.0102	0.0311
	高收入	0.124***	0.0311
	资源型	0.0225	0.0336
与低技术出口产品相比	中等科技	0.0305	0.0356
	高科技	-0.0095	0.031
与进口到美国的产品相比	欧盟	-0.184***	0.0312
	日本	-0.211***	0.0315

续表

常数	0.115***	0.0317
数量	1936	
调整后的 R^2	0.036	

注释：***表示1%的显著水平。

表7.2显示的是检验中国和其他国家组之间价格变化率差异，以及不同技术分组之间差异的统计显著性的估计结果。主要考虑了与以下三个问题相联系的价格变化模式的统计显著性。首先是出口自低、中、高收入经济体较之出口自中国的商品平均价格变化率（第1—3行）。结果是，平均看来，中国出口品的价格平均变化，显著低于低收入和高收入组的情况（都在1%的水平上显著），但与中等收入的出口国情况相近。

第4—6行显示的是贸易产品的技术密集程度，并且检验了基于资源的、中等技术水平和高等技术水产品价格变化趋势的统计显著性，以及拓展到，相较于低技术水平产品，它们是否发生变化的统计显著性的检验。不同技术水平组的产品平均价格的变化，没有发现在统计上有显著的区别。最后，第7—8行显示的是，出口到欧盟和日本的产品较之出口到美国的产品的平均价格变化，在统计上是否有显著区别的检验，结果表明，两种情况下，出口到美国的产品价格在统计上显著地以更高的速度增长（都在1%的水平上显著）。

不同市场的价格水平

即使我们的分析专注于降低产品分类的集合程度，以达到可行的最大分散程度（美国和欧盟八分位，日本六分位），这些产品分类间仍然理所当然存在着很大的异质性。一些情况是，由于一些产品小组类所代表的条目很相近，但并不相同（比如，樱桃番茄在美国的贸易数据中是与其他种类的番茄分开归类的）；还有一些情况产品很接近，但质量有差异

(比如汽车产业)。一般来说,更高的单位价格反映的是工艺复杂和质量的组合,而不是更高的生产成本。

表 7.3:价格水平的比较:中国和其他国家,2006

	欧盟	美国	日本
低收入	-0.540***	0.281	0.298
中等收入	0.037	0.392**	0.0364
高收入	0.628***	0.861***	0.429**
常数	2.030***	2.501***	-4.587***
观察值	872	712	576

注释:表格中的数字是代表国家哑变量的估计系数。中国是比较的基准组;***1%的显著水平;**5%的显著水平;*10%的显著水平。

表 7.3 比较了 2006 年由不同货源点流进三元市场中各个市场的出口品的绝对单位价格水平(取对数形式)。(我们不比较三元市场的绝对价格有两个原因:首先,美国数据是由离岸价格记录的,而日本和欧盟的价格则是根据到岸价格记录的;其次,日本的价格是六分位水平,而美国和欧盟的价格则是八分位水平。)数据表明,三个主要进口国中的每一个,其来源于高收入经济体的进口产品的单位价格水平,都显著高于来自中国的产品(美国和欧盟在 1% 水平上显著,日本在 5% 水平上显著)。在美国市场,进口自中等收入经济体的产品单位价格,显著高于进口自中国的产品价格(5% 水平上显著),在欧盟,低收入经济体产品的单位价格显著较低(5% 水平上显著)。

表 7.4 分析了由 2006 年的绝对单位价格扩展到十八年的时间区间(1989—2006)的情况,主要通过运用一个面板数据的随机效应模型,同时控制住目标市场、技术和产品单独的效应。这些数据所呈现的结果是,随着时间的推移,在三个目的地市场中,出口自高收入经济体的出口

产品,都显著高于出口自中国的产品的单位价格。并且,这一结果并不受技术密集程度的影响。另一方面,来自中国的出口产品和中等收入国家的出口产品的单位价格,在5%显著性水平上并没有显著区别。这一证据表明,在国际市场上,中国的出口产品与那些出口自中等收入国家的出口产品具有相同的价格水平,这可能要归因于这些产品具有相似的技术和技能水平,以及相似的产品复杂程度等。

单位价格与外生冲击

表7.5—7.7主要分析的是中国和主要的出口集团出口到三元市场的出口产品价格,在考虑到四大外生冲击——1997年亚洲金融危机、中国在2001年加入世界贸易组织、2000年欧元的引入以及开始出现商品繁荣(2002)时,变化趋势呈现出的情形。表7.5检验了这些事件与欧盟市场价格表现的联系;表7.6检验的是美国市场;表7.7检验的是日本市场与这四个冲击的关系。表7.8总结了这三大市场在分别经历了四个冲击后的价格表现,显示了变化的方向,以及对这些变化显著性的置信水平。(空白格反映的是在价格趋势上没有统计显著性的改变。)

这些结果具有显著的一致性,在三元经济之中以及三元经济之间都存在。一般说来,从表面看起来,它们的价格在每次经历这些事件中的某个后就会下降;但也存在一些例外,如低收入经济体出口产品的价格,在经历亚洲金融危机和欧元引入后,反而呈现上升趋势。因此,可能主要的结论并非这些外生冲击的影响,而是1997年至2002年这个时间段本身就是个价格表现出现分歧的阶段,中国、中等收入和高收入经济体经历价格下降,而低收入经济体则经历价格上升。

表 7.4：价格水平的比较及面板结果（2000 年的不变价格）

	未加权				加权			
	全部	日本	欧盟	美国	全部	日本	欧盟	美国
低收入	-0.108	0.740***	-1.372***	0.175	0.0767	1.086***	-1.234***	0.221
	(0.116)	(0.145)	(0.155)	(0.187)	(0.116)	(0.146)	(0.154)	(0.188)
中等收入	-0.00121	-0.156	-0.00252	0.288	0.0762	0.266*	-0.124	0.306*
	(0.113)*	(0.136)	(0.154)	(0.185)	(0.113)	(0.137)	(0.154)	(0.186)
高收入	0.566***	0.541***	0.506***	0.730***	0.612***	0.746***	0.506***	0.730***
	(0.113)	(0.136)	(0.155)	(0.186)	(0.113)	(0.135)	(0.154)	(0.186)
市场	3.713***				3.711***			
	(0.0506)			(0.0505)				
技术强度	0.451***	0.617***	0.319***	0.000909	0.447***	0.607***	0.317***	0.000599
	(0.043)	(0.0495)	(0.0582)	(0.0779)	(0.0428)	(0.0492)	(0.0578)	(0.0779)
贸易份额					0.648***	1.132***	0.639***	0.149***
					(0.0311)	(0.0623)	(0.0515)	(0.0363)
常数	-8.432***	-5.973***	1.349***	2.525***	-8.662***	-6.478***	1.187***	2.472***
	(0.157)	(0.149)	(0.181)	(0.232)	(0.157)	(0.151)	(0.181)	(0.233)
观察值	43675	17424	15010	11241	43475	17282	15007	11186
代码数	2865	1130	982	753	2865	1130	982	753
R^2	0.6641	0.1602	0.165	0.022	0.6666	0.1695	0.1743	0.0217

表 7.5:外生冲击对单位价格变化的影响:基于欧盟市场的国家分组

	低收入				中等收入			
	1	2	3	4	5	6	7	8
危机	0.476***				−0.221***			
	(0.035)				(0.009)			
世界贸易组织		0.330***				−0.297***		
		(0.039)				(0.009)		
欧元			0.450***				−0.225***	
			(0.035)				(0.009)	
繁荣				0.369***				−0.266***
				(0.037)				(0.009)
常数	−3.936***	−3.779***	−3.895***	−3.812***	−2.366***	−2.396***	−2.377***	−2.389***
	(0.025)	(0.021)	(0.024)	(0.022)	(0.007)	(0.005)	(0.006)	(0.005)
数量	3737	3737	3737	3737	3856	3856	3856	3856
调整后的 R^2	0.05	0.02	0.045	0.028	0.139	0.211	0.145	0.187

续表 7.5:

	高收入				中国			
	9	10	11	12	13	14	15	16
	−0.150***				−0.225***			
	(0.011)				(0.016)			
	−0.179***				−0.308***			
	(0.012)				(0.017)			
		−0.144***				−0.227***		
		(0.011)				(0.016)		
			−0.160***				−0.266***	
			(0.012)				(0.017)	
	−1.891***	−1.917***	−1.903***	−1.914***	−2.354***	−2.383***	−2.367***	−2.380***
	(0.008)	(0.006)	(0.007)	(0.007)	(0.012)	(0.009)	(0.011)	(0.010)
	3856	3856	3856	3856	3730	3730	3730	3730
	0.049	0.059	0.045	0.051	0.053	0.083	0.054	0.068

表 7.6:外生冲击对单位价格变化的影响:基于美国市场的国家分组

	低收入				中等收入			
	1	2	3	4	5	6	7	8
危机	−0.178***				−0.002			
	(0.036)				(0.018)			
世界贸易组织		−0.089**				−0.028		
		(0.037)				(0.019)		
欧元			−0.179***				−0.012	
			(0.035)				(0.018)	
繁荣				−0.099***				−0.021
				(0.036)				(0.019)
常数	−1.799***	−1.875***	−1.810***	−1.865***	−1.852***	−1.844***	−1.847***	−1.845***
	(0.027)	(0.021)	(0.025)	(0.022)	(0.014)	(0.011)	(0.013)	(0.011)
数量	2706	2706	2706	2706	2842	2842	2842	2842
调整后的 R^2	0.01	0.002	0.01	0.003	0	0.001	0	0

续表 7.6:

高收入				中国			
9	10	11	12	13	14	15	16
−0.058***				−0.042**			
(0.016)				(0.019)			
	−0.022				−0.099***		
	(0.017)				(0.019)		
		−0.062***				−0.054***	
		(0.016)				(0.018)	
			−0.036**				−0.088***
			(0.017)				(0.019)
−1.381***	−1.407***	−1.383***	−1.400***	−2.112***	−2.103***	−2.108***	−2.101***
(0.012)	(0.010)	(0.011)	(0.010)	(0.014)	(0.011)	(0.013)	(0.011)
2842	2842	2842	2842	2822	2822	2822	2822
0.005	0.001	0.006	0.002	0.002	0.01	0.003	0.008

表 7.7：外生冲击对单位价格变化的影响：基于日本市场的国家分组

	低收入				中等收入			
	1	2	3	4	5	6	7	8
危机	0.109**			−0.260***				
	(0.048)			(0.009)				
世界贸易组织		−0.003				−0.328***		
		(0.048)				(0.010)		
欧元			0.0822*			−0.264***		
			(0.047)				(0.009)	
繁荣			0.0373			−0.301***		
				(0.047)				(0.009)
常数	−8.687***	−8.618***	−8.665***	−8.635***	−2.303***	−2.344***	−2.316***	−2.334***
	(0.037)	(0.028)	(0.034)	(0.030)	(0.007)	(0.005)	(0.006)	(0.005)
数量	2123	2123	2123	2123	3856	3856	3856	3856
R^2	0.02	0.025	0.034	0.029	0.181	0.241	0.186	0.223

续表 7.7：

高收入				中国			
9	10	11	12	13	14	15	16
−0.190***				−0.264***			
(0.011)				(0.016)			
	−0.210***			−0.338***			
	(0.012)				(0.017)		
			−0.182***				−0.265***
			(0.011)				(0.016)
−0.300***				−0.194***			
(0.017)				(0.012)			
−1.827***	−1.866***	−1.842***	−1.859***	−2.291***	−2.332***	−2.306***	−2.326***
(0.008)	(0.006)	(0.008)	(0.007)	(0.012)	(0.009)	(0.011)	(0.010)
3856	3856	3856	3856	3730	3730	3730	3730
0.075	0.077	0.07	0.072	0.07	0.098	0.072	0.085

表 7.8:外生冲击影响的总结

	欧盟	美国	日本
		亚洲金融危机（1997）	
中国	下降（1%）	下降（5%）	下降（1%）
低收入	上升（1%）	下降（1%）	上升（5%）
中等收入	下降（1%）		下降（1%）
高收入	下降（1%）	下降（1%）	下降（1%）
		中国加入世界贸易组织（2001）	
中国	下降（1%）	下降（1%）	下降（1%）
低收入	上升（1%）	下降（5%）	
中等收入	下降（1%）		下降（1%）
高收入	下降（1%）		下降（1%）
		欧元的引入（2000）	
中国	下降（1%）	下降（1%）	下降（1%）
低收入	上升（1%）	下降（1%）	上升（10%）
中等收入	下降（1%）		下降（1%）
高收入	下降（1%）	下降（1%）	下降（1%）
		商品繁荣的开始（2002）	
中国		下降（1%）	下降（1%）
低收入	上升（1%）	下降（1%）	
中等收入			下降（1%）
高收入		下降（5%）	下降（1%）

注释:括号中是显著性水平。

结　论

在本章中，我们分析了由中国和其他类型的经济体（按人均收入分组）出口到三元市场的各种产品的价格行为模式。我们还考虑了不同技术密集程度的情况，并且还将研究拓展到把价格变化模式与重大事件联系起来，考察哪种价格模式会在经历四组事件（1997 年亚洲金融危机、中国在 2001 年加入世界贸易组织、2000 年欧元的引入以及 2002 年开始进入商品价格繁荣）时发生变化。

从这些分析中，我们可以得到四个主要的结论。首先，总的说来，在我们观察的时期内，中等收入国家出口产品的单位价格上升的可能性最小，接下来是中国的出口产品。比较特殊的是在美国市场上，经历单位价格下降可能性最小的是低收入经济体。其次，中国出口产品的单位价格的平均上涨速度，显著低于那些低、高收入国家出口的产品。当通过技术密集程度区分贸易商品的价格变化率时，这一结果并没有出现显著的变化。出口到美国的商品较之出口到日本和欧盟的商品，其单位价格上涨得更迅速。第三，考虑到单位价格水平（作为单位价格变化的相对面），在三个目的地市场中，进口自高收入经济体的产品的单位价格，通常显著高于进口自中国的产品。这一结果并不受技术密集程度的影响。另一方面，中国的出口产品和中等收入国家的出口产品的单位价格，在统计上并没有显著的差别。第四，总的来说，价格在经历四个外生冲击时都有所下降。此外，还存在一些显著的例外情况，低收入经济体出口产品的价格在欧盟和日本市场上，在经历亚洲金融危机和欧元引入后，反而呈现上升趋势。因此，可能主要的结论并非是这些外生冲击的影响，而是 1997 年至 2002 年这个时间段本身就是价格表现出现转折点的时期，中国、中等收入和高收入经济体经历价格下降而低收入经济体则经历价格上升。

以上关于价格行为的结论都没有将其归于因果关系。然而，这些数据却给出了大量的因果解释，它们被认为是未来研究的假设。比如，我们可以提出假设认为，中国出口增长得如此迅速、数量如此庞大（注意，我们的样本是由对中国出口产生重要影响的部门决定的）以至于可能已经影响了其出口竞争国家的价格变化。20 世纪 80 年代中期以后，中国产品向全球市场渗透开始于低技术类产品，这主要对低收入生产者产生了影响，这一观点已被提出（Lall & Albaladejo，2004），并通过经验研究被证实了（Kaplinsky & Santos-Paulino，2005）。然而，到了千禧年，一直变化着的中国出口结构（进入技术密集程度更高的出口阶段）减轻了对之前的一些竞争国的价格压力。与此同时，中国制造业产品的出口结构仍在不断变化（Fu，2004），这意味着中等收入国家将越来越受到中国不断增长的竞争力的影响。这种发展证实了拉尔和阿巴拉迪赫的预言。他们观察了 20 世纪 90 年代中国和区域内的中等收入国家之间的贸易互补后提醒到，随着中国技术能力范围的提升，其出口很有可能与它的中等收入邻居开始发生竞争（Lall & Albaladejo，2004）。中国出口与世界制造业产品的价格行为之间的因果关系，将在其他补充的文章中再进行讨论。（刘璐 译）

参考文献：

Amiti, M. and Freund, C., 2009, An Anatomy of China's Export Growth. in R. C. Feenstra and Shang-Jin Wei (eds), *China's Growing Role in World Trade*, Michigan: University of Chicago Press, pp. 35—63.

Blonigen, B. and Ma, A., 2009, Please Pass the Catch-up: The Relative Performance of Chinese and Foreign Firms in Chinese Exports, in R. C. Feenstra and Shang-Jin Wei (eds), *China's Growing Role in World Trade*, Michigan: University of Chicago Press, pp. 475—512.

Borensztein, E. and Reinhart, C., 1994, The Macroeconomic Determinants of Commodity Prices. IMF Working Paper 94/9.

Brambilla, I., Khandelwal, A. and Schott, P., 2009, China's Experience Under the

Multifiber Arrangement (MFA) and the Agreement on Textile and Clothing, in R. C. Feenstra and Shang-Jin Wei (eds), *China's Growing Role in World Trade*, Michigan: University of Chicago Press.

Broda, C. and Weinstein, C., 2009, Exporting Deflation? Chinese Exports and Japanese Prices, in R. C. Feenstra and Shang-Jin Wei (eds), *China's Growing Role in World Trade*, Michigan: University of Chicago Press.

Cheung, C. and Morin, S., 2007, The Impact of Emerging Asia on Commodity Prices. Bank of Canada Working Paper 2007—55.

Dosi, G., Nelson R., Silverberg, G. and Soete, L. (eds), 1988, *Technical Change and Economic Theory*, London: Francis Pinter.

Feenstra, R. C and Shang-Jin Wei (eds), 2009, *China's Growing Role in World Trade*, Michigan: University of Chicago Press.

Fu, X., 2004, *Exports, Foreign Direct Investment and Economic Development in China*, Palgrave Macmillan: London and New York.

Fu, X., 2005, 'Exports, Technical Progress and Productivity Growth in a Transition Economy: a Non-parametric Approach for China', *Applied Economics*, 37 (7), pp. 725—739.

Fu., X. and Gong, Y., 2008, Indigenous and Foreign Innovation Efforts and Drivers of Technological Upgrading: Evidence from China. SLPTMD Working Paper no. 016 University of Oxford.

Greene, W. H., 2003, *Econometric Analysis*, Prentice-Hall International, New York.

Gujarati, D. N., 2003, *Basic Econometrics*, N. York: McGraw-Hill.

Hua, P., 1998, 'On Primary Commodity Prices: The Impact of Macroeconomic/Monetary Shocks', *Journal of Policy Modeling*, 20 (6), pp. 767—790.

IMF., 2003, *World Economic Outlook*, September.

Kaplinsky, R. and A. Santos Paulino., 2005, 'Innovation and Competitiveness: Trends in Unit Prices in Global Trade', *Oxford Development Studies*, 33 (3—4), pp. 333—355.

Kaplinsky, R. and A. Santos Paulino., 2006, 'A Disaggregated Analysis of EU Imports:

Implications for the Study of Patterns of Trade and technology', *Cambridge Journal of Economics* , 30 (4), pp. 587—612.

Kaplinsky, R. , 2009, China and the Terms of Trade: The Challenge to Development Strategy in SSA, in E. Paus, P. Prime and J. Western (eds), *Global Giant: Is China Changing the Rules of the Game* ?, Basingstoke: Palgrave Macmillan.

Lall, S. and M. Albaladejo, 2004, 'China's Competitive Performance: A Threat to East Asian Manufactured Exports? ' *World Development* , 32 (9), pp. 1441—1466.

Lall, S. , 2000, ' The Technological Structure and Performance of Developing Country Manufactured Exports, 1995-1998', *Oxford Development Studies* , 28 (3), pp. 337—369.

Lalonde, R. , Z. Zhu, and F. Demers, 2003, Forecasting and Analyzing World Commodity Prices. Bank of Canada Working Paper 2003—24.

Lucas, R. E. , 1976. Econometric Policy Evaluation: A Critique, in: *Carnegie-Rochester Conference Series* , The Phillips Curve, Amsterdam: North-Holland, pp. 19—46.

Pavitt, K. (ed.), 1980, *Technical Innovation in British Economic Performance* , London: Macmillan.

Schott, P. K. ,2002, Across-Product versus Within-Product Specialization in International Trade, mimeo, Yale School of Management.

UNIDO ,2002, *Industrial Development Report* 2002/2003: *Competing through Innovation and Learning* , Vienna, United Nations Industrial Development Organisation.

Walker, W. and J. P. Gardiner, 1980, Innovation and Competitiveness in Portable Power Tools, in K. Pavitt (ed.), *Technical Innovation in British Economic Performance* , London: Macmillan.

第八章　中国企业如何利用避税天堂和离岸金融中心的考察

迪伦·萨瑟兰　本·马修斯　艾哈迈德·埃勒格哈里

引　言

近年来,中国的对外直接投资(以下简称 OFDI)正以历史上绝无仅有的速度高速增长。尽管关于这些趋势的争论在国际商务文献中不绝于耳,特别是在有关自然资源寻求型和战略资产寻求型 OFDI 方面,但对于从中国流向世界避税天堂的对外投资的快速扩张却很少重视。这令人感到惊讶,因为 2006 年中国官方承认的 OFDI 流量中的44%,以及全部 OFDI 存量的五分之一,都流向一个避税天堂,即开曼群岛。同时,中国很大一部分的对内投资都来自另一避税天堂——英属维京群岛。总体而言,这些资金流仅被认为是由资本“迂回”造成的统计差异。资本的“迂回”过程是指,公司将资本输出到境外,以便使资本再次入境时冠上“外国”投资的头衔,而得以享受政府的优惠与较低的税率。然而,即使仅走马观花的看一眼证据,就能让人们产生怀疑,即仅用资本“迂回”是否就能解释 OFDI 快速增长的趋势。假设这么多来自中国的 OFDI 仅仅产生于资本“迂回”的意图,那么为何资本大多数仅流向几十个避税天堂中的一个?同时,为什么曾在历史上大受“迂回”资本欢迎的香港现在收到的投资少于开曼群岛?还有,为什么有那么多仅仅从另一个避税天堂英属维京群岛上来的对中国的投资？最后，在2004年至2006年期间，从开曼群岛和英属维京群岛（以下简称CBVI）而来的对中国的净FDI流量估计值都在165亿美元以上，这又是为何？如果仅仅是迂回投资，两个投资量应该大致相抵。这些观察到的结果说明，这一切的背后有着比迂回投资更为复杂的背景。

本章重点关注为何在CBVI和中国之间有如此多的FDI流动，以及上述提到的一系列问题。同时，本章也将笔者的研究与当今理论及关于中国商业国际化的争辩相联系。本章结构如下。首先我们将回顾中国OFDI的相关数据和有关中国商业国际化的文献。据此我们将进一步定义所探究的问题，并阐述研究方法和数据，之后为本章的结论。我们认为，中国在避税天堂的OFDI并不能被简单地看成资本的迂回投资。实际上，FDI流向CBVI并流回中国的是包括资本扩充在内的一个过程。关于中国商业国际化的现代理论大多集中于战略资产投资和资源寻求型投资的讨论，并不能够很好地解释这一现象。但是，以在中国及海外经商所产生的相关交易成本为基础而产生的“制度套利”理论，为思考这一过程提供了一些见解（Boisot & Meyer, 2008）。该理论将中国企业的国际化进程视为“战略性退出”而非“战略性进入国际市场”。

背景及文献回顾

中国的OFDI自20世纪70年代末期以来逐渐缓慢增长；但是在2002年末，中国共产党的“十六大”通过了采取“全球化”战略后，OFDI有了快速的增长。在众多因素中，OFDI的快速增长主要是由于政府创造更多的激励，精简行政程序，放松资本控制，以及为减少投资风险提供信息和指导（Zhang，2005：7—10）。自2003年以来，有理论认为，中国政府“为扩大对外投资采取了各种举措”（Pamlin & Baijin, 2007：19）。这些开放和激励政策使得中国的OFDI快速增长。例如在2003年的前十一个月中，中国企业在境外收购和兼并上的投资比上年同期增长了92%(Pamlin & Baijin, 2007: 19)。从2002年到2006年的长期过程中，中国的OFDI从最初的数十亿美元增长到后来的150亿美元。虽然这些OFDI的增长在无数关于中国商业国际化的研究中都有所提及，但是对开曼群岛的OFDI的引人注目的增长却常被忽略(Sutherland, 2009)。截至2003年，开曼群岛占了中国OFDI流量的28.3%；而到了2006年，这一数值增加到了44%(约为78.3亿美元)(MOFCOM,2006: 62)。2006年底，仅在开曼群岛的OFDI的存量就达到了中国总存量的19%(约为142亿美元)(MOFCOM,2006: 56)。据官方统计显示，开曼群岛超过中国香港成为了中国OFDI最大的接受者。

与开曼群岛一样，英属维京群岛自2002年OFDI扩大以来，也收到了相当多的中国的OFDI。尽管不如开曼群岛的数目惊人，英属维京群岛2005年一年的OFDI流量也占到了中国总OFDI的10%。截至2006年，英属维京群岛的OFDI占了中国存量的6.33%(约为47.5亿美元)(MOFCOM,2006: 57,62)。它不仅是OFDI的接受者，更成为了最主要的中国对内投资来源地之一。英属维京群岛在2005年和2006年分别投资了90.2亿美元和112亿美元，分别占到所有中国外商直接投资的14.9%和17.8%(中国国家统计局,2007)。与此相反，开曼群岛在2005年和2006年仅有19.5亿美元和21亿美元对中国的投资，只分别占FDI总利用额的3.2%和3.4%(中国国家统计局,2007)。

截至2006年底，开曼群岛和英属维京群岛占中国OFDI流量的47.5%，占存量的25.3%。然而与开曼群岛相比，英属维京群岛收到的中国对外OFDI较少，但却构成了相当大一部分回流中国的直接投资。我们如何解释这一被研究中国企业国际化的文献所普遍忽略的现象？

关于中国OFDI研究中的见解

现有理论对中国在CBVI地区的OFDI解释得如何呢？主流理论认

为,一个企业进行 FDI 有多种原因,通常分类如下:自然资源寻求型、市场寻求型、效率寻求型以及战略资产寻求型(Dunning & Lundan,2008)。自然资源寻求者旨在以低于本国经济体中的价格获得资源,以使公司有更大利润空间。考虑到 CBVI 地区面积小,离岸岛屿少有自然资源供应,可以排除对避税天堂的物理资源寻求型 FDI。第二种自然资源寻求型 FDI 被描述为"寻求廉价且有充分激励的非熟练或半熟练劳动力的充分供应"(Dunning & Lundan,2008:68)。中国自身就拥有丰富的廉价、高效的非熟练或半熟练劳动力。与之对比,开曼群岛和英属维京群岛人口很少(联合国,2007:39)。这一项也可排除。那么是否为市场寻求型 OFDI 呢?此类型多为企业为向投资国的市场提供商品或服务而产生的 FDI。FDI 内化理论认为,企业进行海外投资是为了缩减许可经营或出口过程中服务海外市场而产生的代理、信息及交易成本。因此,企业将持续内化不完善的市场,直至内部化的成本超过收益(Buckley et al.,2007:500)。市场寻求型 FDI 有一定的前提条件,即跨国公司所供应的市场有足够的利润支撑海外生产,或是公司在该市场中有足够的出口额,以及足够的消费者、供应商(包括竞争对手)以进行海外生产。然而,避税天堂并不是大型市场,所以市场寻求型这一观点也不成立。那么企业在 CBVI 地区进行投资是否为效率寻求型?这一形式是为了在规模经济和范围经济中获利,并分摊风险。效率寻求型 FDI 的动机是,通过投资公司对分散在各地的活动进行统一管理,将已建立的资源寻求型投资或市场寻求型投资的结构合理化(Dunning & Lundan, 2008:72)。一家跨国公司会分散生产,以从各个国家不同的资源价格、法规及需求中获利。正如上文所述,对避税天堂的资源及市场寻求型 FDI 并无可能;因此对它们的效率寻求型 FDI 也被否定因为跨国公司并无任何将生产转移至避税天堂的动机。

最近,人们也提出了两个结合中国背景的对中国 OFDI 的解释。一个最近常被讨论的动机是中国企业进行 OFDI 以获得战略性资产(Child

& Rodrigues, 2005; Rui & Yip, 2008)。这些资产通常为外国公司所有,被跨国公司买下以帮助公司获得更多的国际竞争力,或是在某一特定市场上更有竞争力。战略性资产可能是中国公司历史性缺少的国际品牌,或是技术以及当地分销网络(Buckley et al., 2007: 505)。但是,这种假设似乎对在避税天堂进行投资的行为并不适用,因为这些地方的战略性资产(大多都与制造企业有关)显然很少。对在 CBVI 地区的 OFDI 的另一个更加可靠的解释是,将中国的 OFDI 设想为"制度套利"(Boisot & Meyer, 2008)。在这种构想中,中国企业企图使自己从中国境外更有效率的制度中受益,以此从事某种形式的套利,从外国市场中的高级制度中受益。在这种解释中,OFDI 的部分动机并不是"战略性进入",而是从中国"战略性退出"。更准确地说,当交易成本较高(在中国的确如此)并且国内的交易成本高于国际成本时,公司就可能会在发展相对早期就进行国际化。我们将在后文中继续讨论这一关于中国企业国际化的观点,以此来阐述我们的发现,这与上述关于国际化的标准观点明显不同。

是否存在某种机制使得迂回投资能够让中国资本实际增值,而不是仅仅规避中国国内的限制?一部分理论也阐明了从外国资本市场筹集资本的重要性。例如一篇 2004 年的论文承认,某些迂回投资仅是为了逃避法规,"比如贸易壁垒、高税率和财产权利保护缺失等"(Xiao, 2004: 12),而并不产生增值。但是,该文也加入了进一步的观点,即有可能有另一种产生增值的迂回投资,"和实体经济中金融业所扮演的角色一样"(Xiao, 2004: 12)。该文的作者并没有进一步阐述他的观点,尽管他的直觉和暗示都非常明确:在 CBVI 注册公司能够为中国现有资本增加更多的价值,如同国内资本所能做到的一样。通过这种方法,公司增加的价值将能够比在国内股票上市增加得更多,前提是此方法可行。当然,这些中国公司也会从外国银行和金融专家处获利,这些专家能够帮助企业增加中国资本的价值(Zhan, 1995)。众所周知,中国企业在避税天堂建立公司以增加资本,一部分高调的公司已经受到了相当多的媒体关注。不过,迄今为止,这一过程的真正广度和影响仍然无据可查。

综上所述,大多数解释企业为何想要进行海外投资的标准理论,都不适合理解大量中国 OFDI 为何流向 CBVI 地区这一现象。因此,大多数国际商业文献都选择忽略流向 CBVI 地区的 OFDI。事实上,流向 CBVI 地区的 OFDI 通常被理所当然认为是迂回投资——资产在避税天堂循环以获得外国资本的优惠条款(Luo & Tung, 2007; Lunding, 2006)。

研究的问题

结合上文,出现了如下几个重要问题:

(1)中国企业在 CBVI 从事的 OFDI 是否并非仅仅是迂回型的?如果包含资本扩充型,那么这样的情况所占比重是多少?迄今已经有很多文章强调迂回型,然而对资本扩充型我们还知之甚少。

(2)如果进行的是资本扩充型的活动,那么这些活动是否与前文中从官方统计数据中观察到的宏观经济总体趋势一致?例如,企业层面的资本筹集活动是否也能够解释 FDI 从中国流向开曼群岛并从英属维京群岛回流的趋势?这个问题很重要,它使我们能够从企业层面的视角来佐证我们的发现。

(3)最后,这种形式的 OFDI 是怎样与中国企业国际化相联系的?资本扩充或者制度套利的观点能否帮助解释这一现象?如果能,当今集中在战略资产寻求型及自然资源寻求型中国 OFDI 的研究方向会否被重新定向?

接下来,我们将解释用以解决这些问题并且理解中国在避税天堂投资的特定方法。

研究的方法

接上文的第一点疑问,我们的第一个目标即调查资本增值活动是否很普遍。对问题一的解释,将使我们更好地解释问题二和问题三。

由于这些避税天堂固有的保密性质,很难弄清那些中国企业在CBVI地区进行了投资。据称,欲在美国股票市场上市的中国企业,必须向美国证券交易委员会(SEC)提交很多正式文件。比如SEC需要公司的年度财务报表,而该报表将由该公司的主要机构所在国提交。事实上,在2008年9月4日,以此为基础有602份在美国上市的中国企业文件,大多数为证券销售的通告,以及证券受益所有人的声明。然而,有72家企业提供了20—F表格,这是一种更为详细的外国私人投资者的证券年报。这些20—F报表通常都很公正,提供附属公司列表以及公司组织结构图。这些报告为研究提供了一个窗口,可以通过它们来检验避税天堂地区与中国企业国际化有关的企业层面战略。因此,我们的第一个步骤就是利用这些报告来确定企业层面战略的更多细节。我们建立了一个上市公司的样本,找到了企业名称,整理出了其中不同层次的公司,以及它们各自的地理注册地,同时还有它们在美国上市的股票市场和主要业务范围。

这种方法也有其缺陷。此方法有一定的选择偏见,即从定义上看,我们目前只选择分析了在美国市场上进行股票交易的公司。因此,这些公司理所当然地关注吸引外国资本,这会限制我们关于资本扩充的结论,因为我们将无法把我们的结论与其他的公司结构相比较,这些公司可能在CBVI地区投资而并不在美国市场进行交易,也可能在CBVI地区投资却并不想要以此增加权益(这些公司可能更愿意通过银行系统或风险资本家来获得资金)。这是我们面临的问题。例如,众所周知,许多在香港这一成长市场上市的公司,也会利用在开曼群岛注册的母公司来构建自己的投资,因此,仅研究在美国上市的公司就会漏掉这些公司。这说明,大范围地调查通过在开曼群岛注册公司以便在其他地方上市的公司,也会有很有趣的发现,但这些发现还无据可查。

同样值得注意的是,这些报表所提供的关于这些公司的结构和意图的信息也很有限。例如,关于企业最终股东的信息仍然难见于 20—F 表格。

最后一个重点需要考虑的地方是,我们收集到的信息是来自于 2007 年至 2008 年度最新提交 SEC 的文件(而不是我们有外国直接投资趋势合计的 2003 年至 2006 年这一时期),文章用的都将是这一期间的企业层面的调查,以解释早期宏观经济的 FDI 趋势。这些数据并不理想。然而,我们仍然认为,研究这些企业的结构很有用,它们将为观察流向 CBVI 地区的中国 OFDI 提供罕见且有趣的视角,并且能够提供除“迂回”理论外的其他解释。迄今并无其他研究利用过这些公司文件,而且我们的研究也是为数不多的通过企业层面证据观察对于 CBVI 地区投资的研究之一,而不同于大多数利用合计 OFDI 数据进行的研究。

为了探究问题二,我们将中国官方的对外及对内 FDI 合计数据,与从样本企业中收集到的企业层面的数据相对比。例如,从合计数据中观察到的流向开曼群岛的大量对外 FDI,以及从英属维京群岛流向中国的大量 FDI 的趋势,是否也能从样本企业层面的描述中所观察到?

结　果

我们样本企业中的结果显示了,中国企业在开曼群岛注册并在美国上市的可观比率。表 8.1 显示,72 家企业中的 55 家都在开曼群岛注册,还有另外 7 家在英属维京群岛注册,5 家在中国香港注册,2 家在中国大陆注册,在安提瓜和巴布达、马绍尔群岛和韩国注册的各有 1 家。因此,我们调查的企业中,大部分都注册于开曼群岛,有一些在英属维京群岛注册,少量企业注册于其他避税天堂。这与较早提及的中国 OFDI 合计数据一致,即大部分中国对外 FDI 流向开曼群岛,英属维京群岛与其有较大差距,位列第二,极少部分流向其他避税天堂。以此看来,这两组信息保持了高度一致。

有趣的是,72家提供结构信息的企业中,只有两家是在中国内地注册成立的。这其中包括中国东方航空,该公司有一家附属公司在中国香港注册,其余的所有附属公司都在中国内地注册。中国石油化工股份有限公司(中石化)也于中国内地注册成立,并且在中国香港和百慕大分别有一家附属公司。这些在避税天堂的附属公司有可能都用于从事"分拆"活动。一家跨国公司会利用多种技术手段来节约成本,包括转移定价、股息汇款、特许使用费和弗罗廷 贷款;将收入转移至低税率的附属公司,以使得公司的税务义务降到最低(Hill, 2007: 680)。

表8.1:在美国上市中国企业样本

企业名称	产业	市场	注册地	第一级	第二级	第三级
蓝色地球	初级有色金属冶炼及精炼	美国	英属维京群岛(BVI)	乌干达/加拿大		
西斯班公司	对外深海货运运输	NYSE	马绍尔群岛	3马绍尔群岛		
中国东方航空	航空运输	SSE/SEHK/NYSE	中国大陆(PRC)	9 PRC,1 HK		
			开曼群岛			
珠海炬力	半导体及相关设备	NASDAQ/FRA	开曼群岛	2 HK,2 BVI,1 PRC, 1 MR		
弘成教育	教育服务	NASDAQ/FRA	开曼群岛	5 PRC		
中国金融在线	商务服务	NASDAQ	香港(HK)	1HK, 8 PRC	1HK, 3PRC	
中国医疗技术	手术和医疗机械	NASDAQ	开曼群岛	1 BVI, 1PRC	2 BVI,1 US, 1 HK	
中国海王星辰	药房和专卖店	NYSE	开曼群岛	4 PRC	11 PRC	2 PRC

续表

企业名	产业	市场	注册地	第一级	第二级	第三级
中国医药国际	商务服务	OTC	BVI	无(在中国的代理商)		
泰克飞石	商务服务	NASDAQ	开曼群岛	1 BVI,1 PRC	7 BVI, 2 PRC, 1HK	6PRC, 1 US
泛华科技集团	纸和纸板产品	OTC	BVI			
艺龙网	交通服务	NASDAQ	开曼群岛	1 BVI,2 PRC	多个关联公司	
富基融通科技	计算机编程服务	NASDAQ	开曼群岛	2 PRC		
Grand Toys 国际	批发杂项耐用品	NASDAQ	香港	中国,美国,加拿大		
华友世纪	传媒服务	NASDAQ	开曼群岛	1 HK,11 PRC	1 PRC	4 PRC
空中网	商务服务	NASDAQ/FRA	开曼群岛	1 CI, 3 PRC	1 PRC/合同的	
江西赛维太阳能	半导体及相关设备	NYSE/FRA	开曼群岛	3 PRC,1 HK, 1 US	1 PRC	
东南融通	计算机编程服务	NYSE	开曼群岛	5 PRC,1 HK, 1 BVI		
新东方教育科技	教育服务	NYSE	开曼群岛	3 PRC,1 加拿大		
诺亚舟	预先包装的软件	NYSE	开曼群岛	3 PRC,1 BVI	2 PRC	
侨兴移动	电话与电报设备	NYSE	BVI	1 PRC	3 PRC	
昱辉阳光	半导体及相关设备	NYSE/LON	BVI	3 PRC,1 US, 1 SING		

续表

企业名	产业	市场	注册地	第一级	第二级	第三级
中芯国际	半导体及相关设备	NYSE/SEHK	开曼群岛	5 CI，2 萨摩亚，5 HK，2 BVI，7 PRC		
科兴生物制品有限公司	药物制剂	AMEX	安提瓜和百慕达	2 PRC		
天合光能有限公司	半导体及相关设备	NYSE/FRA	开曼群岛	2PRC，1 HK（以前有 1 BVI）		
文思创新	计算机编程服务	NYSE	开曼群岛	1 BVI，1 PRC，1US，1 JP	4 PRC，1 HK	1 PRC
华视传媒	广告机构	NASDAQ	开曼群岛	1 PRC	1 PRC	19 PRC
天威英利	半导体及相关设备	NYSE/FRA	开曼群岛	1 PRC，1 BVI	5 PRC，2 GER	2 PRC
三生制药	药物制剂	NASDAQ	开曼群岛	1 BVI	1 PRC/合同的	
前程无忧网	职业介绍机构	NASDAQ/FRA	开曼群岛	1 BVI，2 CI		
橡果国际	杂项零售	NYSE	开曼群岛	1 BVI	9 PRC，2 HK	3 PRC
航美传媒	广告机构	NASDAQ/FRA	开曼群岛	1 BVI	多个	
北京全美	教育服务	NASDAQ	开曼群岛	1 BVI	2 PRC	1 PRC
百度	计算机编程服务	NASDAQ/FRA	开曼群岛	1 BVI	3 中国，1 JP，1 HK	

续表

企业名	产业	市场	注册地	第一级	第二级	第三级
中国网通集团	无线电话通讯	NYSE/SEHK	香港	1PRC, 1BVI, 1BER	3 PRC,1 JP, 1 US, 1 UK, 1 HK	
中光电伏	半导体及相关设备	NASDAQ	开曼群岛	1 BVI	1PRC, 1HK, 1GER	1 PRC
易居中国	房地产代理及管理	NYSE	开曼群岛	5 BVI	2 PRC,1 BVI, 1 HK	16 PRC
分众传媒	广告机构	NASDAQ/FRA	开曼群岛	2BVI, 1CI, 1HK	多个	
富维薄膜	无支持塑料薄膜和片材	NASDAQ	开曼群岛	1 BVI	1 PRC	
巨人网络国际	商务服务	NYSE	开曼群岛	1 BVI	1 PRC	多个
中国国人通信	无线电话通讯	NASDAQ	开曼群岛	1 BVI	2 PRC	3 PRC
如家快捷酒店	宾馆与便捷酒店	NASDAQ	开曼群岛	1 HK	4 PRC,1 HK	77 PRC/JV
晶澳太阳能控股	半导体及相关设备	NASDAQ/FRA	开曼群岛	1 BVI,1 HK	4 PRC,1 US	
掌上灵通	计算机处理和数据准备	NASDAQ/FRA	开曼群岛	2 BVI,2 HK	6 PRC	
迈瑞医疗国际	手术和医疗设备	NYSE/FRA	开曼群岛	2 BVI,2 HK, 1 UK	多个	
网易	商务服务	NASDAQ/FRA	开曼群岛	1 BVI,1 HK	4 PRC,1 HK	多个
九城网络科技集团	预先包装的软件	NASDAQ	开曼群岛	1 BVI	2 HK, 1 BVI	

续表

企业名	产业	市场	注册地	第一级	第二级	第三级
奥瑞金种业	农产品	NASDAQ	BVI	1 BVI		
完美世界有限公司	商务服务	NASDAQ/BER	开曼群岛	1 HK	1 US，1 PRC	
侨兴环球电话	电话与电报设备	NASDAQ	BVI	2 BVI,1 HK	3 PRC	
先声药业集团	药物制剂	NYSE	开曼群岛	1 BVI	2 PRC,1 HK	8 PRC
尚德电力控股	半导体及相关设备	NYSE/FRA	开曼群岛	2 BVI,1 JP	4 PRC 及多个	
同济堂中药	药物制剂	NYSE	开曼群岛	1 BVI	1 PRC	6 PRC
无锡西姆莱斯	石油和天然气相关机械和设备	NYSE	开曼群岛	1 BVI	2 PRC,1 US，1 加拿大	2 PRC
无锡药明康德	药物制剂	NYSE	开曼群岛	1 BVI,1 US	5 PRC,1 US	
新华财经传媒	传媒服务	NASDAQ	开曼群岛	6 BVI,3 HK	多个 PRC	
鑫源房地产	建筑施工	NYSE	开曼群岛	1 CI	3 PRC,3 HK	8 PRC
中国联通有限公司	无线电话通信	SEHK/SSE/NYSE	香港	1 中国，1 HK，1 澳门		
华奥物种集团	农产品	NYSE	开曼群岛	1 BVI	1 HK	1 PRC
中华数字电视	预先包装的软件	NYSE/FRA	开曼群岛	1 BVI	2 HK	1 PRC
泛华保险服务集团	保险代理人经纪人	NASDAQ/FRA	开曼群岛	1 BVI	1 BVI	2 PRC，1HK

续表

企业名	产业	市场	注册地	第一级	第二级	第三级
古杉环境	工业有机化学	NYSE	开曼群岛	1 BVI	3 BVI,1 HK	7 PRC
林洋新能源	半导体及相关设备	NASDAQ	开曼群岛	1 BVI,1 US	1 HK	1 PRC,1 GER
第九城市有限公司	商务服务	NASDAQ/FRA	开曼群岛	1 HK	2 HK	4 PRC
TOM在线	计算机编程服务	SEHK	开曼群岛	1 CI	8 BVI,2 HK,1 CI	多个
中国增长北方收购公司	空白支票	OTC	开曼群岛			
中国增长南方收购公司	空白支票	OTC	开曼群岛			
中国移动有限公司	电话通信	NYSE/SEHK	香港	34 BVI,1 CI		
和记电讯国际	电话通信	NYSE/SEHK	开曼群岛			
新韩金融集团	全国性商业银行	NYSE/SEO	韩国			
中星微电子公司	半导体及相关设备	NASDAQ/FRA	开曼群岛	5 PRC,1 HK, 1 US		
中石化集团	石油炼制	NYSE/SEHK/SSE	中国大陆	I BER,1 HK		

资料来源:美国证券交易委员会,多份20—F报告。

或者,也许这些企业想要保留海外资本,以规避政治或经济风险。这两家公司都在纽约证券交易所(NYSE)、香港证券交易所(SEHK)和上海证券交易所(SSE)上市。这引发了疑问,为何此处大多数想在美国股票交易市场上市的“中国”企业,都想要在中国境外重组和注册。一种解释是,寻求资本的中国大陆企业在进行首次公开募股(IPO)时备受限制(Ellis & Styles, 2007: 37)。然而,例如英属维京群岛这样的普通法系国家,允许有对于美国投资者来说更加熟悉的公司结构。例如,中国的外资公司只允许有一类股票;而在避税天堂,普通股和优先股可以有一定差别(Ellis & Styles, 2007: 37)。这一法系也允许估值调整机制(VAMs)。这种机制允许当企业遇到问题而没有达到预定财务目标时,将优先股转换为更多数量的普通股(Ellis & Styles, 2007: 37)。显然,这在只有一类股票的中国并不可行。在 CBVI 地区,股东协议和企业管理更加为国际投资者所熟悉(Chao & Xu, 2008)。这也部分解释了为何企业会在 CBVI 地区注册成立。

如上所述,英属维京群岛所收到的中国 OFDI 投资远少于开曼群岛,但却对中国有更多的投资。我们如何解释英属维京群岛向中国回流对外投资的现象?再一次的,如果来自英属维京群岛的非直接投资被中国 FDI 统计计入外商直接投资的话,则我们对开曼群岛的公司采用的典型组织结构的分析就与发现一致。事实上,72 家企业中的 41 家都在英属维京群岛有一家直系附属公司,大多数企业都有一种结构,即利用这些在避税天堂的附属公司作为中介来(非直接地)控制其他中国附属公司(表 8.1)。因此,这种在开曼群岛注册后至少有一家在英属维京群岛附属公司的结构,是我们发现的最普遍的结构(图 8.1)。72 家企业中共有 28 家是以这种方式组建的,占到了总数的 40%。当然,也有其他结构的存在,它们可能比图 8.1 中的形式更复杂(例如橡果国际和泛华服务保险集团)。

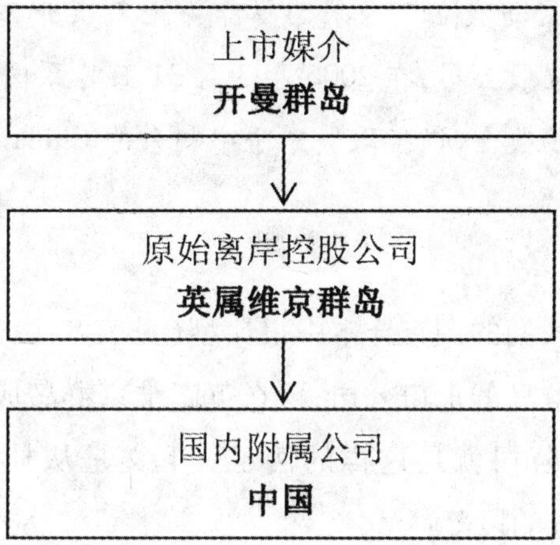

图 8.1:典型控股公司结构

因此,简单看一下每家公司的 20—F 表格对我们的研究很有用。看来,许多公司起初是在中国注册的,接着在 CBVI 地区的公司会注册一家控股公司,以促进未来的国际筹资。它们最终成为中国附属公司的母公司。较为典型的是,一家开曼群岛的公司会注册并成立一家英属维京群岛公司的控股公司。这家英属维京群岛公司股东所拥有的股份,会转换为开曼群岛公司的股份。这些股东就拥有了开曼群岛的公司的股份,这样一来也就拥有了英属维京群岛附属公司的全部股份。开曼群岛的公司将被用作剩余股份上市的媒介,以筹集外国资本。其中一个例子就是橡果国际。从它们的年度 20—F 表格中的节选如下:

> 在 2005 年 1 月 1 日以前,我们的业务由北京橡果公司、上海橡果公司和上海贸易公司经营,包括它们的子公司。为了使公司能够筹集到中国境外投资者的股本权益,我们于 2004 年 3 月 4 日注册了 China DRTV 公司,从而在英属维京群岛建立了控股公司的结构。自 2005 年 1 月 1 日起,我们的业务由 China DRTV 及其子公司和下属实体经营。为了配合我们的首次公开募股,我们于 2005 年 12 月

> 20日在开曼群岛成立了橡果国际作为上市媒介。橡果国际成为了我们的完全控股公司,在2006年3月31日橡果国际对China DRTV的股东发行了股份,以换取股东手中剩余的China DRTV股份。
>
> 橡果国际(2008: 35)

这个例子在我们的调查样本中很典型(见表8.1)。在其他例子中,还有先成立开曼群岛的上市公司,再在英属维京群岛成立公司。林洋新能源和九城有限公司就是这样的例子。下文是从林洋新能源的最新20—F文件中节选的段落:

> 在我公司首次公开募股过程中,我们于2006年5月12日在开曼群岛成立了林洋能源控股公司作为上市媒介。为了使公司能够筹集到中国境外投资者的股本权益,我们于2006年5月17日在英属维京群岛注册了林洋新能源投资控股有限公司,简称林洋BVI,从而建立了控股公司的结构。林洋BVI被林洋新能源全资控股。林洋BVI于2006年6月2日购买了林洋中国的所有股权。
>
> 林洋新能源(2008: 28)

上文引出了一个更为重要的问题——为何开曼群岛的控股公司总是扮演着上市媒介的角色?有一种解释的重要部分内容是,开曼群岛的公司同样也能够在香港证券交易所进行IPO,而英属维京群岛的公司却不能,这也与OFDI是寻求价值增值而不是单纯迂回的观点一致。格雷古拉斯等人归纳总结了在CBVI地区注册与在百慕大、特拉华和中国香港等地注册的不同(Greguras et al., 2008: 7)。尽管在百慕大地区注册的公司可以在美国和中国香港的证券交易市场进行IPO,但注册成立公司的成本远高于英属维京群岛和开曼群岛。注册所花费的时间也比它们长很多(在百慕大注册需要花二至五周时间,而在开曼群岛为一至三天,在英属维京群岛为一至两天)。这也许能够解释为何开曼群岛比百慕大地区在公司注册中更受欢迎。对比发现,在开曼群岛和英属维京群岛注册公司的主要差别在于,只有开曼群岛的公司可以同时在中国香港和美国的证券交易市场上进行IPO。这是它们唯一的主要区别,尽管格雷左拉斯等人提到开曼群岛的政府机关比英属维京群岛的更容易打交道(Greguras et al., 2008: 7)。如此看来,企业更加愿意在开曼群岛成立公司的一个重要原因是,这样上市能有更多的弹性,可以选择在美国或者中国香港股票交易所上市。因此,企业可以选择提供最高价格的市场进行IPO,以此最大化其价值。这一点在有着更加严格的上市条件要求的《萨班斯—奥克斯利法案》通过之后,可以说对企业而言变得更为重要。

是否有证据表明在香港上市的企业也有相同的结构?不幸的是,香港证券交易所并没有相关的搜索手段,以供我们通过上市公司从事主要业务的国家和地区来进行筛选。但是,开曼群岛注册的公司不太可能被允许同时在中国香港和美国证券交易所进行股票交易(在我们的72家企业中,仅有两家企业同时在纽交所和港交所交易:和记电讯国际和中芯国际集成电路制造)。也许在开曼群岛注册并单独在港交所交易的企业列表数目,会与在美国市场交易的开曼群岛企业基本相同或更多。当然,在证券市场中,一个市场在一段时间内给出的价格可能比另一市场高,而可以预见一段时间后就会逐渐齐平。然而,正如格雷古拉斯等人所总结的,"如今,开曼群岛公司对从事中国相关业务的企业而言是一个明智之选。"(Greguras et al., 2008: 1)

通过以上分析之后,一个主要的未解决问题是,为什么以英属维京群岛为中介的最常见的组织结构通常会将投资回流至中国。根据格雷古拉斯等人提供的列表来看,相比开曼群岛而言,这样唯一的好处是在英属维京群岛注册能比开曼群岛少花一天的注册时间(英属维京群岛花费一至两天,相比而言开曼群岛花费一至三天)。然而,这个理由并不能够足够好地解释我们所观察到的模式。不幸的是,20—F 表格对在这一问题的回答上少有帮助。大多数的文件都用了相同的措辞,暗示到英属维京群岛企业能够"使得企业增加从中国境外投资者处筹集的股本权益",但并没有对这一问题有很好的答复(橡果国际,2008:35)。一个可能的解释是,使用这种形式的控制链为控股股东提供了更多的隐秘性。

与合计数据的一致性

现在我们来关注问题二,即使只用了很少的企业样本,我们在此观察到的企业层面视角是否与上文所提的中国官方 FDI 统计相一致?换句话说,在我们的样本中观察到的微观层面的趋势能否精确折射宏观经济数据,进而推广之,样本中的趋势能否解释我们实际观察到的现象?

如果 CBVI 地区正在发生资本扩充现象,我们可以认为,从 CBVI 地区向中国的流量要比中国向 CBVI 的流量大。事实是否如此?在 2004 年至 2006 年期间,根据官方统计,约有 330 亿美元的来自 CBVI 地区的投资,却仅有 164 亿美元从中国流向 CBVI 地区的投资,即有从 CBVI 地区而来的 165 亿美元净投资(SSB, 2007; SSB, 2005)。这再一次表明,这一过程并非单纯的资本迂回。然而,这并不是明确的证据。显然官方统计仅仅只能反映部分问题。更为重要的是,当然,除中国外,其他寻求在中国建立企业的国际投资者(例如美国、欧洲)也有可能通过在 CBVI 地区的避税天堂成立公司。还有可能 FDI 首先流向第三个中介地区(比如中国香港)然后流向 CBVI 地区,最后再回流中国。考虑到中国香港在这一阶段收到了总计 130 亿美元的投资,它很有可能就扮演了这一角色。因此,仅凭统计数据不可能准确估计出在这一过程中实际有多少资本增加。

表 8.2:香港和中国内地流向和流出 CBVI 地区的金额(亿美元)

	2004	2005	2006	总计
流向中国内地的 FDI:				
开曼群岛	20.4	19.5	21.0	60.9
英属维京群岛	67.3	90.2	112.5	270.0
中国香港	190.0	179.5	202.3	571.8
流出中国的内地 OFDI:				
开曼群岛	12.9	51.6	78.3	142.8
英属维京群岛	3.9	12.3	5.4	21.5
中国香港	26.3	34.2	69.3	129.8

资料来源:中国国家统计局(2007,2005)

一个检查这些合计数据的方法是,通过再一次运用公司文件和财务报表,来估计我们的样本企业在对应期间资本增加的总数额。在这 72 家企业中,有 44 家企业有相关信息。根据基于这些报告的估计,这些企业总共增加了 120 亿美元的资本,这一数值与早先提及的 165 亿美元净流入的官方合计数值相去不远。应该记住的是,这里的估计排除了在 CBVI 地区注册但却在非美国地区的证券市场交易的中国公司。因此,几乎可以肯定的是,这些估计低估了从外国资本市场中筹集的真实金额。

讨论与总结

我们的分析聚焦于问题一和问题二,也就是与在 CBVI 地区的迂回型 OFDI 也许实际上有一种明显的资本增值功能这一观点相关的问题,到目前为止,它已经扩充了中国企业的现有资本。当然,在定义上,我们研究的所有公司将资本转移至海外,就是为了从国际投资者处获得资金,在我们的样本中,企业是通过在美国证券交易所注册实现这一目的。

运用这一样本,我们显示了资产如何在上市前从中国注册的公司向开曼群岛或英属维京群岛的母公司转移,并由此对中国的官方 OFDI 数据作出了贡献。我们提供了一个企业层面的行为与中国 OFDI 数据相一致的草图,即大多数流向避税天堂的 OFDI 是投资于开曼群岛的,第二是英属维京群岛以及其他一些小得多的零散投资。

我们认为,从分析中得到的一个很重要的观点是,这种增加资本的迂回形式很可能就是中国 OFDI 流向 CBVI 地区的主要原因。为何如此多的中国 OFDI 偏偏流向开曼群岛,我们认为一个重要的理由是,它单独提供了在国际资本市场上市的弹性。具体来说,它提供了在美国或者中国香港证券交易所上市的选择弹性。如果流向避税天堂的中国 OFDI 原始目的是为了非资本增值型的资本迂回,我们认为在所有避税天堂的投资应该分布更广泛,而非现在这种 90% 的中国 OFDI 都流向了开曼群岛。与此相关,单纯的资本迂回可以简单地在香港得以实现,为何中国企业又愿意不顾麻烦在 CBVI 地区建立空壳公司? CBVI 地区的文化传统、法律结构和语言都与中国完全不同;然而,香港与中国内地文化却有非常多的相似之处。这一考虑方法显示,与直接将资本回流投资于中国相比,在开曼群岛(或英属维京群岛)投资有一些真实或是潜在的利益。因此,我们的发现与大多数文献所达成的共识有一定的不同,它们的共识往往要么是忽略资本迂回,要么认为这并不带来资本增加,而仅仅是为了获得低税率和对外国投资者的优惠条款(非价值增加型的资本回流)。当然,没有理由否定企业在投资的同时也享受到了这些优惠。

下面是问题三,考虑一个更大的背景,这一切对我们理解和概念化中国企业的国际化有何意义? 首先我们的发现显示了,大多数这一类型的中国 OFDI 并不像通常认为的那样出于国际化的目的,即并不是为了寻求市场、资源、效率和战略资产。早前提到的其他关于中国 OFDI 的理论对思考这一过程有什么帮助吗? 如果接受此前关于这一过程的资本扩充功能的证据,可以认为,向 CBVI 地区投资的一个主要理由是国内制度缺乏效率的结果,从而导致了“战略性退出”。特别是,中国资本市场中私有企业的高交易成本,是驱使这一行为的最显著原因。以此看来,上文提到的“制度套利”的观点,能够帮助解释我们所观察到的资本扩充型 OFDI 的现象(Meyer & Boisot, 2008)。然而,仅仅是在交易成本极高的地区,这些企业才开始寻找国际替代品——主要是在资本市场,或者也可能是在知识产权保护方面。因此,通过走出中国,这些企业仅仅国际化了一些特定的部分企业机构。事实上,据我们所知,在中国国外筹集到的资本原本都是为了给国内的扩张提供资金。以此看来,我们可以认为,中国企业涌向 CBVI 地区的国际化相当特殊,而且与资本市场的制度性约束有关。布瓦索和梅耶(Boisot & Meyer, 2008)在阐述他们的观点时,原本是指产品市场(例如物流成本)。因此,他们的观点有一定帮助,但需要一定程度的修正才能与我们的发现一致。

布瓦索和梅耶(2008)提出,在中国的企业比其他地方的企业倾向于尽早国际化(例如在规模还相当小的时候)。事实果真如此吗?如果我们观察样本中在开曼群岛注册公司的详细类型,就可以清楚地知道,占据中国主要 OFDI 的并非我们所期望的大型国有企业。相反,是一些从事高速成长朝阳产业的相对较小的私有公司——对于寻求成长但同时坚定地想逃离国内制度性约束的私人投资者来说很有吸引力。例如,在我们的 72 家企业的例子中,11 家企业属于“半导体及相关设备”产业,8 家属于“商务服务”,5 家属于“计算机编程服务”和“药物制剂”,3 家是“广告代理机构”、“教育服务”和“无线电话通信”。无一例外,这些企业比他们的国有企业竞争对手规模小,但涉及领域更广泛。

尽管按面值来看,似乎向 CBVI 地区的 OFDI 对中国企业的国际化所做甚少,因为这些投资最终会回流中国市场用于财务扩张,但这一观察需要得到纠正。虽然在 CBVI 地区筹集的资本最终会回流中国,但在 CBVI 发展起来的公司结构对国际投资者来说更为熟悉,从长期看来,可能会为这些公司向其他国际市场的积极发展提供机会。已经有例子显示,在 CBVI 地区注册的中国企业,接管了在其他国际证券交易所上市的企业(在多伦多证券交易所)。这些企业所发展起来的更高透明度和更为熟悉的公司结构,使得它们在进一步真正将其商业活动国际化时占据了有利地位。

本章还挑战了现有文献对中国在 CBVI 地区 OFDI 的广泛忽略的观点。通过运用以公司文件为基础的定性微观经济视角,我们得出结论,企业层面的行为与宏观统计数据一致。大多数的投资流向开曼群岛,少部分流向英属维京群岛,极少流向其他各个经合组织国家所属的避税天堂。我们把这看做价值增加型迂回投资,因为企业从外国证券交易所上市中获得了增加的资本价值。我们不同意一些文献的观点通常所认为的,中国向避税天堂的投资仅仅是非价值增加型的活动(比如享受该地对外国企业提供的低税率)。这一结论有重要的政策影响,因为我们最近观察到,政府正在致力于钳制这些所谓的"迂回型"投资,而事实上这些投资可以为国家带来有利的外国投资。例如在 2006 年 9 月,新的有关外国投资者兼并和收购国内企业的规定生效,意味着任何形式的迂回投资都要经过事先审批。因此近来"实际上没有批准中国公司与离岸控股公司的重组"(Chao & Xu, 2008: 2)。但是,即使有了这些规定,仍然有可能进行离岸重组,在中国建立一个全资外国附属公司,这一公司最终将通过合约安排控制中国子公司(Chao & Xu, 2008: 2)。我们显然已经观察到了对这种合约安排的运用(样本企业中的泛华保险服务集团)。然而,第二个主要的法律,即国家外汇管理局颁发的"106 号通告",使得这一方法也不再可行。"106 号通告"要求,只有三年以上经营历史的国内公司才可以参加迂回型投资(Chao & Xu, 2008: 2)。"106 号通告"还规定,任何中国居民为了获得中国公司的现有资产而注册离岸企业必须进行"75 号通告的注册",这一注册对企业而言耗资巨大(Chao & Xu, 2008: 4)。一些企业对未来利用离岸企业的前景非常悲观:

> 中国国内有大量的流动性在寻求投资机会[原文如此],更愿意在自己国家附近投资。通过为中国国内投资者提供更多的投资机会,中国政府能够吸收国内流动性,同时避免过多的外汇进入中国而增加人民币的升值压力——这是人们不希望看到的(Chao & Xu, 2008: 5)。

如此看来,在这些年中国有大量 OFDI 流向 CBVI 地区后,这一现象很可能突然结束,正如同它突然开始一样。(姚咏絮 译)

参考文献:

Boisot, M. and Meyer, M., 2008, 'Which Way Through the Open Door? Reflections on the Internationalization of Chinese Firms', *Management and Organization Review* 4, no. 3: 34—365.

Buckley, Clegg, Cross, Liu and Voss, Zheng, 2007, 'The Determinants of Chinese Outward Foreign Direct Investment', *Journal of International Business Studies*, 38 (4), 499—518.

Dunning, J. and Lundan, S., 2008, *Multinational Enterprises and the Global Economy*, Cheltenham, UK: Edward Elgar.

Ellis, M. & Styles, A., 2007, 'Rethinking M&A in China', *The China Business Review*, 34 (5), 36—39.

Harrold, P. & Lall, R., 1993, 'China, Reform and Development in 1992—1993', *World Bank Discussion Papers* 215, Washington DC, USA.

Hill, C., 2007, *International Business: Competing in the Global Marketplace*, New York, USA: McGraw Hill/Irwin.

Huang, Y., 2003, *Selling China*, Cambridge, UK: Cambridge University Press.

Luo, Y. and R. Tung, 'International Expansion of Emerging Market Enterprises: A Springboard Perspective,' *Journal of International Business Studies*, 38 (4), 481—498.

Morck, R. , Yeung, B. , and Zhao, M. , 2008. ' Perspectives on China' s Outward Foreign Direct Investment, ' *Journal of International Business Studies* , 39 (3), 337—350.

OECD, 1998, ' Harmful Tax Competition: An Emerging Global Issue' , OECO: Paris.

Sutherland, D. ,2009, ' Do China's "National Team" Business Groups Undertake Strategic-asset-seeking OFDI?' , *Chinese Management Studies* 3, no. 1: 11 — 24.

Tseng, W. , Zebregs, H. , 2002, ' Foreign Direct Investment in China: Some Lessons for Other Countries' , *International Monetary Fund Policy Discussion Paper* , PDP/02/3.

UNCTAD, 2003, *World Investment Report* 2003: *FDI Policies for Development: National and International Perspectives* ,New York, USA: United Nations.

UNCTAD, 2004, *World Investment Report: The Shift Towards Services* . New York, USA: United Nations.

Wong, J. and Chan, S. , 2003, ' China' s Outward Direct Investment: Expanding Worldwide' , *China: an International Journal* , 1 (2), 273—301.

World Bank, 2002, *Global Development Finance: Financing the Poorest Countries* , Washington, USA: World Bank.

World Bank, 2003, *Global Development Finance: Striving for Stability in Development Finance* , Washington, USA: World Bank.

Zhan, J. , 1995, ' Transnationalization and Outward Investment: the Case of Chinese Firms' , *Transnational Corporations* , 4 (3), 67—100.

Zhang, K. , 2005, ' Going Global: The Why, When, Where and how of Chinese Companies' Outward Investment Intentions, ' *Asia Pacific Foundation of Canada* , November 2005.

第九章　中国中小企业的国内与国际扩张

吉列尔莫·卡多萨　加斯顿·弗恩斯

引　言

2009年中国赶超德国成为世界最大的出口国(《华尔街日报》，2010)，并在2010年第二季度超过日本一跃成为世界第二大经济体(2010)。也有估计认为，到2030年，中国将会取代美国成为世界最大经济体(IADB,2004)。这些突出的成就是在过去三十年中取得的，即从邓小平1978年引入自由市场改革至今。在这段时期内，中国经济以年均约9%的速度增长(中国国家统计局,2009)。

许多学术中心和机构已经将理解"中国奇迹"列为优先研究课题，尤其是中国企业成功的、多样化的、动态的国际化进程。近几年出版的一些书和文章，综合审视了中国跨国企业采用的策略，它们之所以选用这些策略，是为了进入新市场、获得新技术，以及在中国企业国际化扩张的决策中发挥作用。然而，对于中国中小型企业国际化的研究却少之又少;然而，它们在企业家精神、就业创造、技术扩散、财政收入、国际先进做法的辨识和采用、风险分散及财富创造等方面都发挥关键作用，因此，这也是文献研究的差距(Cardoza, 1997)。鉴于此，本章的目的在于尽可能缩小这一差距,并指出未来的研究领域。

本章的结构安排如下:首先,简要回顾中国跨国公司的国际化,以及它们是如何通过开展国际化经营来克服其比较劣势的;其次,对影响中国中小企业发展的关键因素进行描述;第三,对来自中国四省市的500多家中小企业进行实证分析;最后是本文的结论以及未来的研究领域。

中国的跨国公司:通过国际扩张克服比较劣势

中国企业的国际扩张经历了三个主要阶段:首先是试验阶段,即1978年至20世纪90年代,以政府严格监督为特征。随后,进入到第二阶段,即整个20世纪90年代,在这个阶段,中国海外子公司的数量大量增加,但几乎没有任何战略重点可言,并且大多数都出现了亏损(Buckley et al., 2007; Cai, 1999; Quan, 2001; Warner et al., 2004; Zhang & Van Den Nulcke, 1996)。第三阶段则始于中国2001年加入世界贸易组织之后,当时,中国的大型企业开始跨越国界,参与世界市场的竞争。

关于该进程的早期研究,试图归纳中国国际企业的特征。柴尔德和罗德里格斯(Child & Rodrigues, 2005)提到的特征之一就是与政府的互动。这种互动有时又是一把双刃剑:一方面,政府能帮企业争取到其国际扩张所需的资金和其他必要支持;但同时,企业也滋生了对国家的制度依赖。

在中国加入世界贸易组织以后,离国的那些跨国公司的第二个特征使其相对于西方竞争者们来说竞争力较弱。例如,格思里(Guthrie, 2005)认为,中国企业国际化是为了获得比较优势,并对其在国内市场上的现有优势进行补充。布瓦索(Boisot, 2004:6)也指出,许多中国企业走向海外,不会只是为了利用其国内市场上已经发展好的比较优势。因此,有结论认为,中国跨国公司在美国、英国、法国的兼并主要反映了国家特定优势而非企业层面的竞争优势(Rugman & Li, 2007)。

柴尔德和罗德里格斯(2005:1)试图解释这一现象并指出,中国企业之所以进行这样的投资是为了克服其竞争劣势。他们认为,用来解释东南亚经济快速增长的"后发"和"追赶"这两个概念,也可以用来描述许多中国企业的国际化进程,因为这些"后发企业"的国际化是为了获得新资源和新能力。

马修斯(Mathews, 2006:13)也试图使用"公司结构的资源型视角"来解释这一过程。他认为,中国企业的国际化进程,主要不是基于可以在国外使用的丰富的国内资产,而这一点恰好是主流理论的普遍假设。"它们的国际扩张不是为了利用现有资源,而是寻找新资源,为新的战略选择奠定基础……在没有最初的资源,没有技能和知识,没有临近主要市场,也没有诸如硅谷这具备社会资金的地方的情况下,它们就这么做了。尽管存在这些初始的不利因素,但是通过真正地把一开始的缺陷和不足转化为优势资源,如采用先进技术、通过开展合作或合资企业进入新市场,它们取得了成功。"

更近的研究(Willianson &Yin, 2009:4—10)指出了几种优势资源,包括"制造、品牌、研发的全球规模经济;有效适应当地喜好和需求的能力;通过探寻不同资源之间质量成本差异最优化全球供应链的能力;服务全球消费者的能力,而这些消费者要求无论何地都要保证其需求的持续供应;利用全世界分散化和差异化的知识进行有效全球知识管理的能力"。他们在这个意义上又指出,中国跨国公司受益于其特有的比较优势,其大量的低成本、低技能劳动力意味着低制造成本(2009:10)。然而,他们又提醒说,单凭以上这点是不能成为全球市场中比较优势的来源之一的,因为外国公司也已经能利用这种低成本的劳动力优势。因此,他们指出:"如果中国的企业要在国际化中取得成功,就需要某种比较优势的来源,而这种比较优势不仅能将它们与其他已经存在的全球竞争者区分开来,而且也能弥补其作为新企业的不足。"

中小企业的发展如何?

中国中小企业的发展经历了三个主要阶段(Chen, 2006; Spar & Oi, 2006):第一阶段是1978年—1992年,特征是政府大力支持和鼓励建立集体和个体经营企业;第二阶段是1992年—2002年,特征是改革国有中小企业以及鼓励非公有制经济;第三阶段始于2002年中国通过中小企业促进法(Chen, 2006; Spar & Oi,2006)。在这一过程中,政府政策的重要改变起了引领作用。中国中小企业发展的两大关键因素是:(1)乡镇企业的发展;(2)非公有制经济的发展,尤其是私营中小型企业(Chen, 2006:41)。

首要因素即乡镇企业,它们是"在当地政府官员领导下的小型制造业……这些乡镇企业会尽其所能筹集资金(资金主要来源于留存收益、农业利润以及当地银行的贷款),并借助当地政府促进贷款,然后它们会用这些资金开展一切活动,从制造当地工艺品到制造工业设备"(Spar & Oi,2006: 7)。"每个乡镇都有其自身的乡镇储蓄和信用合作让,这些机构可以贷款给当地的农民和乡镇企业"(p. 11)。"随着时间的推移,乡镇企业之间的竞争会相当激烈,而且最终也会与国有企业竞争。这些乡镇企业也会变得极其成功,并将利润重新投资到增长上"(p. 7)。这些企业也促进了农村劳动力向非农业部门的转移,尤其以政府(当地以及中央)的帮助为载体,以实现其改革和发展的战略目标。(Chen,2006)

第二个因素为非公有制经济的发展,尤其是私营中小型企业的发展。这一点在2004年中国修改宪法授予非国有经济法律地位以后尤为明显,反映了由于鼓励非公有制经济的发展,中国发生了较大的变化。这一新的环境也有助于推动中国中小型企业的国际活动,现在它们已经贡献全国过半的出口。这些出口表明,在较短的时期内,中国的中小型企业已经能够调整其结构、策略和能力,并通过代工协议成功地在全球市场开展竞争(Child & Rodrigues,2005);但是,与跨国公司类似的是,中小型企业的竞争地位似乎仍然没有足够强大到可以依赖其自身的优势来开展竞争。

另一方面,虽然中小型企业在中国越来越重要,但这并没有得到学术文献的广泛支持。近年来,只有少数的文献是研究这个主题的,并且该研究领域非常有限。例如,陈(Chen, 2006)描述了中国发生的推动中小型企业发展的变化;桑伯格(Sandberg, 2009)对国际化的模式和间接出口进行了分析;卡多萨和弗恩斯(Cardoza & Fornes, 2009)研究了中国中小型企业面临的国际化壁垒;布瓦索和梅耶(2008)通过分析交易成本,对中国中小型企业面临的环境进行了不同的假定;莫里森等(Zhang、O' Neil & Morrison, 2009)研究了创新人力资源实践如何提高中国中小型企业的绩效。这使得继续研究中国中小型企业扩张的需要更为明显,尤其是,布瓦索和梅耶(2008:3)已经指出,与主流理论假设相悖的是,“与西方和日本的中小型企业相比,中国企业以较小的规模开展国际化”。

中小型企业的全国和国际性扩张:实证分析

以中国跨国公司的特征及上文描述的中小型企业发展的因素为基础,卡多萨和弗恩斯自 2007 年以来,就与当地研究人员和政府机构开展合作,不断收集来自不同省份的数据,以理解中国小型企业在其全国性和国际性扩张进程中特征的影响。研究的主要关注点为:(1)与政府之间的互动,主要以国家拨款和国家所有权的形式进行评定(Buckley et al. ,2007; Chen,2006;Child & Rodrigues,2005;Rui & Yip,2008; Spar & Oi,2006)。(2)与西方中小型企业相比,中国企业相对较弱的竞争地位,这主要以全国性和国际性扩张中内外部壁垒的形式进行评定(Boisot, 2004; Cardoza & Fornes,2009; Guthrie,2005; Rugman & Li,2007; Sandberg,2009)。他们收集了中国 547 家企业的数据并对其进行了分析,这些企业来自于中国的四个省份，即宁夏（Cardoza & Fornes，2009）、山东（Li et al.，2010）、江苏（Xu et al.，2009）和安徽（Xu et al.，2010）。

本文中使用的中小型企业全国性和国际性扩张的定义是：企业在当地市场之外的"创新、发展或维持业务运行的能力"（Leonidou，2004：281）。选择这一定义来描述中小型企业从当地市场迈向区域、全国以及国际市场的过程。

表 9.1：中小型企业的界定

	雇员数	销售收入	总资产
工业	2000	3000	4000
建筑业	3000	3000	4000
批发	200	3000	
零售	500	1000	
运输	3000	3000	
邮递服务	1000	3000	
宾馆和餐饮	800	3000	

数据来源：中国国家统计局，2007

表 9.2：中国部分省市经济特征（根据出口额/国内生产总值的比重）

	人口（百万）	国内生产总值（10亿美元）	人均国内生产总值（美元）	出口额/国内生产总值（%）	国内生产总值的构成（%）		
					农业	工业	服务业
广东	113	331.20	3577	91.18	6.00	51.30	42.70
上海	18.2	131.20	7227	86.59	0.90	48.50	50.60
江苏	75.5	274.50	3654	58.43	7.20	56.50	36.30
北京	15.8	100.30	6428	24.83	1.30	28.70	70.00
山东	93.1	281.20	3031	21.44	9.70	57.70	32.60
安徽	65.9	78.30	1281	8.68	16.70	43.10	40.20
宁夏	6.4	9.00	1501	1.00	11.20	49.20	39.60

数据来源：相关地区的经济和发展报告（2006）

表 9.3：样本筛选特征

受访者性别		受访者研究		国有	上一年利润				
男	女	UG	PG		下降	轻微下降	持平	轻微上升	上升
78%	22%	54%	13%	20%	10%	12%	17%	31%	28%

主营业务*											
制造	宾馆/餐饮	零售	批发	专业服务	信息科技	建筑	运输	不动产	金融/保险	健康/教育	其他
34%	5%	7%	13%	8%	4%	6%	5%	4%	4%	4%	17%

* 所报告的中小型企业都不止一项主营业务，比如批发和零售。

表 9.1 描述了中国中小型企业的界定，表 9.2 给出了筛选的中国几个省市的经济数据，而表 9.3 反映的是样本的筛选特征。

与政府的互动

如前所述，与政府的互动是中国跨国企业和中小型企业共有的特征之一。这里的目的在于评价其对小型企业国际化扩张的影响。我们用两个代理变量——国家拨款和国家所有权——对这一互动进行分析，并从三种可能的扩张层次进行衡量，即区域、全国和国际；而上述分析是按各个省份一个一个进行的。

结果表明，国家拨款和国家所有权似乎没有在任何一个省份的中小型企业的国际性扩张中发挥作用。这与我们预期的不符，因为它与跨国公司中发现的结果相异，并且这一互动也是乡镇企业的特征之一。然而，这些结果有助于我们更深入地研究扩张进程，以及发展某种新的更有力的理论框架。例如，江苏的中小型企业表明，个人资金、其他私有资金、家庭所有权和特别合伙（合资公司、代工企业等）是中小型企业国际扩张中的决定因素。宁夏的数据表明，私有资金是该省小企业国际扩张的关键;而山东的企业说明,家庭所有权、金融机构所有权以及特别合伙与其全国性扩张有关。

这些研究结果表明:(1)与政府的互动似乎与中小型企业的全国性、国际性扩张不相关;这与跨国公司和乡镇企业中的研究结果相异;(2)在国外合作伙伴、金融机构和其他私有资金的拉动下,在国际化视野以及企业所有者创业态度的推动下,中国中小型企业进行国际化;这与主流的国际化理论也大相径庭,但支持了马修斯(2006)的 LLL 框架。

相对薄弱的竞争地位(相对于西方中小型企业而言)

研究中国企业的第二个特征,是为了评定其对中小型企业国际扩张的影响。使用莱昂尼多(Leonidou, 2004)提出的壁垒(内部壁垒及外部壁垒)对该特征进行分析,并且也从三种可能的扩张层次进行衡量,即区域、全国和国际。与前文分析类似,这里的分析也是按省份分别进行的。

四个省份的研究结果相似。影响样本中的中小型企业扩张的壁垒可以分为以下几类:(1)国际金融方面的知识,如国际客户贷款、出口代收货款、汇率风险等;(2)国际业务和物流方面的知识如难以提供海外售后服务、国际分销渠道的可获得性、难以获得本国市场外的仓库、难以控制国际业务、高昂的运输和保险成本等;(3)技能和内部能力,如低于国际客户期望的质量标准、难以调整促销以适应国际市场、东道国市场的高竞争力、难以辨别合同及海外的潜在客户等;(4)产品,如公司价格不适合国际市场、标签和包装不符合国际标准、设计不满足国际客户的需要和偏好、难以与国际市场上的竞争者价格匹敌等。这种分类表明,不论内外部壁垒之间存在何种差别,壁垒主要与薄弱的管理技能和知识有关。这一结果与先前关于中国跨国公司的研究结论相一致。

另外,还有其他两个研究结果,虽然它们与中小型企业较弱的竞争地位并不直接相关,但都值得分析。首先,与西方国家的中小型企业相比,宁夏、山东、江苏和安徽的中小型企业在其国际扩张进程中面临的壁垒更少。假定权重相同,壁垒占总量的30%至40%(Leonidou,2004)。这一结果出乎意料,因为通常假定,发展中国家的公司会比发达国家的面临更多的壁垒(可能的解释是,收集的数据并没有包括那些中国特有的壁垒,因此有必要进行进一步的研究)。

第二个研究结果表明,不同的壁垒对应于企业扩张的不同阶段(区域、全国和国际)。这意味着,随着企业向国外市场扩展业务,它们将经历一个学习的过程。这一研究发现,连同上文"与政府的互动"的分析结果,表明应该与国外合作伙伴和其他金融机构合作,而非政府。

结论和未来研究领域

根据宁夏、安徽、山东和江苏的数据得出的结论表明,中国中小型企业的全国性和国际性扩张与跨国公司大相径庭。中小型企业扩张的一个关键因素在于,与国外公司或私有资金而不是政府开展合作。另一方面,这些省份的企业面临一系列与薄弱管理技能和国际知识有关的内外部壁垒,而这一点与早期研究中国跨国公司所观察到的类似,但是与威廉姆森等人(Williamson & Yin,2009)最近发现的成本创新、组合能力及动态能力不同。总之,所有这些都倾向于说明,中小型企业可以通过与国外伙伴合作,而不是借助政府支持,进行海外投资来克服其相对薄弱的竞争地位。

本文的研究结果对中小型企业的管理人员有很清楚的启示意义,尤其是那些位于出口占国内生产总值比率较低的地区的企业(如表9.2所示)。中小型企业会面临内外部壁垒,而这些壁垒很可能是由于长期以来与世界市场的隔绝,以及国内市场较高的交易成本(Boisot & Meyer,2008)。从内部解决这些困难和挑战,将需要数年甚至是数十年的时间;而且在更开放的中国国内市场上,许多企业将无法从竞争中幸存下来。自中国加入世界贸易组织以来,许多跨国公司都选择进行国际化经营,这也得到了政府的支持，主要采取以下形式：低于市场利率的资本、政府补贴、来自受政府影响的或国有银行的软贷款、大型企业的交叉补贴等（Buckley et al.,2007）；但这似乎不适合中小型企业。主要有两大原因：（1）政府的支持会产生如柴尔德和罗德里格斯（2005）所指出的“制度依赖”；（2）政府的支持并没有提供中小型企业用以补充其优势所需的知识、技能和能力，以便于其在国际市场上成功地销售产品。

在这样的背景下，克服这些挑战的一个有效方式，可能是与国外的公司开展合作，获得国外私有资金（这通常还会带来管理技能）。另外，与几年前提出的基本的代工协议不同。当时，中国的企业才开始国际扩张，而就在过去的几年中，中国企业似乎已经发展了几大优势来源，如规模经济、灵活性、快速适应当地市场、稳定服务全球顾客的能力等（Williamson & Yin,2009），这些可以增强它们在以后合资企业中的议价能力。

这也为西方国家的中小型企业创造了较大的机会。它们的市场份额正受到中国物美价廉商品的威胁，但它们没有资源在低成本地区建立子公司。这里补充各方优势的机会是不言而喻的。

这些研究结果对政策制定者有很明确的启示意义，在国际市场与提供增值数据、信息的当地中小型企业之间建立积极联系的必要性，似乎是很明显的。另外，相关的参与者（工会、企业以及私人或公共机构等）需要设计与国际企业管理有关的培训项目，包括研究合作关系、合资企业、营销和支付方式等。这类举动旨在弥补企业家和职业经理人之间的技能差距。

研究结果也为继续理解中小型企业的扩张过程指明了方向，尤其是如下未来的研究领域（没有特别的先后顺序）：（1）行业与全国、国际扩张之间的关系；（2）政府手续对国际扩张的影响；（3）外来者劣势对国际扩张的影响；（4）企业选择通过国际化来克服竞争劣势；（5）私有资金的可获得性或风险资本与国际扩张之间的关系；（6）功能性、物流和分销壁垒对全国、国际扩张的影响；（7）职业经理人的企业家导向与全国、国际扩张之间的关系；(8)中国中小型企业在其全国、国际扩张中面临的一系列特有的壁垒。上述绝大多数话题已经在近年来有关中国企业国际扩张的研究中得到关注(Boisot & Meyer,2008；Cardoza & Fornes, 2009；Williamson & Yin,2009；Yamakawa, Peng & Deeds, 2008)。(姚志敏 译)

参考文献：

Boisot, M. ,2004, 'Notes on the Internationalization of Chinese Firms', Unpublished paper, Open University of Catalonia, Barcelona, Spain.

Boisot, M. and Meyer, M. ,2008, 'Which Way Through the Open Door? Reflections on the Internationalization of Chinese Firms', *Management and Organization Review* , 4. 3, 349—365.

Buckley, P. , Clegg, J. , Cross, A. , Liu, X. , Voss, H. and Zheng, P. ,2007, 'The Determinants of Chinese Outward Foreign Direct Investment', *Journal of International Business Studies* , 38, 4, 499—518.

Cai, K. ,1999, 'Outward Foreign Direct Investment: A Novel Dimension of China's Integration into the Regional and Global Economy', *China Quarterly* , 160, 836—880.

Cardoza, G. ,1997, 'Learning, Innovation, and Growth: A Comparative Policy Approach to East Asia and Latin America', *Science and Public Policy* , 24. 6.

Cardoza, G. and Fornes, G. ,2009, 'The Internationalisation of AMEs from China: the Case of Ningxia Hui Autonomous Region', *Asia Pacific Journal of Management*, DOI: 10. 1007/s10490—009—9174—z.

Chen, J.,2006, 'Development of Chinese Small and Medium-Sized Enterprises', *Journal of Small Business and Enterprise Development* , 13, 2, 140—147.

Child, J. and Rodrigues, S. ,2005, 'The Internationalization of Chinese Firms: A Case for Theoretical Extension?', Management and Organization Review, 1, 3, 381—410.

Guthrie, D. ,2005, 'Organizational Learning and Productivity: State Structure and Foreign Investment in the Rise of the Chinese Corporation', *Management and Organization Review* , 1, 165—195.

Leonidou, L. ,2004, 'An Analysis of the Barriers Hindering Small Business Export Development', *Journal of Small Business Management* , 42, 3, 279—302.

Li, P., Fornes, G. and Cardoza, G. ,2010, The Internationalisation of Emerging Markets-based SMEs: Evidence from China's Shandong Province, China Goes Global Conference, Harvard University., Boston.

Mathews, J. ,2006, 'Dragon Multinationals: New Players in 21st Century Globalization', *Asia Pacific Journal of Management* , 23, 1, 5—27.

Quan, Y. ,2001, 'Access to the WTO and Internationalization Strategy of Chinese Companies', *Enterprise Studies* , 8, 12—24.

Rugman, A. and Li, J. ,2007, 'Will China's Multinationals Succeed Globally or Regionally?', *European Management Journal* , 25, 5, 333—343.

Rui, H. and Yip, G. ,2008, 'Foreign Acquisitions by Chinese Firms: a Strategic Intent Perspective', *Journal of World Business* , 43, 2, 213—226.

Sandberg, S. ,2009, 'Internationalization Patterns of Chinese SMEs: Take Off Nodes and Initial Stages of Internationalization', in EIBA (ed.), *Research on Knowledge, Innovation and Internationalization* (*Progress In International Business Research*) Vol. 4, Bingley, Emerald, 89—114.

Spar, D. and Oi, J. ,2006, 'China: Building Capitalism with Socialist Characteristics', *Harvard Business School Cases* , 9—706—041.

Warner, M., Ng, S.-H. and Xu, X. ,2004, 'Late Development Experience and the Evolution of Transnational Firms in the People's Republic of China', *Asia Pacific Business Review* , 10, 324—345.

Williamson, P. and Yin, E. ,2009, 'Racing with the Chinese Dragons', in I. Alon, J. Chang, M. Fetscherin and C. Lattemann (eds), *China Rules. Globalization and Political Transformation* , Basingstoke and New York, Palgrave Macmillan, 69—100.

Xu, N., Fornes, G. and Cardoza, G. ,2009, The Internationalisation of Emerging Markets-based SMEs: Evidence from China's Jiangsu Province, China Goes Global Conference Conference, Harvard University, Boston.

Xu, S., Fornes, G. and Cardoza, G. ,2010, The Internationalisation of Emerging Markets-based SMEs: Evidence from China's Anhui Province, Chinese Economic Association Conference Conference, Oxford.

Yamakawa, Y. , Peng, M. and Deeds, D. ,2008, 'What Drives New Ventures to Internationalize from Emerging to Developed Economies?', *Entrepreneurship Theory and Practice* , 32, 1, 59—82.

Zhang, J. and Van Den Bulcke, D. ,1996, 'International Management Strategies of Chinese Multinational Firms', in J. Child and Y. Lu (eds), *Management Issues in China: International Eenterprises* , London, Routledge.

Zheng, C. , O'Neill, G. and Morrison, M. ,2009, 'Enhancing Chinese SME Performance Through Innovative HR Practices', *Personnel Review* , 38, 2, 175—194.

第十章　中国的对外直接投资——基于意大利的中国跨国公司的研究

瓦莱里娅·加塔伊

引　言

在过去的二十年里，新兴国家的跨国公司数目一直在不断增加，我们同时也见证了这些跨国公司的不断崛起，而这些主要归因于亚洲公司的海外扩张。

发展中国家对外直接投资已不再是一个新现象，但是最近，这种现象在质和量上都发生了巨大的变化。一方面，在过去的一段时间内，其对外直接投资的规模得到了显著的提升。根据联合国贸易和发展会议的数据(2008)，在 1990 年至 2007 年间，发展中国家的对外直接投资流量从 60 亿美元上升到了 2530 亿美元，存量则从 1450 亿美元上升到了 2.288万亿美元。另一方面，投资的区位和产业部门也发生了变化，东道国从发展中国家转向了发达国家，目标产业从制造业转向了服务业。

其中，中国的表现尤为抢眼，并且已经成为了一位出色的全球投资者。中国在 1978 年还没有对外直接投资，但是到了 2007 年，其存量已经达到了破纪录的 960 亿美元，这期间，2002 年至 2006 年的对外直接投资增长率更是高达60%，中国也因此在2007年成为全球第十三大投资来源国，并在所有新兴经济体中排名第六。例如：联想集团，作为中国最大的电脑制造商，在2004年成功收购IBM的全球PC业务；中国著名的家用电器生产商海尔集团，在美国南卡罗来纳州设立生产分部；TCL公司买下了法国汤姆逊公司和阿尔卡特公司的电视机业务；另外，还有南汽成功收购名爵汽车并在英国设立生产中心。

所有这些都是对历来将中国看做低成本制造业集中地的挑战。尽管中国一直被认为是外国直接投资的主要目的国，但是很明显，现在的中国正在逐渐成为对外直接投资的主力军。

我们注意到，包括中国跨国公司崛起在内的中国国际化的进程，也只是近些年的事情。实际上，在1978年国家实施"开放"政策刺激下，中国才经历了这一系列的经济体制改革、国内生产结构改变，以及与全球经济的融合。在过去的三十年里，中国也取得了众多令世人瞩目的成就，稳定的经济增长，对外资的强烈吸引力，贸易的不断扩张，以及数目不断增长的国内中产阶级人群。然而，近些年最受关注的却是中国对外直接投资的急剧增长。在2002年提出的全球化战略的引导下，中国放宽了对资源外流的限制，同时加大了对企业国际扩张的激励和鼓励力度，也使得外界对于中国在未来成为一个主要投资者的预期不断提高。

尽管许多著作已经考察过中国的跨国公司国际化模式背后的结构化驱动力，然而，大多数的研究结果仍然倾向于描述性，实证分析相当之少。尤其是当定量分析的方法被提出之后，大部分的研究是基于宏观数据，对产业部门和区位模式只做一般性概述（Nicolas & Thomsen, 2008; Rabellotti & Sanfilippo, 2008; Gao, 2008; Poncet, 2007; UNCTAD, 2006; Schuller & Turner, 2005; Gattai, 2009）。然而，这种研究难以解释以下这些趋势背后的东西，比如为什么中国企业投资国外？它们的区位选择是受什么驱使的？它们如何进入一个外国市场？公司在国外运作时能够得到什么回报？会面临什么样的问题？要回答这些简单的问题，我们就必须走出宏观经济的框架,去探索公司层面的信息。

尽管如此,基于微观经济数据所做的定量研究具有较大的局限性。这样的研究仅仅能够提供一些历史案例、行业分析或者经验证据之类的。据我所知,关于中国对外直接投资的研究数据,迄今还没有学者系统地整理过,只有一些对普遍趋势的简要分析。

为了填补这项空白,这一章我们将通过一些原始数据,对作为欧洲地区中国对外投资主要吸纳国的意大利境内的中国跨国公司进行分析。文中的所有数据,都来自于作者针对当地的中国跨国公司的子公司设计的一份由多项选择题构成的问卷,而这份问卷的回复率达到了 86%。本章将通过这些数据对意大利吸纳的 28 项直接投资进行定性和定量分析,从而为大家提供一个从样本代表性和话题覆盖面两个角度都拥有前所未有的丰富内容的框架。尽管问卷的回复率达到了 86%,但是有限数量的观察对象还是使得我们很难进行适当的计量研究,不过为了解决这个问题,我们引入了一系列的汇总统计和数据,来对本文的主要发现进行总结。

表 10.1:中国在欧洲的直接投资,2005—2007(百万,美元)

	现金(2005)	现金(2006)	现金(2007)	股票(2007)	占欧洲的比重
英国	24.78	35.12	566.54	768.41	32%
德国	128.74	76.72	238.66	710.69	30%
西班牙	1.47	7.3	6.09	142.81	6%
波兰	0.13	4.75	11.75	98.93	4%
意大利	7.46	7.63	8.1	82.51	3%
罗马尼亚	2.87	9.63	6.8	72.43	3%
法国	6.09	5.6	9.62	54.5	2%
欧洲	189.54	128.73	1045.07	2385.13	100%

数据来源:根据中华人民共和国商务部 2008 年数据细化处理。

本章的其余部分是这样构成的:第二部分是对理论框架进行简要介绍的文献回顾;第三部分是对论题的实证分析;第四部分将对前面的讨论进行总结,并为未来的分析确定一下方向。

文献回顾

这一部分,我们将对有关新兴国家跨国公司的研究进行一下文献回顾。为了能够展现出这一研究领域的最新成果,我们将分为两个小节进行论述。第一节,我们将讨论用于解释发达国家外国直接投资的传统理论,是否适用于新兴国家的对外直接投资。第二节,我们将结合现有的文献材料,对发展中国家的跨国公司及其海外运作的主要特点进行归纳总结。以下划定的理论性框架对这一章的经验之谈尤为重要,多选题问卷就是根据这一框架制定的。

传统观点能被用来解释新兴国家的对外直接投资吗?

在过去的三十年,关于跨国公司的相关研究都是在邓宁提出的三优势组合理论(OLI)和投资发展周期理论(IDP)的框架下进行的。这两种理论也被看做外国直接投资如何产生的最前沿的理论解释(Dunning, 1981, 1993)。这也就是我们所说的关于外国直接投资的传统观点。在邓宁的理论体系中,跨国公司对外扩张的原因是为了追求所谓的“所有权优势、区位优势和内部化优势”。此外,根据投资发展周期理论,这些跨国公司的全球扩张计划会经历几个周期,通过吸引外国直接投资,转向出口,进而进行对外直接投资。

由于这种传统理论都是用来解释发达国家的资本外流现象,因此在近年,越来越多的文献开始质疑传统理论是否适合于新兴国家的对外直接投资现象。

特别是有一些作者开始批评邓宁的三优势组合理论和投资发展周

期理论的框架,并且希望能够提出一个更好的框架范本。阿蒂雷耶和卡普尔(Athreye & Kapur, 2009)认为,三优势组合理论在解释发展中国家跨国公司国际化路径问题时具有局限性,因为这些公司恰恰缺乏三优势理论强调的作为对外投资条件的企业优势。实际上,后来的跨国企业的对外投资活动更多的是资产寻求型而不是资产开发型(Deng,2007; Luo & Tung,2007)。与依赖国际化过程的企业优势相反,这些企业通常更倾向于获得当地分支机构的部分所有权(Li,2007),同时也会因为一些竞争劣势而向海外扩张,比如说地方保护主义、进入资本限制、知识产权保护欠缺、基础设施简陋,以及培训教育拨备不足等(Child & Rodrigues, 2005; Boisot, 2004; Nolan, 2001)。巴克利等人(Buckley et al. , 2007)也曾提出相同的论断,他们文章中的时间序列预测证明中国的跨国公司不适用传统的三优势组合理论。更确切地说,在1984 年至2001 年间,中国的对外直接投资被证明是与政治风险和文化相似性呈正相关关系,而在一些特定年限,才会受到投资接受国市场规模、自然资源禀赋和地域上的临近等因素的影响。与此相一致,马修斯(Matthews, 2006)提出的给合—杠杆—学习模型(LLL)表明,后来的跨国企业是通过其海外投资和全球联系来赢得成本领先,并获得新的竞争优势。如果是这样,对外直接投资将有利于企业所有权优势的形成,而不仅仅是作为现存企业的一个收入来源。以上的所有文献都是对三优势理论框架的尖锐批评,而投资发展周期理论也难以幸免。比如,有学者发现,中国对外直接投资的时间曲线与投资发展周期理论的传统预测不相一致(Athreye & Kapur, 2009; Li, 2007)。他们的经验数据表明,在初级阶段,新兴国家的跨国公司都是通过进口替代战略来发展它们的产业基础,而不是依靠大规模的外国直接投资的流入。而且,新兴国家的资本外流现象到来的比预期早得多,并且最初资本流向的都是发达国家而不是发展中国家。最后,通过对 1980 年至 2006 年时间序列的研究验证了中国对外直接投资的决定因素(Gao, 2008)。他发现中国的对外直接投资并不是与以国内生产总值衡量的经济发展指标相关,而是与海外联系、研发投资以及外商直接投资呈正相关关系。

上文提到的文献都表明,邓宁的理论并不适用与新兴国家的对外直接投资,所以他们希望能够提出一个新的框架范本来解释这类现象。与此同时,也有一批文章虽然质疑了对外直接投资的传统理论,但是认为通过对传统理论的适度修改,就可以使其适用于对新兴国家对外直接投资现象的解释,而不用发展一套新的理论。一项针对 256 家大型企业在 1990 年至 2005 年间数据的纵向跨国家的比较研究(Fortainer & Tulder, 2009),发现中国和印度的跨国企业并不是一类全新的企业。实际上,三优势理论还是在发挥一些作用,因为虽然与发达国家的跨国企业不同,新兴国家的跨国企业也拥有一些所有权优势。所以,对三优势组合理论和投资发展周期理论的适度修改,或许就能使传统理论更好地解释新的对外直接投资行为。

新兴国家的跨国公司及其对外直接投资的特点

在上一部分,我们讨论了用来分析解释新兴经济体对外直接投资现象的理论框架。这个部分,我们将针对新兴经济体的跨国公司及其投资行为的一些典型特点进行研究。

至于跨国公司的类型,大多数相关文献都强调了国有化程度高,以解释政府在推动公司国际化扩张进程中的积极作用(Amighini et al., 2009; Yeung & Liu, 2008; Deng, 2007; UNCTAD, 2006)。而且,新兴国家跨国公司往往都是在某些行业中处于全球领先地位,比如汽车行业、化学化工行业、电子产品、石油提炼与钢铁行业、运输与通讯行业等(UNCTAD, 2006)。虽然近期也有一些拥有全球视野的大公司在世界舞台上崭露头角(Amighini et al., 2009; UNCTAD, 2006),但是与发达国家的同行业公司相比,新兴国家的跨国公司在规模上往往相对较小。它们已经习惯了在高度变化的环境中进行运作(Fortainer & Tulder, 2009),并且利用它们的所有权优势,诸如流程控制能力(UNCTAD, 2006)、管理经验、企业创业经验(Yiu et al., 2007)、关系网(Fortainer & Tulder, 2009)、公司运作灵活性以及社交技能(Buckley et al., 2007; UNCTAD, 2006)等。

如果这是新兴国家跨国公司的写照,那么它们在国外的投资又有什么特点呢? 存在哪些推动和拉动投资的因素呢? 是否存在进入模式选择方面的趋势呢?

就目前为止的研究而言,似乎存在着很多能够促进新兴国家跨国公司全球化扩张的因素。根据邓宁(1993)对投资拉动因素的分类,在关于效率方面的考虑只能发挥有限作用的情况下,市场寻求型和资源寻求型的对外直接投资就显得尤为重要(Athreye & Kapur, 2009; Fortainer & Tulder, 2009; Duysters et al., 2009; Kumar & Chadha, 2009; Nicolas, 2009; Nicolas & Thomsen, 2008; Amighini et al., 2008; Yeung & Liu, 2008; UNCTAD, 2006; Deng, 2004, 2007 ; Schuller & Turner, 2005; Zhang, 2005; Wu, 2005)。资源寻求型的对外投资经历了一个缓慢的发展过程:在20世纪90年代以前,这类投资往往都是由对自然资源的渴求驱动的,而现在,技术、品牌及人力资本已经成为中国跨国公司寻求的目标(Amighinin et al., 2008; Filipov & Saebi, 2008)。当我们尝试着解释近期对外直接投资的流动时,除了国外的拉动因素,国内的推动力也是值得讨论的因素。这些推动力的范围很广,从政府支持到竞争压力,从资本可用性到国内市场的过度饱和(Kumar & Chadha, 2009; Athreye & Kapur, 2009; Duysters et al., 2009; Berger & Berkofsky, 2009; Nicolas, 2009; Fortainer & Tulder, 2009; Nicolas & Thomsen, 2008; Amighini et al., 2008; Yeung & Liu, 2008; UNCTAD, 2006; Deng, 2004, 2007; Schuller & Turner, 2005)。但值得注意的是,这些推动因素和拉动因素都是与投资公司的类型严格相关的,从而决定了对外直接投资的地理位置和环境。有证据表明,享受政府大力支持的国有企业,向海外扩张大多是为了获得自然资源,而且投资的目标多是发展中国家。与之相反,私营企业则要应对诸如竞争压力、过度饱和、资本可用性之类的市场刺激，所以它们的海外投资往往是为了获得适当的战略性资源，也正因为此，它们投资的目标多为发达国家（Filippov & Saebi, 2008）。

就进入模式而言，后来的新兴国家跨国公司会通过合资经营、兼并收购进行海外操作，也会通过全资拥有的企业进行“绿地”投资。在进入模式选择上，不管投资者是否具有诸如技术、人力资本、商业信誉等无形资产，也不管东道国是发达国家还是发展中国家，跨国公司往往都只会选择一种进入模式。有研究指出，在过去，外国直接投资通常是通过“绿地”投资和合资经营进行，并且都是直接流向新兴经济体；而近期的投资操作则主要是在兼并收购的基础上进行，并且资本越来越集中于发达国家（Amighini et al. , 2008, 2009）。也有另外一种说法就是，兼并收购和合资经营为企业获得外国战略资产打开了特权之门，而“绿地”投资则是保护自身资源的正常途径（Nicolas, 2009; Nicolas & Thomsen, 2008; Deng, 2007; Child & Rodrigues, 2005; Schuller & Turner, 2005）。

中国对意大利的直接投资

这一部分，我们运用的主要方法是实证分析，我们将通过一些原始数据来展现在意大利的中国跨国公司的概况。基于本次研究的单一性质，我们不会进行任何将研究对象泛化的尝试。但是，我们很有兴趣将我们的实证结果与第二部分文献回顾中提出的理论进行比较分析，来看看至少在意大利，两者是否相互吻合。

我们的研究数据来自于一项在2009年至2010年进行的全面调查。第一节，我们将对相关的实证方法进行一下回顾；第二节，我们将对在意大利的中国公司的情况进行介绍；第三节则是总结这些公司的外国直接投资的主要特点。

实证方法

本文的研究是建立在一份由多项选择题组成的问卷基础上的。这份问卷是作者根据现有的文献资料设计制作的。

这份问卷由两部分组成。在第一部分,我们询问了在意大利的中国公司的背景信息,从它们资产负债表的数据,到人力资本的详细信息,再到公司的国际经验。在第二部分,我们调查了中国对外直接投资背后的驱动因素,比如推动因素和拉动因素、区位因素和进入模式选择、投资回报,以及与直接投资相关的问题等。这份问卷中,作者共设计了50道选择题。

在这份问卷的基础上,我们于2009年4月到2010年5月间对中国在意大利的子公司的高级管理人员进行了详细的采访,获得了更加详实的信息。

为了能够做出一次关于意大利境内的中国跨国公司的全面普查,我们将调查目标面向了企业总体,而不是仅仅将注意力放在特定的地区或是特定的行业。我们通过数项资源获得了投资者的原始名单,这些资源有ICE-Reprint数据库以及其他学者的研究(Amighini et al., 2008; Spigarelli, 2009),尤其是ICE-Reprint数据库。该数据库为我们提供了意大利流入和流出的外国直接投资的企业层面的信息,包括了相关的母公司及子公司的名称和联系方式,还有部分的资产负债表的数据。对我们来说,这是我们提取列表中的中国投资者及其子公司的一个主要来源。在这些数据的基础上,再联系起其他学者的研究所提供的相关数据,我们就能够获得这些企业的全部信息。最终,我们得到了一份公司名单,列示了21家位于中国大陆、台湾和香港的母公司和32家位于意大利的子公司的信息。在发放问卷后,我们的问卷回复率达到了86%,本文将会对有反馈信息的18家母公司及其28家子公司的情况进行分析。就我们所知,我们的研究是有史以来第一次在企业层面上收集有关中国对外直接投资的研究数据,并且无论是在样本的代表性,还是在话题的覆盖面,都提供了一个深层次的刻画。可能有人会怀疑,将来自中国大陆、香港和台湾的投资放在一个篮子里讨论会产生误导作用,因为它们彼此拥有不同的历史。比如香港和台湾的跨国公司,通常具有较久的国际市场运作历史,有些公司出现在国际舞台上的时间要远早于中国大陆的公司。除此以外,香港和台湾公司的经济和创新体系,也和中国大陆公司的极不相同,所以这三者对外直接投资的战略动机也就会有所不同。然而,基于第二部分的文献回顾,我们觉得将中国大陆的跨国公司和香港、台湾的跨国公司进行比较研究,会比单纯地将重点集中在中国大陆的公司更能丰富大家的理解。实际上,新兴国家跨国公司崛起所带来的一个理论问题就是,它们的国际化路径是否能够用传统方法或是用一个新的专案范例来解释。我们在收集了中国大陆、香港、台湾的部分跨国公司的信息后,会通过对推动因素和拉动因素、进入模式策略,以及母公司的不同特点间的比较分析来试着解决这项争论。

接下来,我们将展现主要的研究调查结果,并将侧重于实证结果和理论文献的比较。

对在意大利投资的中国母公司情况的描述

通过对调查回馈信息的初步观察,我们就能发现,中国大陆的跨国公司和香港、台湾的跨国公司的公司情况是大不相同的。

就员工数量而言,图 10.1 表明母公司的规模都十分庞大。根据我们的调查数据,大多数的公司(53.9%)都拥有超过 1.5 万名员工,其中一些公司(5.9%)的员工数甚至达到了 10 万。如果我们对公司的销售总额进行分析,也会得到类似的结果。采访结果表明,63% 的母公司的年销售总额超过 10 亿欧元,其中 19% 的公司年销售额超过了 100 亿欧元。

关于中国跨国公司的研究数据与 UNCTAD(2006)所披露的相关研究(Amighini et al., 2009)的新兴经济体的主要投资者的相关数据是相互吻合的,他们记录的大多是拥有国际视野的大型公司。

再深入到在意大利投资的公司的特点方面,图 10.2 展现了它们的行业分布。与巴克利等人(2008)的研究结果和 UNCTAD(2006)的数据相一致,它们大多分布在机械(11%)、电子产品(22%)、家用电器(11%)、运输业(22%)和通讯业(17%)。

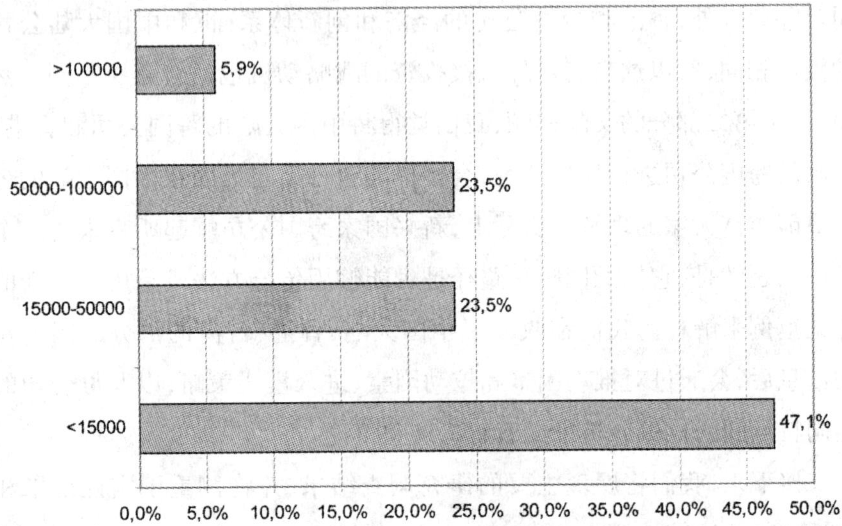

图 10.1:在意大利的中国母公司的雇员人数

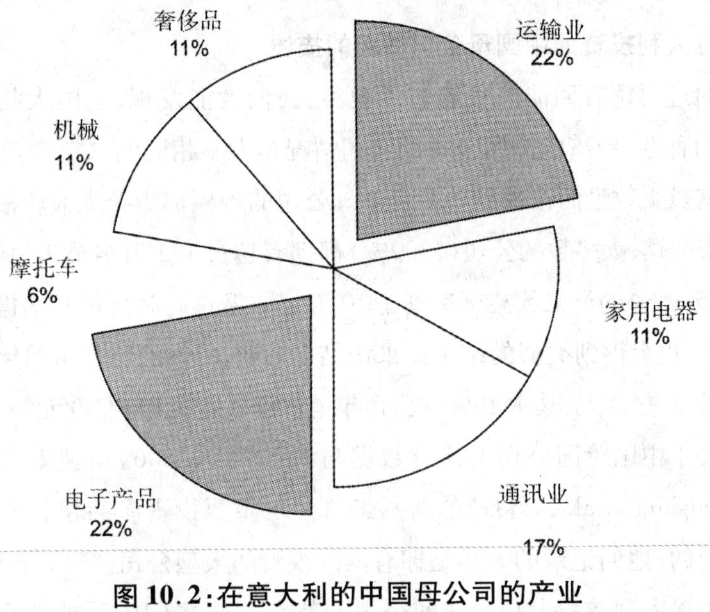

图 10.2:在意大利的中国母公司的产业

关于投资来源的省份，图 10.3 表明 62% 的母公司位于中国大陆（17% 在北京，11% 在浙江，11% 在深圳，11% 在湖南，6% 在上海，6% 在山东），21% 的母公司来自香港，剩下的 17% 来自台湾。就中国而言，考虑到中国国际化和经济增长的历史格局，这样的地理位置分布不足为奇。正如前文所说，在“开放”政策引导下，中国先是在沿海地区设立了几个经济特区，然后不断向内陆渗透，经济得到了快速的发展，经济结构也得到了转变。所以，现在的中国拥有一个明显的二元结构，沿海东部地区相当富裕，相当现代化，而广大的西部地区则相对贫穷，并亟待发展。毫无疑问，外国直接投资的地理格局显示出了向发达地区集中的趋势。

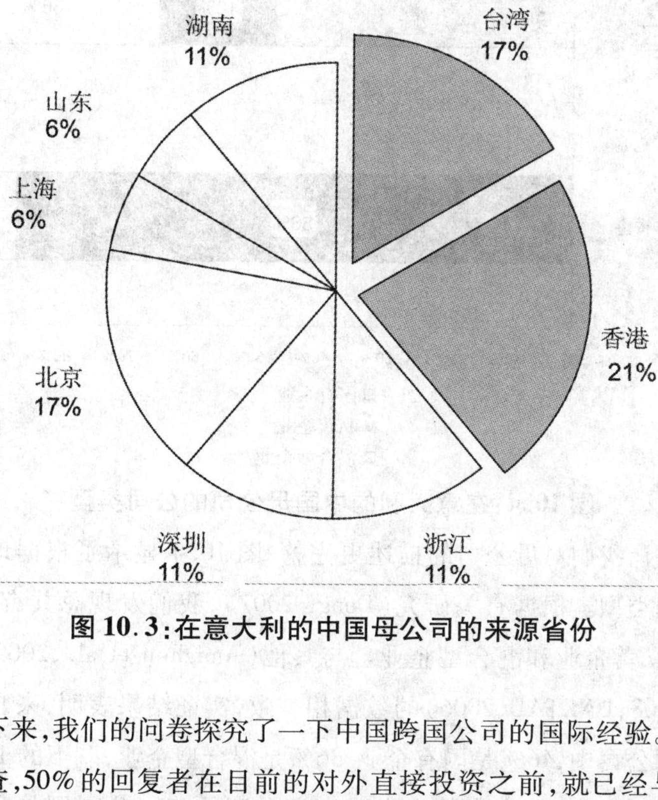

图 10.3：在意大利的中国母公司的来源省份

接下来，我们的问卷探究了一下中国跨国公司的国际经验。根据我们的调查，50% 的回复者在目前的对外直接投资之前，就已经与意大利的企业有过联系。而且，如果我们将视角放宽，扩大到整个欧洲，而不单单是意大利,就会发现,三分之二的中国跨国公司都在过去有过各种各样的国际业务,从进出口(33%)到对外投资(17%),从设立代表处(17%)到签订许可协议(8%)。与巴克利等人(2008)的研究结果相似,这些数据表明,从总体上说,中国的跨国公司在目前的国际化操作之前就已经积累了很多国外运作的经验。而且,中国大陆和香港、台湾的跨国公司之间并没有什么显著的差别。

就人力资本而言,我们发现,这些公司员工中拥有学位的平均比率是36%,公司在研发方面的投入通常不到总销售额的10%。

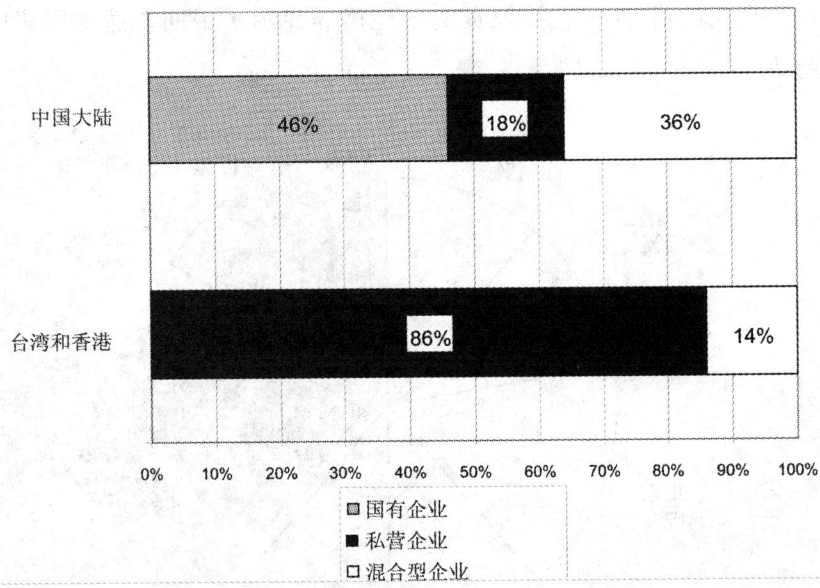

图10.4:在意大利的中国母公司的公司类型

为了让我们对母公司的描述更完整,图10.4显示了根据地域划分后的公司类型。根据有关研究(Deng, 2007),我们发现总共有三类:国有企业、私营企业和混合型企业。与其他(Amighini et al.,2009; Yeung & Lin,2008;UNCTAD,2006)的数据相一致,实证结果表明,来自中国大陆的跨国公司中,46%是国有企业,36%是混合型企业,剩下的18%是私营企业。与之相反,大多数来自香港和台湾的跨国公司则是私营企业

(86%),并且没有一家是国有的。

中国对意大利直接投资的特点

在简要描述了在意大利的中国跨国公司的情况后,我们开始对它们直接投资的特点进行刻画。

与我们在图 10.4 中总结的一样,我们注意到,公司的类型是分析推动因素和拉动因素时的重要信息。因为,如果其他条件给定,市场对企业的吸引力可能就取决于投资者的类型了。经过对相关文献的总结,图 10.5 中我们列示出了三种潜在的推动因素:政府支持、存在投资资本及国内市场过度饱和。实证分析表明,对于国有企业来说,政府的支持是关键的推动因素,对于私营和混合型企业来说,投资资本则显得更为重要。国内市场的饱和和停滞不前,则会促进私营企业和国有企业的国际化进程。如果我们将获得的数据按照来源的地理分布进行分解,我们就并不惊奇地发现,中国大陆的跨国公司尤其重视政府支持的作用,而香港、台湾的跨国公司则是因为资本可获得性和国内市场的停滞而转向全球市场。

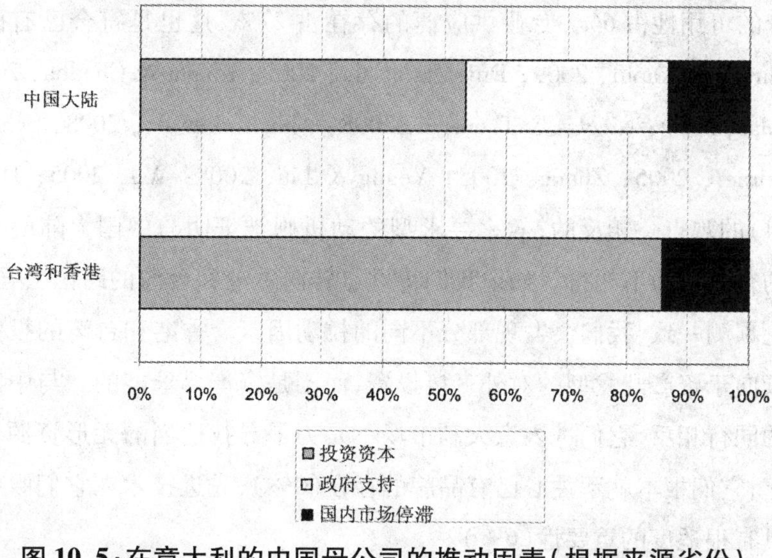

图 10.5:在意大利的中国母公司的推动因素(根据来源省份)

关于拉动因素也有过类似的分析研究。根据邓宁(1993)的理论,拉动因素通常被归为三类:市场寻求型、资源寻求型、效率寻求型。我们的问卷采用了一种类别更丰富的分类方法,将开拓意大利市场作为进入欧洲平台的战略可能性、当地已经存在的分销网络及潜在商机可以归为第一类市场寻求型;已有品牌的可用性、先进科技以及高技术人才和专业供应商的大量存在,可以归为第二类资源寻求型;而第三类效率寻求型在意大利往往是局限于规避贸易壁垒。

正如已有研究(Athreye & Kapur, 2009; Fortainer & Tulder, 2009; Nicolas, 2009; Amighini et al., 2008; UNCTAD, 2006; Schuller & Turner, 2005; Duysters et al., 2009; Zhang, 2005; Yeung & Liu, 2008; Wu, 2005; Deng, 2004)指出的,市场寻求型的外国直接投资在中国的跨国公司里是个很平常的现象。实际上,根据我们的研究数据,将开拓意大利市场作为进入欧洲平台的可能性(6%)和潜在的商机(13%)就排在最重要的拉动因素之列。资源寻求型的外国直接投资,尤其是以寻求战略资产的形式存在的,也很重要。资源寻求型动机中,先进技术占8%,已有品牌的可用性占6%,专业供应商的存在占27%,这也是符合已有研究(Athreye & Kapur, 2009; Duysters et al., 2009; Kumar & Chadha, 2009; Nicolas, 2009; Nicolas & Thomsen, 2008; Amighini et al., 2008; Schuller & Turner, 2005; Zhang, 2005; Yeung & Liu, 2008; Wu, 2005; Deng, 2004)的观点。相反的,效率寻求型的动机则被证明与中国大陆的母公司的企业行为不相符。如果我们将重点转向香港和台湾的跨国公司,与理论预测一致,我们会发现部分不同的拉动因素。香港和台湾的投资者更倾向于资产开发型的对外直接投资,而不是资产寻求型的。与中国大陆的同行相反,它们进入意大利市场不是为了寻找适当的无形资源。实际上,它们根本就不关心已有品牌的存在(0%),先进技术在它们眼中也只具有很适度的重要性(6%)。

尽管我们样本中的母公司的规模都很大,但是值得注意的是,它们在意大利的平均投资却是相当少。在问卷调查的回复者中只有50%的公司花费了超过500万欧元来建立当地的分支机构,其余有40%在意大利的花费甚至不超过100万欧元。

就进入模式选择而言,图10.6中,我们根据来源地区的不同将它们的进入方式划分为兼并收购、合资经营和"绿地"投资三类。

证据表明,兼并收购(91%)是香港和台湾的跨国公司进入意大利的最主要方式,其次是"绿地"投资(9%)。就中国大陆的跨国公司而言,合资经营(47%)则是它们最主要的进入策略,其次是"绿地"投资(41%),最后是兼并收购(12%)。在这种方式中,我们要注意的是,所有权方面的安排是与公司类型高度相关的。合资经营这种方式只会被国有企业选择,而私营企业和混合型企业在向海外扩张时则倾向于选择兼并收购的方式。所以,当我们发现国有企业会优先考虑合资经营方式,而香港和台湾的企业完全忽视该方式,但在对待兼并收购的方式上双方的态度刚好相反时,我们就不会感到惊讶。

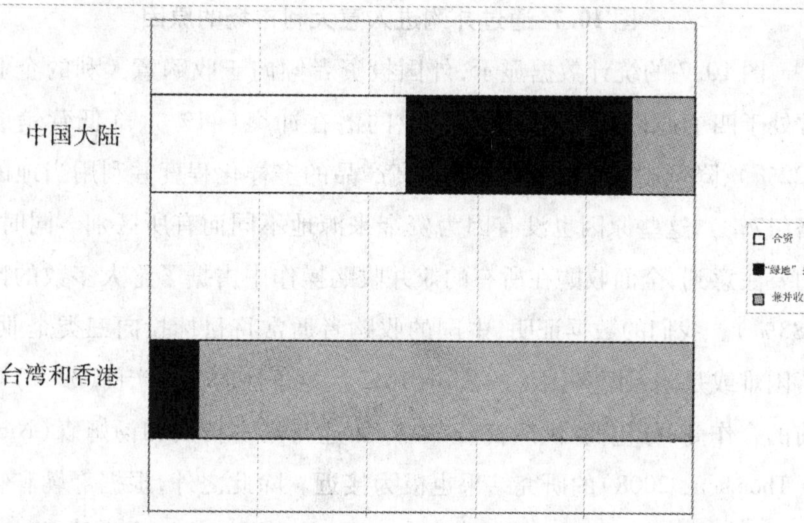

图10.6:在意大利的中国母公司进入模式选择(根据来源省份)

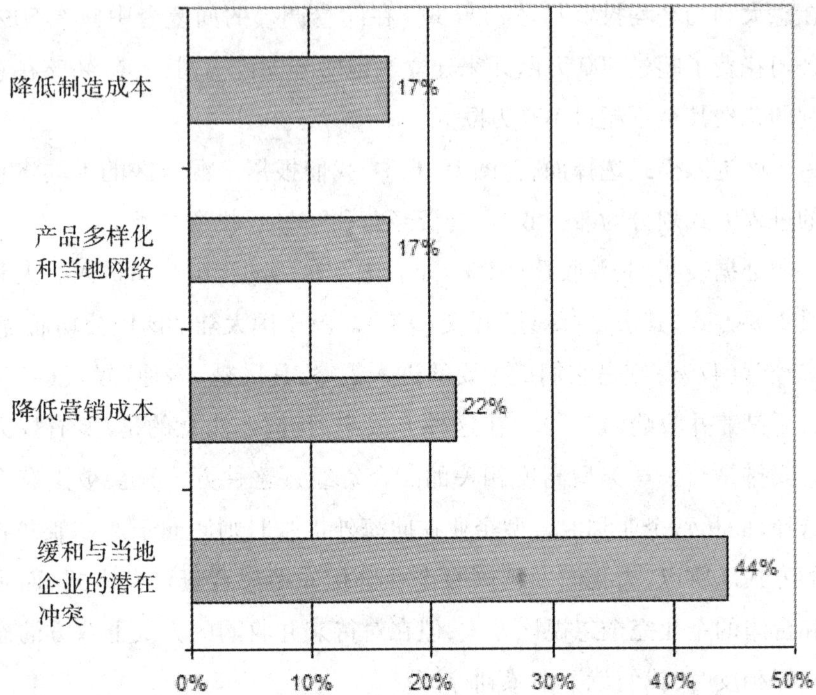

图 10.7:通过并购进入意大利市场的原因

图 10.7 的统计数据显示,外国投资者倾向于收购意大利的企业通常处于四个原因:缓和与当地企业的潜在冲突(44%)、降低营销成本(22%)、降低制造成本(17%)、提高产品的多样化程度并利用当地的网络(17%),这些原因也没有因为资金来源地不同而有所区别。同时,我们要注意到,全面收购在所有的兼并收购操作中占据了绝大多数的比重(83%)。我们的数据证明,中国的收购者通常将目标投向三类企业:经营困难或是陷入财务困境的公司(16%)、竞争性的小生产商(37%)和以前的合作商/分包商/供应商(32%),而这与尼古拉斯和汤姆森(Nicolas & Thomsen, 2008)的研究结果也极为接近。除此之外,根据舒勒和特纳(Schuller & Turner,2005)的研究,还有相当比例的兼并收购是通过在当地拥有广泛分销网络的意大利企业进行的。实际上,中国的跨国公司往往拥有较强的经济实力,但是缺乏技术专长和商业信誉,同时,许多欧洲

企业虽然拥有先进的技术和商业口碑,却经历着严重的财务困难。所以,当这两者选择合并时,完美的组合就产生了。

就合资经营而言,图 10.8 中我们总结了中国的跨国公司寻求意大利合作伙伴的主要原因。与柴尔德和罗德里格斯(Child & Rodrigues,2005)的研究结果一致,合资经营为中国的跨国公司提供了许多机遇,包括获得当地的支持(40%)、树立企业的商业信誉(20%)、学习先进的生产技术和诀窍(30%)、降低风险和分担成本(10%)。如果我们对每一个合作伙伴的贡献进行具体分析,就会发现,意大利公司通常提供技术,中国企业则负责提供运行资金。

在这种方式中,值得我们讨论的还有选取当地同行企业的各种标准,从战略动机(38%)到组织结构方面的考虑(33%),从地理位置(17%)到偶然原因(6%)。这意味着中国的投资者关注最多的是他们合作伙伴的资历、人力资本状况和经营网络。当然,作为成功合作计划的必要条件的区位因素,也在投资者们考虑的范围内。

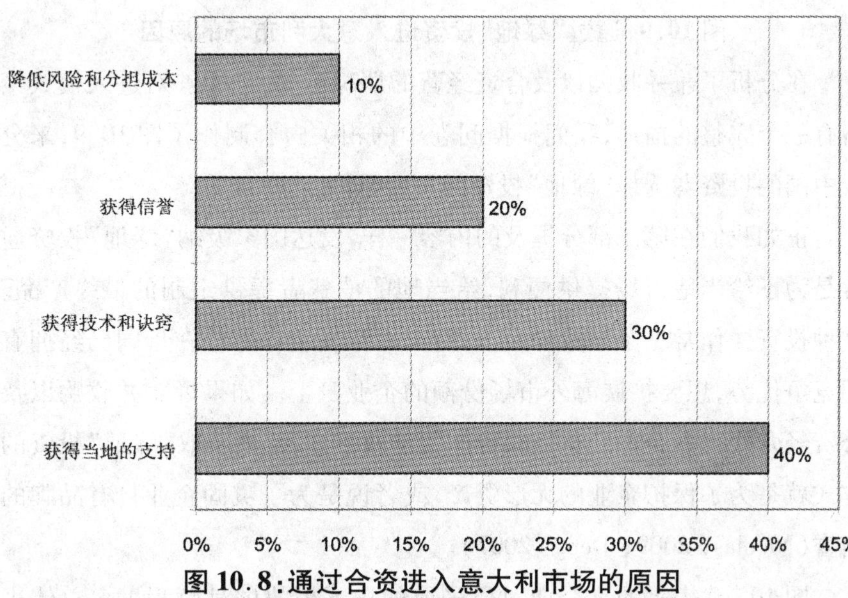

图 10.8:通过合资进入意大利市场的原因

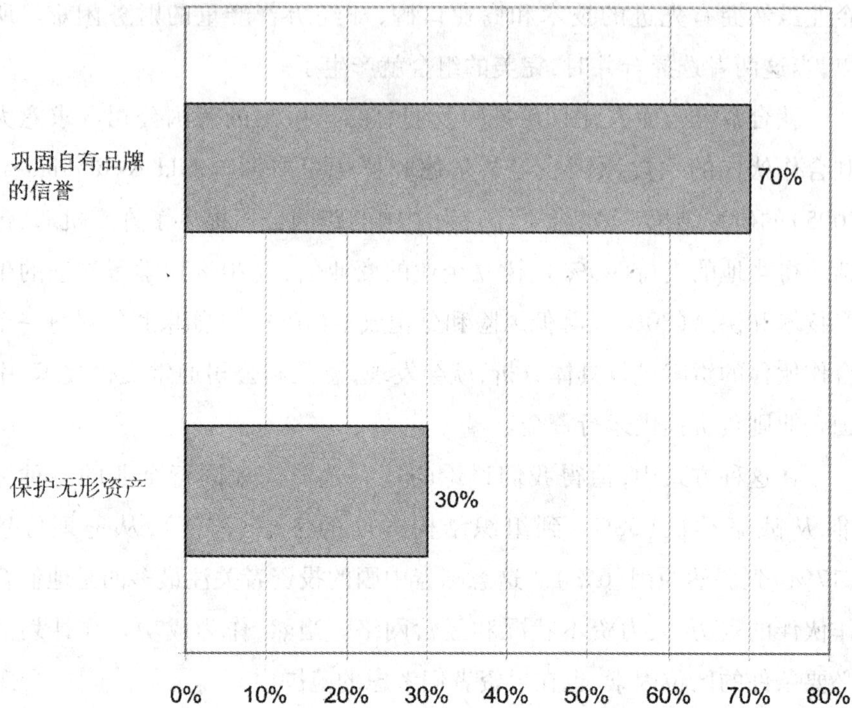

图 10.9:通过"绿地"投资进入意大利市场的原因

在分析了兼并收购以及合资经营的情况后,为了能够对进入模式策略有一个完整的描述,我们根据问卷中的相关内容制作了图 10.9,来分析中国的投资者选择"绿地"投资的主要原因。

正如我们在第二部分提及的内容一样,发达国家吸纳"绿地"投资通常是为了给当地市场提供便利,给当地的消费者提供定制的最终产品。这种投资操作常见于运输和通讯行业,也常发生在那些在母国已经拥有了竞争优势,想要扩展海外市场份额的企业身上。如果说兼并收购以及合资经营代表着企业获得战略资产的特权方式,那么采取"绿地"投资的方式就是为了保护企业的无形资产,或者说是为了巩固企业自有品牌的信誉(Nicolas, 2009; Deng, 2007)。

图 10.10 表示的是企业对所采取的进入模式的满意程度。总体来看,企业对在意大利的公司运作满意度极高。大多数问卷调查回复者都

很满意他们的进入模式,仅有少数企业表示想要转换投资方式或是从意大利撤资。

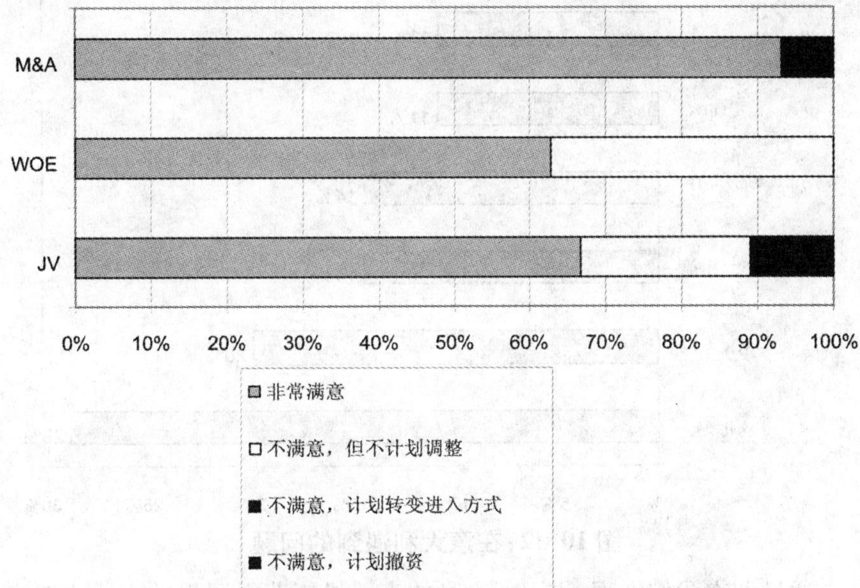

图 10.10:在意大利运营的满意度(根据进入模式)

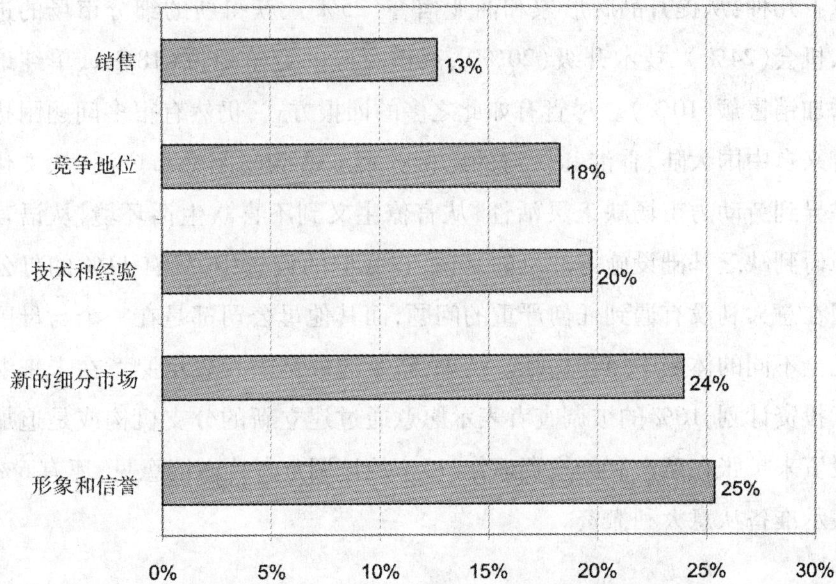

图 10.11:在意大利运营的主要收益

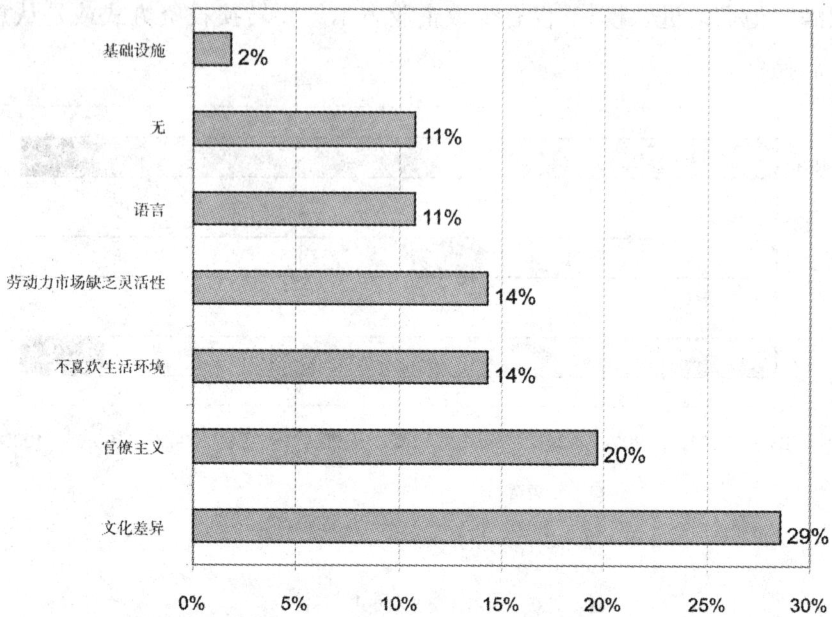

图 10.12:在意大利遇到的问题

通过调查我们发现,进入意大利的直接投资获得回报的方式主要有以下几种:从提升品牌形象和商业信誉(25%)、获得新的细分市场的进入机会(24%)、技术升级(20%)、获得更好的竞争地位(18%)、单纯地增加销售额(10%)。尽管有如此之多的回报方式,仍然有很多问题困扰着来自中国大陆、香港和台湾的跨国公司。这些问题分布广泛,从文化差异到劳动力市场缺乏灵活性,从官僚主义到不喜欢生活环境,从语言障碍到缺乏基础设施等。总的来说,在我们的调查中,只有 11% 的母公司在意大利没有遇到任何严重的问题,而其他母公司都是在一个与母国完全不同的体制中痛苦挣扎。结果,55% 的被调查者表示愿意在未来继续投资计划,16% 的被调查者表示愿意通过建立新的分支机构或是追加投资来扩张在意大利的投资运作,19% 的被调查者持谨慎意见,还有 6% 表示准备从意大利撤资。

总　结

过去三十年里,流入中国的外国直接投资总额近期已经被中国的对外直接投资总额赶超,这让全球其他国家既艳羡又焦虑。正如有研究指出的,不管是从强度还是广度上来说,中国对全球市场的参与度都是前所未有的(Zhang,2005)。尽管到目前为止中国对欧洲市场和意大利的兴趣平平,并且运作公司的数量也相当有限(Nicolas, 2009),然而“中国龙”的崛起却是快速而具有活力的,以至于值得引起所有市场参与者、政策制定者和学者的关注。

以前大多数关于中国对外直接投资的研究都是定性研究,而本文从微观层面上为大家提供了在意大利的中国跨国公司的原始数据。我们的数据全部来自一份作者自己设计并发放给所有在意大利投资的中国母公司的多选题问卷。问卷的回复率达到了86%,我们对有反馈信息的18 家位于中国大陆、香港和台湾的母公司及其在意大利的28 家子公司的情况进行了细致研究。关于母公司情况和投资的战略动机的实证结果,与我们总结的理论文献的观点是一致的。

根据我们的调查,来自中国大陆的投资者都是一些规模相当大的企业,它们的国有化程度很高。其中,来自北京、浙江、深圳和湖南的企业较多,大多数的企业从事于运输、电子产品、通讯和家电制造等行业。也有证据表明,中国大陆的跨国企业在意大利投资是受市场寻求动机、资源寻求动机这类拉动因素和政府支持、资本可获得性一类的推动因素的共同作用。相反,来自香港和台湾的跨国公司则主要是为了应对市场刺激才投资海外,它们没有享受到任何的政府支持。对于在意大利投资的满意度,大多数企业的满意度较高。它们对外直接投资的回报来源广泛,从进入新的细分市场到提高企业形象和商业信誉,从增加销售额、提高竞争地位到技术升级,都是它们获得回报的方法。对于投资的进入模式,香港和台湾的公司对于兼并收购有很强的偏好,而中国大陆的企业则主要采用合资经营和“绿地”投资的方式。

我们相信,与已有的文献相比,我们的研究能够提供一些新颖的观点。首先,我们的研究采用了定量方法而不是定性方法来分析中国的跨国公司,这与前文所提及的绝大多数文献是不同的。第二,在运用实证研究方法的一小部分文章中,我们的研究从微观企业的角度而不是宏观的角度,来发掘汇总数字背后的信息。第三,在从微观企业角度进行研究的文章中,我们的研究又依赖于企业最原始的调查数据,而不是依赖行业、企业的历史案例分析。这样,我们的研究就为大家提供了一个具有更广泛、更详实背景资料的实证分析。第四,尽管也有研究(Cui et al., 2008; Buckley et al., 2008; Zhang, 2005)曾经采用多选题问卷的方式来收集和完善企业层面上的信息,但是我们的问卷无论是从样本的代表性、问题的数量,还是话题的覆盖面,都为读者提供了一个更丰富的理论架构。最后但并非最不重要的一点就是,通过对来自中国大陆、香港和台湾的不同跨国公司的数据的收集,本文对近期关于传统的三优势组合理论和投资发展同期理论能否适用于新兴国家对外直接投资的争论作出了一定的贡献。尤其值得一提的是,我们发现发展中国家的跨国公司(以中国为例)和发达地区的跨国公司(以中国香港和台湾地区为例)在很多方面是不同的,比如两者的所有权结构、进入国外市场的方式选择,再比如影响两者的推动因素和拉动因素。所以说,想要用传统的理论解释近期的资本流动,即使不用提出新的理论来替代传统理论,对传统理论做出一定的修改还是很有必要的。

总结起来,需要说明的是,我们的研究也存在一些局限的地方,在评价我们的实证结果时,这些局限都是需要考虑的方面。比如,虽然我们的问卷回复率很高,达到了86%,但是较小的样本数量却让我们无从进行适当的计量经济工作,这也是我们在前文中只提供了一些汇总统计数据和图表作为结果的原因。另外,尽管我们研究的主要结果与现有的文献是相一致的，但是随着对投资接受国选择的改变，我们研究的结果可能也会发生偏离。换句话说，由于我们的研究是以意大利为核心，而没有考虑其他或者更多的国家，使得我们很难得到一般性的归纳结果。我们从现有的研究中能归纳出的唯一信息就是，中国对意大利的直接投资现象支持了以前关于此类话题的定性研究的结果。

为了解决数据方面的局限问题，也为了能够更好地利用统计展示的结果，我们认为有必要收集更多、更深层次的微观层面的数据，以便更好地描绘新兴国家对外投资的情况。比如，如果我们将研究的投资接受国数量扩大，我们就有可能在原来的基础上做一个跨国家的比较分析。再比如，如果我们将其他新兴国家也纳入考虑的范围，可能会更有利于我们对中国投资者的描述，也会让我们对他们关于国际化的态度的刻画。

在我们看来，这两种分析对象的扩展都是值得进行的，因为无论从学术的角度还是政策的角度来看，这样的扩展都将是极富挑战性的尝试。一方面，更加先进的统计数据分析方法将被采用，理论模型也将得到更严格的检验；另一方面，因为中国经济已经腾飞，我们对这一现象有一个清晰的理解也就很有必要。了解中国企业如何调整自己融入全球，如何从全球市场中吸取各方面经验，将不仅仅影响到中国的未来，也必将影响到中国与世界上其他国家之间的关系。（周泽 译）

参考文献：

Amighini, A., R. Rabellotti and M. Sanfilippo, 2009, 'The Rise of Multinationals from Emerging Countries. A Review of the Literature, Emerging Economic Regional Powers and Local Systems of Production: New Threats or New Opportunities?', Working Paper Series, 4/09.

Athreye, S. and S. Kapur, 2009, 'Introduction: The Internationalization of Chinese and Indian Firms — Trends, Motivations and Strategy', *Industrial and Corporate Change*, 18(2), 209—221.

Berger, B. and A. Berkofsky, 2008, 'Chinese Outward Investments: Agencies, Motives and Decision-Making', CASCC Briefing Paper, 172.

Boisot, M. ,2004, 'Notes on the Internationalization of Chinese Firms', Mimeo, Open University of Catalonia, Barcelona, Spain.

Buckley, P. J. , A. R. Cross and H. Voss ,2008a, 'Chinese Direct Investment in the United Kingdom: An Assessment of Motivations and Competitiveness', paper presented at the conference Corporate Strategies in the New Asia, 1—2 February, University of Bremen.

Buckley, P. J. , A. R. Cross and H. Voss ,2008b, 'Thirty Years of Chinese Outward Foreign Direct Investment', paper presented at the CEA (UK) Conference China's Three Decades of Economic Reform (1978—2008), 1—2 April, University of Cambridge, UK.

Buckley, P. J. , L. J. Clegg, A. R. Cross, X. Liu, H. Voss and P. Zheng ,2007, 'The Determinants of Chinese Outward Foreign Direct Investment', *Journal of International Business Studies* , 38(4), 499—518.

Cai, K. G. ,1999, 'Outward Foreign Direct Investment: A Novel Dimension of China's Integration into the Regional and Global Economy', *China Quarterly* , 160, 856—880.

Child, J. and B. Rodrigues ,2005, 'The Internationalization of Chinese Firms: A Case for Theoretical Extension?', *Management and Organization Review* , 1(3), 381—410.

Cui, L. , F. Jiang and B. W. Stening ,2008, 'Determinants of FDI Entry Mode Decisions of Chinese MNCs', paper presented at the AIBAIB Annual Meeting, 30 June—3 July, Milan, Italy.

Deng, P. ,2004, 'Outward Investment by Chinese MNCs: Motivations and Implications', *Business Horizons* , 47 (3), 8—16.

Deng, P. , 2007, 'Investing for Strategic Resources and its Rationale: The Case of Outward FDI from Chinese Companies', *Business Horizons* , 50, 71—81.

Dunning, J. H. ,1981, 'Explaining the International Direct Investment Position of Countries: Towards a Dynamic or Developmental Approach', *Weltwirtschaftliches Archiv* ,

117(1), 30—64.

Dunning, J. H., 1993, *Multinational Enterprises and the Global Economy*. Addison Wesley: Mass.

Duysters, G., J. Jacob, C. Lemmens and Y. Jintian, 2009, 'Internationalization and Technological Catching Up of Emerging Multinationals: a Comparative Case Study of China's Haier Group', *Industrial and Corporate Change*, 18(2), 325—349.

Filippov, S. and T. Saebi, 2008, 'Europeanisation Strategy of Chinese Companies: Its Perils and Promises', UNU-MERIT Working Paper Series, 55.

Fortainer, F. and R. van Tulder, 2009, 'Internationalization Trajectories — a Cross-Country Comparison: Are Large Chinese and Indian Companies Different?', *Industrial and Corporate Change*, 18(2), 223—247.

Gao, L., 2008. 'Determinants of China's Outward Foreign Direct Investment', paper presented at the CEA (UK) Conference China's Three Decades of Economic Reform (1978—2008), 1—2 April, University of Cambridge, UK.

Gattai V., 2009, 'EU-China Foreign Direct Investment: A Double-Sided Perspective', in Wiessala G. (Ed.) *The European Union and China – Issues, Identities and Interests*, Rodopi: Amsterdam, 241—258.

Haase, E., M. Miglans and J. Nabradi, 2008, 'Chinese Outbound FDI: Current and Future Role Based on the Example of Hungary, Latvia and Poland', CEMS, mimeo.

Kumar, N. and A. Chadha, 2009, 'India's Outward Foreign Direct Investments in Steel Industry in a Chinese Comparative Perspective', *Industrial and Corporate Change*, 18(2), 249—267.

Li, P. P., 2007, 'Toward an Integrated Theory of Multinational Evolution: The Evidence of Chinese Multinational Enterprises as Latecomers', *Journal of International Management*, 13, 296—318.

Liu, C. Z., 2007, 'Lenovo: an Example of Globalization of Chinese Enterprises', *Journal of International Business Studies*, 38, 573—577.

Luo Y. and R. L. Tung, 2007, 'International Expansion of Emerging Market Enterprises: a Springboard Perspective', *Journal of International Business Studies*, 38(4),

481—498.

Matthews, J. A., 2006, 'Dragon Multinationals: New Players in the 21st Century Globalization', *Asia Pacific Journal of Management*, 23, 5—27.

MOFCOM, 2008, *Statistical Bulletin of China's Outward Foreign Direct Investment* at www. mofcom. gov. cn

Nicolas, F., 2009, 'Facts and Fallacies about Chinese Direct Investment in Europe', Chatham Hourse Briefing Paper, June.

Nicolas, F. and S. Thomsen, 2008, 'The Rise of Chinese Firms in Europe: Motives, Strategies and Implications', paper presented at a Research Workshop on Chinese Investment in Europe, Chatham House, London, 17 September.

Niosi, J. and F. T. Tschang, 2009, 'The Strategies of Chinese and Indian Software Multinationals: Implications for Internationalization Theory', *Industrial and Corporate Change*, 18(2), 269—294.

Nolan, P., 2001, *China and the Global Economy*. Palgrave Macmillan: London.

OECD, 2006, *Emerging Multinationals: Who are They? What do They do? What is at Stake?*, OECD: Paris.

OECD, 2008, *OECD Investment Policy Review: China 2008*, OECD: Paris.

Poncet, S., 2007, 'Inward and Outward FDI in China', in Greenaway D., Milner C. and S. Yao (eds) *China and the World Economy: Consequences and Challenges*, *Palgrave: Londres, UK.*

Rabellotti, R. and M. Sanfilippo, 2008, 'Chinese FDI in Italy', paper presented at a Research Workshop on Chinese Investment in Europe, Chatham House, London, 17 September.

Schuller, M. and A. Turner, 2005, 'Global Ambitions: Chinese Companies Spread their Wings', *China Aktuell-Journal of Current Chinese Affairs*, 4, 3—14.

Spigarelli, M., 2009, 'Le multinazionali dei paesi emergenti: gli investimenti cinesi in Italia', *Economia e Politica Industriale*, 2, 131—159.

Tseng, C. S., 1994, 'The Process of Internationalization of PRC Multinationals' in Schultte, H. (Ed.) *The Global Competitiveness of the Asian Firm*. Macmillan: Basingstoke, UK.

Warner, M., H. N. Sek and X. Xiaojun, 2004, 'Late Development Experience and the Evolution of Transnational Firms in the People's Republic of China', *Asia Pacific Business Review*, 10, 324—345.

Wu, F., 2005, 'The Globalization of Corporate China', *The National Bureau of Asian Research*, 16(3), 1—29.

Yeung, H. W. and W. Liu, 2008, 'Globalizing China: The Rise of Mainland Chinese Firms in the Global Economy', *Eurasian Geography and Economics*, 49 (1), forthcoming.

Yiu, D. W., C. M. Lau and G. D. Bruton, 2007, 'International Venturing by Emerging Economy Firms: the Effects of Firm Capabilities, Home Country Networks, and Corporate Entrepreneurship', *Journal of International Business Studies*, 38 (4), 519—540.

Zhang, K., 2005, 'The Why, Where and How of Chinese Companies Outward Investment Intentions', *Asia Pacific Foundation of Canada*, 5, 1—36.

Zhang, Y., 2005, *China Goes Global*. The Foreign Policy Centre: London.

第三篇　中国的增长潜力

第十一章　中国的增长潜力

郑京海　胡鞍钢　阿恩·比格斯滕

新兴市场的快速发展正在改变着世界经济的格局，并可能对国际关系产生深远的影响。中国被视为最具影响力的新兴经济体。预测显示，在二十到三十年内，中国经济的绝对规模也许会超过美国。虽然自改革之后中国的增长表现就被当作经济奇迹（Lin et al.，1996），但在最近几年，在测算的全要素生产率（TFP）增长变缓的背景下，人们还是担心其增长模式能否持续。

最近几年，经济学家们更多地将中国的增长归类为“粗放式”增长。粗放式增长不可持续，因为其是通过提高投入要素的数量而不是生产率来产生增长的。在以前的一篇文章中（Zheng、Bigsten & Hu, 2009）我们集中研究了中国的资本深化和全要素生产率的增长，以及私人和政府部门的积极性。在本文中，我们将中国的增长与考虑一些主要因素后的可行增长情况相比较，这些因素在快速增长的经济体中常被用以产生经济增长。为了能进一步看清中国近年来的增长类型，我们也将官方数据与估计的“潜在”产出增长相比较。

其次，我们将预测中国经济的未来潜力和中国对世界经济的影响。我们尤其要将中国的潜在增长与美国、欧盟相比较。我们注意到，结构特征、资本存量的快速积累以及劳动力质量的提高,是中国外在经济增长的主要因素。中国的全要素生产率增长率很可能高于欧美,因为它可以从全世界知识存量中获益。这些知识可以很容易地在支付可负担的费用后得到并被用于提高生产可能性(Prescott,2002)。

诺奖得主普雷斯科特(1998)曾问到为什么"增长奇迹"是近几年才出现的现象。我们猜测,这主要是由于生产结构和发展水平的差异。这样的例子包括东亚新兴工业化国家(NICs),在一定程度上还包括第二次世界大战后的日本与德国,以及处于第一次世界大战和第二次世界大战之间及冷战前期的苏联。由于快速的工业化发展,中国近年来很快跻身于高经济绩效的东亚国家之列。懂得经济奇迹的起因和条件,也许可以为发展中国家提供有益的经验。同样,懂得生产结构和发展水平的差异,也许可以解释为什么欧美在 20 世纪 70 年代早期生产率放缓,而在 90 年代中期美国开始增长,而欧洲却处于滞胀之中。

为了分析增长潜力,我们讨论了人口、乡村—城镇人口转移、老龄化这些惯常的假设。不仅如此,我们还讨论了预测的潜在产出如何影响中国政府关于增长计划的政策。由于环境监管和关注在国际上不断被重视,我们将在本文的最后一部分考虑环境因素的影响,特别是过去的经济增长在何种程度上反映了环境的"投入",而这种投入却并未在其他地方加以说明。

分析框架

在目前世界范围的信贷紧缩爆发前的很多年,经济文献中包含很多预测到可能发生经济危机的著作(Gordon,2005;Phelps,2004;Stiglitz,2002;Brenner,2000,2004)。戈登(Gordon, 2005)利用增长核算框架来研究美国的生产率复苏和衰退,这充分表明经济理论能够为宏观经济计划的经验分析提供有力的信息。

自从索洛发表了关于技术进步和总量生产函数的开创性著作以后，增长核算就被用于评估前苏联的经济表现（Ofer，1987），并在亚洲金融危机爆发前几年唤起了人们对于东亚“四虎”（中国香港、韩国、新加坡、中国台湾）经济可持续性的担忧（Young，1995；Kim & Lau，1994；Krugman，1994）。近期，它又被用来提醒中国的计划者们宏观经济的失衡（Zheng & Hu，2006）。

尽管这种核算以及与之相关的全要素生产率的概念经常被用来当做经济计划的工具，但是它们并未被很好地理解（Zheng，2008）。一些经济学家相信，将这一框架当做经验工具来使用缺乏理论基础，尽管它经常被用于经济预测。在很多情况下，人们都在相当机械地应用而没有得到正确的解释结果。一些批评者甚至认为，增长核算实际上毫无用处，或者毫不相关。然而，如果增长核算能被充分应用和理解，它将是提高分析众多国家和地区增长潜力的有用工具。文献中的一些例子表明，如果仔细选择生产参数，增长核算方法有足够的敏感度来发现生产率的重要变化。

增长核算将产出的增长分解为几个组成部分

$$\frac{\dot{Y}}{Y}=\frac{\dot{A}}{A}+\alpha\frac{\dot{K}}{K}+(1-\alpha)\frac{\dot{L}}{L} \tag{11.1}$$

上式中 Y 表示国内生产总值（GDP），$\dot{Y}$ 是国内生产总值随时间变动的变化量；K 是资本存量，$\dot{K}$ 是资本存量的变化量；L 表示劳动，$\dot{L}$ 是劳动投入的变化量；$\dot{A}/A$ 表示全要素生产率的增长率；α 是资本的产出弹性，且 $0<\alpha<1$，而 $1-\alpha$ 则是劳动的产出弹性。

如果知道等式（11.1）右边各组成部分的潜在增长率，以及各种投入要素产出弹性的估计值，我们也许可以通过等式（11.1）计算出潜在产出的增长率。很明显，增长潜力和产出弹性会随着国家的不同而各异，并反映出各国结构的差异。典型的增长核算结构如下所示：对于中国

(Chow & Li,2002;Chow,2008),

$$\frac{\dot{Y}}{Y}=\frac{\dot{A}}{A}+0.6\frac{\dot{K}}{K}+0.4\frac{\dot{L}}{L} \tag{11.2}$$

对于美国(国会预算办公室[CBO],2001),

$$\frac{\dot{Y}}{Y}=\frac{\dot{A}}{A}+0.3\frac{\dot{K}}{K}+0.7\frac{\dot{L}}{L} \tag{11.3}$$

对于欧盟(Mossu & Westermann,2005)

$$\frac{\dot{Y}}{Y}=\frac{\dot{A}}{A}+0.4\frac{\dot{K}}{K}+0.6\frac{\dot{L}}{L} \tag{11.4}$$

中国资本的产出弹性是0.6,而美国的是0.3。这一数据的较大差异对两国经济增长潜力产生重要的不同影响。例如,资本存量10%的增长率,会使中国经济每年增长至少6%,而在其他条件相同的情况下,仅会使美国增长3%。增长差异也与实物资本投资和全要素生产率的增长率有关。对于像中国这样的发展中经济体,投资机会充裕,因为同欧美和其他工业化国家相比,中国的发展水平相对较低。由于同样的原因,中国更易吸收并从既有的世界范围内的技术中获益,而发达经济体,特别是美国,不得不依靠新的知识与创新来改变它的生产边界。

稳态和可持续增长率

增长核算框架为研究潜在产出增长率提供了一个简洁的公式。我们将"潜在产出"定义为,在一段时期的利率下可持续的最高水平的实际国内生产总值。因此,与潜在产出有关的增长率可以被表述为"可持续增长率"。根据所考虑的时间的不同,我们将可持续增长率划分为三种。

可持续增长率的第一种概念是指这样一种环境,在这种环境下,产出增长率的某些测量方法持续保持不变。文献提供了两种在此种情况下的测算方法,这两种方法尽管互不相同,但有关联。不同的研究出于不同的目的来使用这两种方法。可持续增长可以被定义为,在无限的时间水平轴上能够产生可持续的人均收入增长的模式。通常情况下,人均收入被视作生活标准的度量。根据罗默(Romer, 2006)的研究,标准索洛增长模型表述为如下形式:

$$Y = F[K,L,A(\mathrm{t})],A(\mathrm{t}) \geqslant 0,A(\mathrm{t}) = \mathrm{e}^{xt},\ L(\mathrm{t}) = \mathrm{e}^{nt} \tag{11.5}$$

上式中,Y 是总产出,$F[\cdot]$是生产函数,K 是资本投入量,L 是劳动投入量,$A(\mathrm{t})$代表技术水平,并以 x 的指数速率增长,而劳动 n 的指数速率增长。资本存量的变化量由下式给出:

$$\dot{K} = I - \delta K = s \cdot F[K,L,A(t)] - \delta K \tag{11.6}$$

该式中 I 表示投资,δ 表示实际折旧率,s 表示储蓄率。对于 $I = sY = s \cdot F[K,L,A(t)]$,我们有 $\dot{K} = s \cdot F[K,L,A(t)] - \delta \cdot K$　(11.7)

对式(11.7)两端同除以劳动投入量 L,得到

$$\frac{1}{L}\frac{dK}{dt} = s \cdot F[\frac{K}{L},\ A(t)] - \delta \frac{K}{L} \tag{11.8}$$

因为 $k = K/L$,k 的增长率可以被写为

$$\dot{k} = \frac{d(K/L)}{dt} = \frac{1}{L}\frac{dK}{dt} - \frac{K}{L^2}\frac{dL}{dt} = \frac{1}{L}\frac{dK}{dt} - \frac{K}{L}n \tag{11.9}$$

上式中 $n = \triangle L/L$,重新整理式(11.9):

$$\frac{1}{L}\frac{dK}{dt} = \dot{k} + nk = s \cdot F[k,\ A(t)] - \delta k \tag{11.10}$$

将式(11.8)与式(11.10)合并可得:

$$\dot{k} = s \cdot F[k,A(t)] - (n + \delta)k \tag{11.11}$$

然后对该式两边同除以 k 就得到 k 的增长率

$$\gamma_k = s \cdot F[1,A(t)/k] - (n + \delta) \tag{11.12}$$

在稳态时,γ_k^* 是常数,这就要求 s,n 和 δ 也为常数。这样,资本的平均产量 $F[k,A(t)]$在稳态时是常量。由于规模报酬不变,因此 $F[1,A(t)]$是常量,而这只有在 K 与按照相同的速率增长的情况下成立。因此,有 $\gamma_k^* = x$,人均产出为

$$y = F[k, A(t)] = k \cdot F[1, A(t)/k] \tag{11.13}$$

稳态时的增长率为 y = x，这意味着从长期来看，人均产出会按照技术进步的速率 x 来增长。模型的这一特征也许解释了为什么发展中国家比发达国家增长得更快，正如东亚新兴工业化国家的增长奇迹所显示的，原因在于，发展中国家吸收新技术的潜力要高于发达国家。注意，这一结论成立的条件是模型的参数——包括储蓄率和资本形成率——保持不变。

索洛增长模型的另一重要启示是，像中国这样的不发达经济体，其人均收入的增长率要高于欧美这样的较发达经济体，因为在发展中国家有更多的投资机会。当上述分析不以经济的其他特点为条件时，这一特征就被称作“绝对收敛”；如果分析只在有相同稳态位置的经济体中成立，这一特征被称作“条件收敛”。世界银行（2006，p. 69）将这一现象称为“后发优势”。

然后，将模型的这一性质用于现实世界时需要注意，该性质仅说明，如果其他因素如需求情况、经济有效性和政治稳定等条件给定时，经济的供给方面会得到什么。

粗放式与集约式增长

可持续增长也可以被解释为仅仅是国内生产总值的增长，而这在人们关注经济的绝对规模时显得特别有趣。在经济与政治的国际影响力方面，总体经济规模发挥着作用。可持续增长在此种背景下意味着，投资速率无须上升以保持按给定的国内生产总值速率增长。这种可持续增长被视为集约式增长。这种可持续增长的临界情形是，资本存量的增长率与国内生产总值的增长率相等。

粗放式增长指依靠增加投入要素的数量来提高增长的增长战略（Irmen，2005）。资本积累和劳动力增长能提高总产量增长率，但由于收益递减，这些增长并未对人均收入的持续增长产生影响。与之相比，集约式增长关注于全要素生产率。在模型中，劳动增长率和全要素生产率增长率是外生的，资本是唯一的内生增长投入要素。粗放式增长模型的一个重要特征是，资本增长的速度要快于国内生产总值的增速。这是因为一方面资本的增速较高，另一方面产量提升的程度较低。因此，在不变价格水平下，为了维持资本的一定增长率，国内生产总值中投资的份额必须要持续增长（Ofer，1987）。特别是在扣除物价因素后，I（投资）、Y（国内生产总值）之间的关系可以表述如下：

$$I(K)=(I/Y)(Y/K) \tag{11.14}$$

注意，增长核算方程由 $\dot{Y}/Y=\dot{A}/A+\alpha\dot{K}/K+\beta\dot{L}/L$ 给出，其中 $\dot{Y}/Y$ 表示增长率，L 为劳动，A 为技术水平。在劳动投入增长率与技术进步率给定的条件下，Y 的可持续增长要求 K 也要可持续增长。在集约式增长下，$\dot{K}/K<\dot{Y}/Y$，所以 Y/K 的值随时间而上升。对于 $I/K=\dot{K}/K$，为保持其为常数，I/Y 必须要下降，也就是说 $\dot{I}/I<\dot{Y}/Y$。换言之，总资本的形成率无须为了维持既定的产出增长率而提高。

在粗放式增长中，$\dot{K}/K>\dot{Y}/Y$，所以 Y/K 会下降。不变的 I/K 意味着 I/Y 将上升，而这在长期是不可持续的。不仅如此，在当前的价格下，投资在国内生产总值中所占的比重可以表述为 $I_c/K_c=IP_I/YP_y$。其中，C 代表“当前价格”，P 表示“价格水平”。I 的相对价格的变化（例如，由于技术更快的变化）也许会降低 I/Y 实际值的增长。当处于集约式增长模式时，即使没有技术进步，国内生产总值也可以持续增长，因为此时研究的兴趣重点不在于人均收入。

国家经济与政治的影响会随着国内生产总值规模的增大而上升。如果初始资本存量的增长率很低，经济将会持续增长一段时间，即使资本的增长实际上超过了国内生产总值的增长。这样的例子包括 20 世纪 50 年代和 60 年代的苏联经济，以及同时期的日本经济，还有后来 20 世纪 60 年代到 80 年代东亚新兴工业化国家。这些经济体都经历了在相对较短的时间内快速的经济增长。如果资本的增长率太高,粗放式增长即使是在中期或长期也可能不可持续。在一些典型案例中,如果不允许借贷的话,可持续增长要求储蓄率(也就是资本形成率)仅在一个可行的范围内(如介于0到50%之间)变动。与人均收入的长期可持续增长相比,这种增长只能持续有限的一段时间,因为它依赖于转型动力,而不是稳态增长能力。

投入要素约束下的可持续增长

可持续/潜在增长的第三个概念与投入要素,特别是劳动力的可持续增长有关。在其他条件不变时,劳动力的变化对于可持续增长很关键。众多国家的经济史表明,人口对于快速的经济增长很重要。在很多发达国家,之所以无法维持较快增长率是因为劳动力匮乏。人口数量大的国家,如果这些人口不是年纪太小就是年纪太大而无法工作的话,这个国家的增长率就会低于有较多适龄工作人口的国家。

根据穆索和韦斯特曼(Musso & Westermann, 2005)的研究,我们将劳动投入分解为它的组成部分。因为我们没有工作时间的数据作为对劳动的度量,所以我们将使用就业量来替代。t 时期的就业量 E 被定义为劳动力总量 N 与总失业量 U 之间的差额,并可以表示为失业率 ur 的函数。劳动力总量是劳动参与率 pr 与适龄工作人口 P^{WA} 的产物。适龄工作人口是人口总量 P 和依存率 dr 的函数,而依存率被定义为,总人口中低于15岁或高于64岁的人口数与适龄工作人口的比率。这些变量间的关系被总结如下:

$$E_t \equiv N_t - U_t = N_t \cdot (1 - \mathrm{ur}_t)$$

$$N_t \equiv pr_t \cdot p_t^{WA} \tag{11.15}$$

$$p_t^{WA} \equiv P_t \frac{1}{1 + dr_t}$$

中国的潜在国内生产总值增长可表示为

$$g_Y = g_A + (1-\alpha)(i-d) + \alpha\left(g_h - \frac{ur}{1-ur}g_{ur} + g_{pr} - \frac{dr}{1+dr}g_{dr} + g_p\right) \tag{11.16}$$

上式包含以下变量：g_Y 表示潜在产出 Y 的增长率；g_A 表示总要素生产率 A 的增长率；α 表示劳动力在国民收入中所占的比例；i 表示投资率；d 表示折旧率；g_h 表示教育年限 h 的增长率，g_{ur}表示失业率 ur 的增长率；g_{pr}表示参与率的增长率；g_{dr}表示依存率 dr 的增长率；g_p 表示总人口 P 的增长率。

我们可以从索洛增长模型中得出以上三个概念的比较，但每个概念只侧重于增长问题的一个不同方面。我们可以根据经济动态系统的稳态解来得到可持续增长率。当储蓄率、折旧率和人口增长率给定不变时，它指的是数理上的长期概念。利率变量是人均收入和全要素生产率的增长率。在这种情况下，索洛增长模型预测低收入经济体将比高收入经济体增长得更快，而这会引出收敛的概念。

第二个概念——粗放式与集约式增长——直接关注国内生产总值而不是人均收入增长率。在这种情况下，储蓄率是允许变动的。当投资率很高，以至于储蓄率必须上升到比如超过国内生产总值50%时，这种增长就被视为粗放式增长。这种增长即便从中期来看也是不可持续的。然而，问题可能会慢慢产生——如果资本存量每年增长3%，储蓄率上升到国内生产总值30%也需要二十或三十年，即使开始时是粗放式增长模式。这是发展中经济体与发达经济体的主要不同之处。如果资本存量增长率超过了国内生产总值增长率，发达国家也无须担忧中期情形，因为此时有关变量的增长率普遍较低。然而在长期，任何粗放式增长模式都是不可持续的。这一概念提高了重视资本积累模式的必要性。

第三个概念强调要素投入约束。只有在任一给定的时刻投入要素都是充足时，增长才可以持续。这一表述经常被用来将劳动投入划分成各种组成成分。

实证结果

在这一部分,我们将在前面所勾勒的框架内呈现两组实证结果。我们首先利用1978年至2007年的数据来更新增长核算的结果(Zheng、Bigsten & Hu,2009),其重点在于全要素生产率增长率的时间序列特征。以全要素生产率估计值为基础,在投资率和与劳动投入有关的因素给定的条件下(包括人口与劳动参与率),我们可以提供潜在增长的测量值,再将所估计的潜在增长率与官方统计数据相比较。

第二种结果提供未来增长的预期值。这种增长情景不应被视为基于历史数据的简单外推。实际上,我们的校准工作在很大程度上依赖于对中国经济生产结构的认识和集约式增长的概念。

中国的增长模式和潜力

中国近几年的发展战略成功地快速提升了经济增长,但也产生了一系列的宏观经济失衡。快速增长让中国获得了经济和政治上的好处,但这种增长在目前或将来能否持续以及持续多久都是不确定的。这种增长主要产生于投资扩张(粗放式增长),只有少量产生于增长了的生产率(集约式增长)。一些经济学家担心,如果不采取组合战略,人均收入最终将停止增长。如果中国不改变目前的增长战略,为了维持国内生产总值每年8%的增长率,投资与国内生产总值之比将在未来二十年达到史无前例的水平(Kuijs & Wang, 2006)。我们在表11.1中的估计表明,中国的增长模式是极其粗放的。在1995年至2007年间,资本存量的增长率要高出国内生产总值增长率3.56%。

表 11.1：中国经济增长贡献占比（%）

变量	1978—1995	1995—2007
国内生产总值	10.11	9.25
资本存量	9.12	12.81
质量调整后的劳动力	3.49	2.78
全要素生产率	3.80	1.45

数据来源：截至 2007 年最新数据，郑京海等（2009），产出弹性为 0.5。

接下来，我们利用式（11.16）来计算 1978 年至 2007 年间的潜在增长率。我们的测算建立在对可持续增长做出贡献的各种主要要素潜在增长率估计值的基础上，即位于式（11.16）右端的各种变量。式（11.16）中的第一个变量是全要素生产率的增长率。正如郑京海等人（2009）的研究，我们利用 1978 年至 1995 年 3.3% 的增长率，1995 年至 2007 年 1.9% 的增长率。该式中的第二个变量是资本的贡献（等于投资率减去折旧率再乘以 0.5 的资本产出弹性）。第三个变量是劳动力贡献：人均工作时间的增长率、劳动力参与度增长率与总人口增长率之和，减去加权的失业增长率和依存率增长率。我们用质量调整后的就业量（乘以平均教育年限）来代替人均工作时间的增长率。图 11.1 表明，从 2002 年开始，实际国内生产总值增长率连续六年超过潜在国内生产总值增长率。这一结果与表 11.1 中基于实际产出数据计算的增长核算结果相一致。

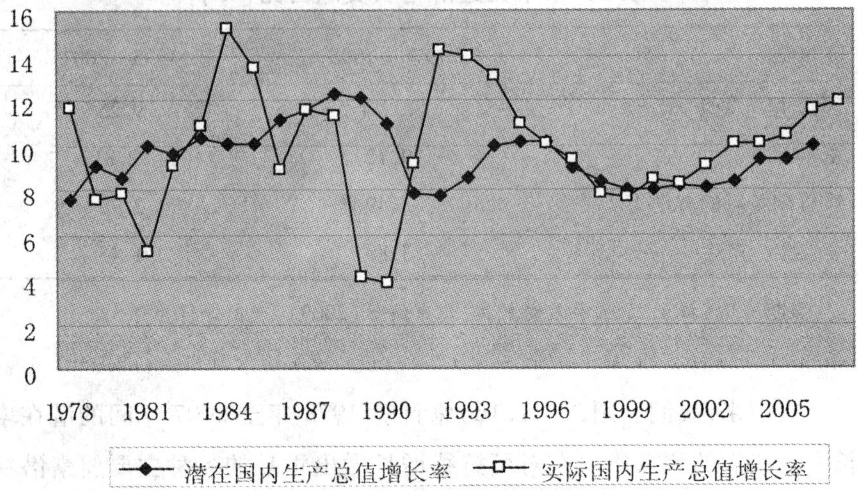

图 11.1:潜在国内生产总值增长率(1978—2007)

中期预测

近年来出现了很多关于中国未来产出增长潜力的预测。我们利用前面介绍的分析框架来提供预测。我们将表明,有理由担心根据潜在产量测定的增长模式可能不可持续。与政府所认为的可持续增长目标(2008 年是 8%)相比较,结果令人震惊。

我们的预测主要依靠两个基本假设:(1)资本存量的增长率不能超过国内生产总值的增长率;(2)全要素生产率增长率能在可预见的未来以 2% 到 3% 的水平持续下去。在 1997 年东亚金融危机以后以及 2003 年中国经济开始出现过热时,中国政府将国内生产总值增长率维持在 8% 。我们将证明如何从核算框架中得到"神奇的"8% 的增长率。假设粗放式增长与集约式增长的临界增长率可被表示为

$$g_Y = \frac{g_A}{(1-\alpha)+g_L}$$

假设资本存量的增长率与产出增长率相等时,可以从通常的增长核算公式中推得上式。在表 11.2 中,g_Y 位于最右边的一列;其他各列显示

了与 g_Y 一致的参数组合。当全要素生产率的增长率为3%、资本的产出弹性为0.5时，最大可持续产出增长率为9%。当全要素生产率的增长率为2%，资本的产出弹性为0.6时，最大可持续产出增长率为8%，而这和中国政府2008年的增长目标相一致。

表 11.2：中国经济的可持续增长率

α	g_K	g_L	g_A	αg_K	$(1-\alpha)g_L$	g_Y
0.5	11	3	3	5.5	1.5	10.0
0.6	11	3	3	6.6	1.2	10.8
0.5	11	3	2	5.5	1.5	9.0
0.6	11	3	2	6.6	1.2	9.8
0.5	10	3	3	5	1.5	9.5
0.6	10	3	3	6	1.2	10.2
0.5	10	3	2	5	1.5	8.5
0.6	10	3	2	6	1.2	9.2
0.5	9	3	3	4.5	1.5	9.0
0.6	9	3	3	5.4	1.2	9.6
0.5	9	3	2	4.5	1.5	8.0
0.6	9	3	2	5.4	1.2	8.6
0.5	8	3	3	4.0	1.5	8.5
0.6	8	3	3	4.8	1.2	9.0
0.5	8	3	2	4.0	1.5	7.5
0.6	8	3	2	4.8	1.2	8.0

g_K 是资本存量的年增长率，g_L 是劳动力的年增长率。

神奇的8%对于生产函数的结构参数也有着有趣的含义。在资本的产出弹性为0.5的假设条件下，如果全要素生产率每年的增长率为2%，那对应的可持续增长率刚好为8%。然而，如果全要素生产率的增长率为每年2%，而产出的资本弹性为0.5时，8%的增速将不可维持。如果预测未来二十或三十年的产出增长率，这一临界情况并不一定被观察到。这意味着,每年8%到9%的增长率会使中国经济的绝对规模在2030年赶上美国。劳动投入(人口)增长放缓会在一定程度上降低预期的产出增长率,但是这种趋势仍将保持不变。

发展中国家的全要素生产率增长率主要受三个因素的影响:乡村—城镇的人口转移、人口和环境监管。在20世纪90年代后期,中国的计划者们面对东亚金融危机的冲击,全力维持8%的增长率。这些预测依赖于中国维持较高资本形成的能力。但是,如果资本的增长率超过了国内生产总值的增长率,结果正如上文所论述的,在长期很可能是不可持续的粗放式增长。

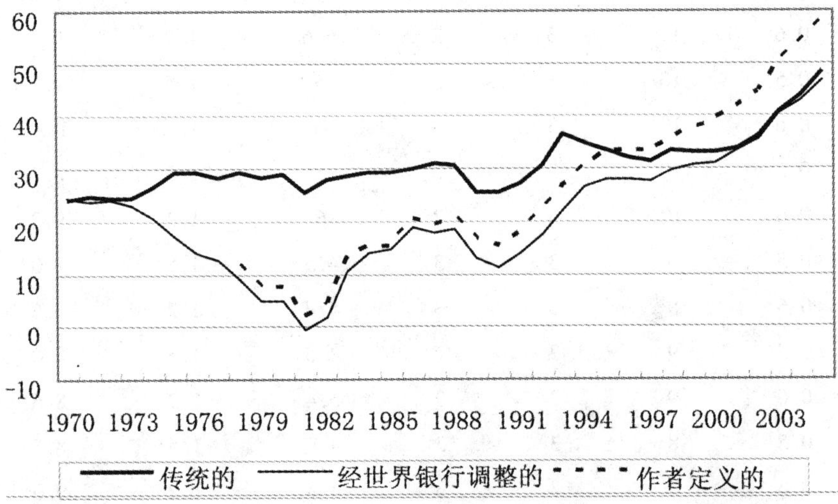

图11.2:不同的资本形成在国内生产总值中的占比

数据来源:中国国家统计局(2007a);世界银行(2006)。

我们提供了另一例子。为简便起见,我们忽略了人力资本积累的作用(Zheng et al.,2009)。假设资本的产出弹性为0.5,资本存量每年增长8%,劳动力增长率略高于1%(与过去十年一样),为了达到8%的国内生产总值增长,全要素生产率的增长率要达到3.5%。更进一步的是,这要求全要素生产率对国内生产总值增长的贡献达到44%,而这在现实中可能无法实现。用这一例子作为基准,我们可以看出中国的计划者们曾经做出的预测显得过于乐观。它要求在第十和第十一个五年计划中,全要素生产率对产出增长的贡献率达到54%到60%。

与欧美经济的比较

在这一部分,在结构差异给定的情况下,我们通过校准模型将中国经济的典型情境同欧美经济相比较。我们将说明这三大经济体的增长潜力各不相同,因为它们在生产结构、发展水平和吸收外国技术的机会方面存在差异。发达国家的经济增长主要依赖于技术创新,因为其投资机会比发展中国家要少得多。因为技术进步常常呈现周期性波动的模式,试图逆商业周期或改变增长的轨道,也许会导致短期的收益和长期的损失。知道这一点,对于中央银行实施稳健的货币政策、防止未来的金融危机来说很重要。

很明显,中国已从中期的粗放式增长中获益,但正如前文所示,这一增长水平在长期不可持续。然而,如果中国实现从粗放式增长向集约式增长的转变,它仍可能享受8%至9%的高增长(见表11.2)。

在2008年3月的全国人大第一次会议的报告中,温家宝总理提到,要在提升经济结构、生产率、能源利用率和环境保护的基础上,国内生产总值增速达到8%左右。这是连续将中国国内生产总值的增长目标定在8%的第四个年份(在连续五年国内生产总值两位数增长以后),以重申政府提升经济和社会稳定快速发展的决心。直到近期,中国才收紧货币政策来抑制通货膨胀和过热的房地产市场,以帮助实现从粗放式增长向集约式增长的转变。

然而,考虑到近期世界经济的发展,中国为达到可持续增长水平而采取的给经济降温的措施,显得并未安排好时机。直到2008年11月,大多数富裕经济体都面临衰退。美国经济从2007年12月开始衰退(由美国国家经济研究局在2008年12月确认)。在2008年11月,欧洲经济在引入欧元后正式陷入了第一次衰退。在中国,工业产量从2008年1月至10月仅增长了8.2%,比前一年的一半还要少,是七年中最低的水平。中国在2008年11月份前期宣布了巨额经济刺激计划(5860亿美元)。

尽管经济刺激计划旨在提升国内需求、创造更多就业,但世界银行指出,刺激政策给中国提供了绝好的机会来重新平衡本国的经济,以与十一届全国人大五年计划的目标相一致:"刺激计划包含众多支持中国全面长期发展和改善人民生活水平的因素。一些刺激措施支持重新平衡增长模式,从依靠投资、出口和工业转向依靠消费和服务。政府可以利用财政刺激计划的机会采取更多平衡措施,包括能源资源定价、医疗教育和社会保障体系、金融部门改革、机构改革"(世界银行,2008,p.1)。

从长期来看,中国能在未来二十年左右保持其作为一个快速发展的经济体,而欧美也许只有2%到3%的增长率(正如在表11.3中所校正的)。结构差异能够解释中国与欧美在这种潜力上的巨大不同。在中国,资本的贡献是美国的两倍。发展水平则为中国提供了比欧美更多的机会,中国的投资机会近乎欧美的两倍,而中国从发达国家吸收新技术的潜力也是两倍于欧美。

表11.3:增长率预测(2009—2030,%)

国家	资本存量	劳动力	全要素生产率	国内生产总值
中国	8	3	2.5	8
美国	4	0.5	1.2	3.1
欧盟	3	0.0	1.0	2.2

数据来源:中国资本与劳动的产出弹性都为0.5,欧盟的都为0.4,美国的都为0.3。

不仅如此,发达经济体的劳动力(生产过程的另一重要投入)短缺,将阻碍这些经济体从中期获得更快的增长。在未来的二十年,随着人口的老龄化,中国也将面临类似的问题。由于在20世纪60至70年代婴儿潮中出生的人进入了退休年龄,人口的变化可能对劳动供给和国家的储蓄投资能力产生重要影响。

在长期,经济繁荣最终取决于以创新所带动的生产率增长。然而,有证据表明,近些年世界范围的创新可能并不十分有效。20世纪60年代初以来有关递减的技术机会的文献,以及近年来对相关问题进行讨论的内生增长的研究(Jones,1999;Segerstrom,1998;Kortum,1997),都论述了这一现象。在近年来的众多文章中,戈登(2004)从新产品的需求创造和技术进步的角度讨论了这个问题,并说明了开始于1995年的生产率复苏可能不可持续(参见表11.4)。这意味着,开始于20世纪70年代初的生产率下降可能会在未来十年持续下去。在给定欧美潜在产出增长的投入约束下,生产率成了额外增长的唯一源泉。

表11.4:苏联、美国与欧盟的生产率衰退

国家	时期	国内生产总值	资本	劳动	全要素生产率
苏联	1950—1970	5.4	8.8	1.8	1.6
	1970—1985	2.7	7.0	1.1	—0.4
美国	1950—1972	3.94	2.60	1.35	1.64
	1972—1996	3.30	3.08	1.70	0.55
	1996—2004	3.62	2.64	0.65	1.49
欧盟	1960—1973	5.1		4.8	3.2
(欧元区)	1973—2003	2.2	0.5	2.8	1.0

数据来源:前苏联、美国与欧元区的时间平均数据主要分别由奥弗(1987)、戈登(2006)、穆索和韦斯特曼(2005)计算得到。

欧元区是由采用欧元作为统一货币的17个欧盟成员国所组成的经济与货币联盟,目前包括奥地利、比利时、塞浦路斯、爱沙尼亚、芬兰、法国、德国、希腊、冰岛、意大利、卢森堡、马耳他、荷兰、葡萄牙、斯洛伐克、斯洛文尼亚和西班牙。由于使用统一的货币，将欧元区视为单一经济体与中美相比较要更加容易。

就这一点而言，我们需要认真吸取前苏联的教训。苏联的增长有目共睹：它的工业结构从有82%的农村人口、国民生产总值主要源自农业的经济，转变为有78%的城市人口、40%至45%的国民生产总值源于制造业和相关产业的经济（Ofer，1987）。这种粗放式增长模式持续了近七十年，从20世纪20年代后期到80年代中期。在1979年，苏联全要素生产率的增长率为0，在此以后为负数（见表11.4）。尽管西方国家目前的问题与之不同，因为它们并非是粗放式增长模式（例如，资本存量增长率为3%到4%）；但是，有限的全要素生产率增长率仍令人担心。

有限的全要素生产率增长对于宏观经济计划有着重要启示。促进生产率提高的直接战略当然是增加研发的投入。尽管很多政策制定者愿意相信，信息与电脑技术的研究与开发有益于长期经济，但在管理宏观经济时他们需要考虑一项新技术的出现与一代人的充分需求之间的差距。例如，美国经济由于信息与电脑技术部门的创新和大量投资，在20世纪90年代中期以后出现了惊人的生产率提高。但是，这场仍在持续的金融危机也许会戏剧性地改变对于美国过去十年生产率提高的解读。一些批评者暗示，问题在于我们想通过对技术的过度投资和放松金融部门风险创新的监管，来维持高于可持续水平的增长。只要考虑到宏观经济计划，就相当于接受了“潜在产出”的概念。

环境约束

环境是中国经济增长的一个约束。中央政府和草根阶层增长的环境保护意识，给寻求备增长模式的地方政府施加了巨大的压力。在郑京海等人（2009）的研究中，我们指出：

中国政府正在制定绿色国内生产总值的标准与指数，而绿色国内生产总值将从传统的国内生产总值中减去环境损害和资源消耗的成本（《人民日报》，2004 年 3 月 12 日）。在最近公布的《绿色国内生产总值核算研究报告》中，最新的研究结果表明，由于环境污染而造成的经济损失已达到 5120 亿元，相当于 2004 年国内生产总值的 3.05%；而要治理污染的费用估计要达到 2870 亿元，相当于国内生产总值的 1.80%（中华人民共和国政府，2006）。尽管绿色国内生产总值的概念和计量仍存在着争议，但这篇报告也许可以作为对政府不顾代价求增长战略的一个警示。

从生产率分析的角度，绿色国内生产总值的概念可以直接被扩展至全要素生产率，即绿色全要素生产率。较低的绿色全要素生产率增长预示着较低的（绿色的）国内生产总值增长。（p. 881）

我们说明了虽然绿色国内生产总值水平随着环境因素的加入而上升，但是“绿色全要素生产率”的增长显示出相似的趋势，这正如本章正文中所介绍的。

环境因素

世界银行（1997）第一次提出了“真实国内储蓄”的概念和计算方法。“真实国内储蓄”是指一个国家从总产出中减去自然资源（特别是不可再生资源）的消耗与环境污染的费用后所计算的储蓄率。

汉密尔顿和克莱门斯给出了真实储蓄率的正式模型（Hamilton & Clemens，1998）：

$$G = GNP - C - \delta K - n(R - g) - \delta(e - d) + m \qquad (11.17)$$

这里 GNP − C 是传统的总储蓄，包含外国储蓄，其中 GNP 代表国民生产总值，C 代表消费。GNP − C − δK 是传统的净储蓄，其中 δK 代表所生产资产的折旧额；− n（R − g）代表资源耗用；S = −（R − g）代表资源存量,即以数量 g 增长并消耗掉 R 的量,并且假设可以无成本生产;n 代表净边际资源租金率;$-\sigma(e-d)$代表污染排放成本;$X=-(e-d)$代表污染物的增长并积累的污染存量,其中 d 表示污染存量的自然消耗量,σ 表示污染的边际社会成本;m 表示人力资本投资(当前教育支出)且不会贬值(可视为无实体的知识)。

自然资源的消耗由使用和取得自然资源的租金来度量。租金是生产者接受的生产价格(由国际价格度量)和总生产成本之间的差额,包括固定资本的折旧和资本收益。

理性的使用自然资源对于经济增长是必要的;但是自然资源的租金过低,过度利用就会产生。如果资源的租金收入没有被用来再投资(如用于人力资源),而是被用来消费,那么资源利用就是“非理性的”。

污染损失主要是指由二氧化碳污染所造成的伤害。这由全球每吨二氧化碳释放量的边际损失来度量,范克豪泽(Fankhauser, 1995)表示这一数值为 20 美元。

我们将世界银行对绿色国内生产总值的度量进行扩充,使其不仅包含自然资本损失(负因素)和教育支出(正因素),也包含主要商品的净出口(正因素)和环境卫生支出(负因素)。我们计算 1978 年至 2004 年三个不同版本的国内生产总值:实际国内生产总值、经世界银行调整的绿色国内生产总值和经本文作者调整的绿色国内生产总值(图 11.3)。

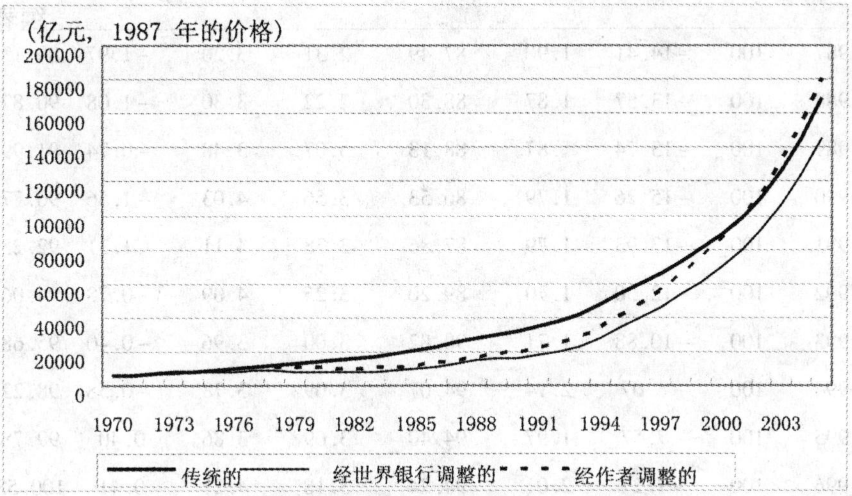

图 11.3：不同的资本存量(1978—2005)

数据来源：中国国家统计局(2007a)和世界银行(2006)

绿色资本

表 11.5：绿色国内生产总值的不同测量值(占实际国内生产总值的百分比)

年份	实际国内生产总值	自然资本损失	教育支出	世界银行—调整后的绿色国内生产总值	教育总费用	公共卫生总费用	初级产品净进口	经作者调整后的绿色国内生产总值
1978	100	-23.01	1.85	78.84	2.10	3.10	-0.73	81.46
1979	100	-26.52	1.84	75.33	2.31	3.20	-0.77	78.22
1980	100	-27.54	2.08	74.54	2.51	3.30	-0.71	77.56
1981	100	-29.91	2.11	72.20	2.51	3.40	-0.77	75.23
1982	100	-28.48	2.19	73.70	2.59	3.50	-0.86	76.75
1983	100	-19.92	2.16	82.24	2.61	3.60	-1.27	85.02
1984	100	-17.35	2.07	84.72	2.51	3.30	-2.18	86.28
1985	100	-16.96	2.05	85.09	2.51	3.00	-2.80	85.75
1986	100	-12.76	2.10	89.34	2.62	3.10	-1.90	91.06

续表

1987	100	-14.41	1.90	87.49	2.31	3.20	-1.97	89.13
1988	100	-13.57	1.87	88.30	2.22	3.30	-1.08	90.87
1989	100	-13.74	1.87	88.13	3.07	3.40	-0.74	91.99
1990	100	-15.26	1.79	86.53	3.56	4.03	-1.56	90.77
1991	100	-13.93	1.79	87.86	3.38	4.11	-1.31	92.25
1992	100	-12.50	1.70	89.20	3.25	4.09	-0.78	94.06
1993	100	-10.88	1.71	90.82	3.00	3.96	-0.40	95.68
1994	100	-8.07	2.14	94.07	3.09	3.78	-0.58	98.22
1995	100	-7.57	1.97	94.40	3.09	3.86	0.40	99.78
1996	100	-7.27	2.01	94.74	3.18	4.21	0.41	100.53
1997	100	-5.89	2.01	96.12	3.21	4.29	0.49	102.10
1998	100	-3.98	1.97	97.99	3.49	4.47	0.24	104.22
1999	100	-3.43	1.94	98.51	3.73	4.66	0.64	105.60
2000	100	-4.87	1.95	97.07	3.88	4.62	1.78	105.41
2001	100	-4.07	1.94	97.88	4.23	4.58	1.46	106.20
2002	100	-4.03	1.95	97.92	4.55	4.81	1.43	106.76
2003	100	-4.30	1.96	97.66	4.57	4.85	2.31	107.43
2004	100	-4.58	1.97	97.39	4.53	4.75	3.97	108.67

数据来源：世界银行(2006)；中国国家统计局(2006)。

注释：经世界银行调整的绿色国内生产总值是第 2、3、4 列的总和；经作者调整的绿色国内生产总值是第 2、3、6、7、8 列的总和。

在测算生产率时，资本形成的不同测算方法，对于采用永久存量法测量的资本存量有很大影响。根据汉密尔顿等人(2005)的方法，我们将绿色资本存量定义如下：

$$K'_{it} = K'_{it-1}(1-\delta_i) + I' \tag{11.18}$$

上式中 δ_i 是折旧率(省略了时间下标)。折旧率由 1952 年的 4% 线性增长到2004年的6%。I′表示固定的绿色资本形成量。在表11.5中，世界银行的分析(Hamilton & Clemens,1998)将任意地理或政治区域内绿色投资的计算公式表述为

$$I' = I_t - n_i(R_t - g_i) - \sigma_i(e_i - d_i) + m_i \quad (11.19)$$

上式中I代表传统的投资，$n_i(R_t - g_i) - \sigma_i(e_i - d_i)$是自然资本损失，$m_i$ 是教育支出。

在本文中，经作者调整的绿色资本存量K′度量的绿色投资为

$$I' = I - n_i(R_t - g_i) - \sigma_i(e_i - d_i) + m_i + n_i + r_i \quad (11.20)$$

上式中 m_i 表示教育支出总额(来自中国国家统计局)，n_i 表示环境卫生支出，r_i 代表主要商品的净进口额。

绿色全要素生产率

如表11.6所示，与传统的国内生产总值相比，两种经过调整的绿色国内生产总值(世界银行与作者的测量)在1978年至2004年间略高于平均全要素生产率增长率0.5%至0.6%，在1992年至2004年有比1978年至1992年更低的全要素生产率增长率(经作者调整的国内生产总值是最低的)。

表11.6：国内生产总值、绿色国内生产总值和要素增长率(1978—2004，%)

变量	1978—1992		1992—2004		1978—2004	
GDP	9.02	(100.0)	10.12	(100.0)	9.61	(100.0)
K	7.74	(34.3)	11.27	(44.5)	9.56	(39.8)
L	2.96	(9.8)	1.07	(3.2)	2.44	(7.6)
H	2.25	(7.5)	1.90	(5.6)	2.02	(6.3)
TFP1	4.36	(48.3)	4.72	(46.6)	4.45	(46.3)
GGDP1	9.87	(100.0)	11.06	(100.0)	10.51	(100.0)
K′	5.95	(24.1)	15.88	(57.4)	10.42	(39.7)

续表

L	2.96	(9.0)	1.07	(2.9)	2.44	(7.0)
H	2.25	(6.8)	1.90	(5.2)	2.02	(5.8)
TFP2´	5.93	(60.1)	3.82	(34.5)	5.00	(47.6)
GGDP2	10.47	(100.0)	10.75	(100.0)	10.6	(100.0)
K´	5.80	(22.2)	15.97	(59.4)	10.37	(39.1)
L	2.96	(8.5)	1.07	(3.0)	2.44	(6.9)
H	2.25	(6.4)	1.90	(5.3)	2.02	(5.7)
THP3´	6.59	(62.9)	3.47	(32.3)	5.11	(48.2)

注释:这里的 GDP 是以 1978 年的价格为基准的实际国内生产总值;GDP 是经世界银行调整的绿色国内生产总值;GGDP2 是经作者调整的绿色国内生产总值。K 表示资本服务投入,L 表示劳动投入,H 表示教育、环境卫生支出和主要进口品投入;TFP 表示总要素生产率。资本、劳动与人力资源的所占份额分别为 0.4、0.3 和 0.3。括号中的数值是每种要素的贡献率。

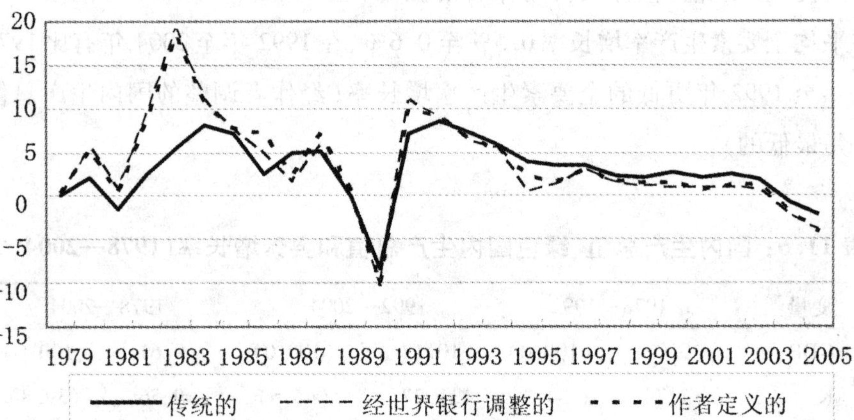

图 11.4:不同的全要素生产率增长率(1979—2005)

注释:该核算不包含人力资本。资本与劳动比率值估计(Bai et al.,2006)。

如图 11.4 所示,在 1992 年以前的多数年份,经调整的绿色国内生产总值的全要素生产率年增长率比传统国内生产总值要高。它们在 1983

年达到超出13%，然后开始下降，在2004年与传统国内生产总值保持约一至两个百分点的差距。在2004年，绿色国内生产总值达到4%的最低增长率。我们的分析发现，中国的增长在粗放式增长与集约式增长之间变动。20世纪80年代的增长是粗放式增长。在20世纪90年代，由于自然资源的消耗，后来逐渐转变成集约式增长，全要素生产率增长率的上升弥补了自然资源（即"自然资本"）不断递减的贡献率。后来，在出口繁荣的支撑下，中国的资本存量开始快速增长，中国又转变成粗放式增长，特别是在资本方面。

结　论

在本文中，我们更新了以前发表的关于中国增长模式的结论，利用官方统计数据估计了潜在产出增长，并将中国中期的增长前景与欧美相比较。我们发现，中国的粗放式增长在中期可以持续，但在长期不可维持。然而，如果中国实现从粗放式增长向集约式增长的转变，可能仍会维持8%至9%的高增长率。一些因素解释了这一可能性。与欧美相比，中国的优势在于：(1)产出结构；(2)吸收新技术的潜力；(3)投资机会。也许这三个因素在很大程度上解释了普雷斯科特的疑惑：为什么经济"奇迹"是近几年才出现的现象？

中国自1978年开始的改革政策，戏剧性地增大了它的国内生产总值，改变了在世界经济中扮演的角色。中国在1978年的经济总量很小，但在2007年它占世界生产总值的份额在正常汇率下达到5.99%，或者按购买力平价计算为10.85%①。这意味着，中国现在有与德国一样的经济总量。由于中国近年来的快速发展，它对世界经济增长的贡献是非常巨大的。2007年，按通常汇率计算的贡献率为17%，按购买力平价计

① 国际货币基金组织，2008

算的贡献率几乎达到33%。即使按照通常汇率计算,中国对全球增长的贡献也比欧美大得多。尽管当前全球衰退和金融危机的蔓延降低了中国的增长率,但我们仍然相信,中国能在接下来的时间以较高的速度持续增长,而这也意味着它仍将是世界经济增长的重要引擎。

中国在全球商品和服务市场的重要性也有很大的增长。1978 年,中国对全世界出口量的贡献率为 0.6%;但到了 2006 年,这一份额超过了7%(世界发展指数,2008)。中国经济的扩张和进入世界市场的速度之快,令人称奇。

中国无法维持 2008 年世界金融危机爆发前的年份里所经历的出口快速增长的繁荣,即使没有发生世界范围内的经济衰退。美国的扩张政策、中国加入世界贸易组织、组装工厂从其他各国向中国的转移,以及人民币的贬值,这些因素促进了中国的快速增长。但是,这些因素的影响无法持续。生产结构向国际市场的转移更进一步支撑了出口的增长。然而,随着出口额接近国内生产总值的一半,中国将再无进一步改变的空间。未来出口增长很可能会与国内生产总值增长保持差不多的速度。只要中国的增长能保持高于世界平均水平,那么它将增大在世界市场中的份额。中国目前的政策是将生产转向更加精细的产品。即使这种转变的影响有限,但这一趋势仍将保持下去。这意味着,未来我们有可能看到中国与经合组织之间越来越多的行业内贸易。

在短期内,世界正面临着一场极其国际化的金融危机。关于中国在这场危机中所起作用的争论甚嚣尘上。与以前的危机相比,尽管中国尚未开放资本账户,但国际金融市场明显更加一体化。随着全球经济的快速增长与扩张,经济不平衡已经出现,这在中美之间尤甚。美国储蓄不足,而中国储蓄过剩。一个重要问题是再平衡过程的特征与速度。在美国,为了增加储蓄,消费需求要比收入增长得更慢,而这将在几年内阻碍经济增长。中国能在多大程度上通过刺激国内需求来抵消这一结果仍不可知,但必须要朝这一方向采取行动。中国实施了庞大的财政扩张。

近期政策改革的焦点很可能集中于国内的问题，而宏观政策干预将很可能寻求刺激地方需求，然而，除非有协调一致的政策行动，否则调整将会花费很长时间。另一个重要的问题是，如何推进有关金融体系未来结构的国际协商，特别是由于存在国家主权与全球资本市场需求之间的冲突。同时，未来的讨论将不得不在多方面涉及到中国。

中国也正通过利用主权财富获取财产的强力方式，在海外进行经济扩张行动。它目前拥有丰富的资源，而其他全球投资者们正面临众多难题。因此，当前的危机是中国在海外进行比以往规模更大投资的一次机遇。中国在发达国家多达75%的投资是发展市场渠道、获取更先进的技术以及赚取资本的高收益。然而，这也存在风险，即中国可能因急切获取资产而支付过高代价。

与1997年受到亚洲金融危机的冲击相比，中国对当前危机的应对要充分得多。即使中国目前是世界上最富弹性的经济体之一，它也许仍不能对西方经济产生很大影响。它在亚洲购买大量投入要素、在本国装配产品并将最终产品销往经合组织成员国。这意味着，它将承受较富裕国家经济衰退的影响。出口市场也将受到贸易信贷市场遭到破坏的伤害。大部分亚洲内贸易是在中国装配并出口中间产品，而满足中国需求的亚洲出口几乎没有。这样，其他国家就要承受不能向经合组织国家出口最终产品的后果。但是，能为中国国内市场提供供应的国家也许能从中国的发展中获益。

总之，中国很可能将保持增长并增加市场份额和所控制的财富，而这反过来会在长期提升中国的经济与政治影响力。（朱敏 译）

参考文献：

Brenner, Robert, 2004, 'New Boom or New Bubble?' *New Left Review*, January-February 25, pp. 57—100.

Brenner, Robert, 2000, 'The Boom and the Bubble', *New Left Review*, November-December, 6, pp. 5—39.

Chow, Gregory C., 2008, 'Another Look at the Rate of Increase in TFP in China', *Journal of Chinese Economic and Business Studies*, May, 6(2), pp. 219—224.

Chow, Gregory C. and Li, Kui-Wai, 2002, 'China's Economic Growth: 1952—2010', *Economic Development and Cultural Change*, October, 51(1), pp. 247—256.

Fankhauser, Samuel, 1995, *Valuing Climate Change: the Economics of the Greenhouse*. London: Earthscan.

Gordon, Robert, 2005, 'Future U. S. Productivity Growth: Looking Ahead by Looking Back', Presented at the Workshop at the Occasion of Angus Maddison's 80th Birthday, World Economic Performance: Past, Present, and Future. University of Groningen, the Netherlands, October 27, 2006.

Hamilton, Kirk, Ruta, Giovanni and Tajibaeva, Liaila, 2005, 'Capital Accumulation and Resource Depletion: A Hartwick Rule Counterfactual', Policy Research Working Paper 3480, World Bank, January.

Irmen, Andreas, 2005, 'Extensive and Intensive Growth in a Neoclassical Framework', *Journal of Economic Dynamics and Control*, August, 29(8), pp. 1427—1448.

Jones, Charles I., 1999, 'Growth: With or Without Scale Effects?' *American Economic Review*, May 1999, 89(2), pp. 139—144.

Jorgenson, Dale W., Ho, Mun S. and Stiroh, Kevin J., 2006, 'Potential Growth of the U. S. Economy: Will the Productivity Resurgence Continue?', *Business Economics*, January, 41(1), pp. 7—16.

Kim, Jong-Il and Lau, Lawrence J, 1994, 'The Sources of Economic Growth of the East Asian Newly Industrialized Countries', *Journal of the Japanese and International Economies*, September, 8(3), pp. 235—271.

Kortum, Samuel S., 1997, 'Research, Patenting, and Technological Change', *Econometrica*, November, 65(6), pp. 1389—1419.

Krugman, Paul, 1997, 'How Fast Can the U. S. Economy Grow?', *Harvard Business Review*, July-August, 75(4), pp. 123—129.

Kuijs, Louis and Wang, Tao, 2006, 'China's Pattern of Growth: Moving to Sustainability and Reducing Inequality', *China and World Economy*, January February, 14(1), pp. 1—14.

Lin, Justin Yifu, Cai, Fang and Li, Zhou, 1996, *The China Miracle: Development Strategy and Economic Reform*. Hong Kong: Chinese University Press.

Ofer, Gur, 1987, 'Soviet Economic Growth: 1928—1985', *Journal of Economic Literature*, December 1987, 25(4), pp. 1767—1833.

Phelps, Edmund S., 2004, 'The Boom and the Slump: A Causal Account of the 1990s/2000s and the 1920s/1930s', *Journal of Policy Reform*, March, 7(1), pp. 3—19.

Prescott, Edward C., 2002, 'Richard T. Ely Lecture: Prosperity and Depression', *American Economic Review*, May, 92(2), pp. 1—15.

Romer, David, 2006, *Advanced Macroeconomics*. McGraw-Hill Irwin: Boston.

Segerstrom, Paul S., 1998, 'Endogenous Growth without Scale Effects', *American Economic Review*, December, 88(5), pp. 1290—1310.

Solow, Robert M., 1994, 'Perspectives on Growth Theory', *Journal of Economic Perspectives*, Winter, 8(1), pp. 45—54.

Stiglitz, Joseph, 2002, 'The Roaring Nineties', *Atlantic Monthly*, October, 290(3), pp. 76—89.

Young, Alwyn, 1995, 'The Tyranny of Numbers: Confronting the Statistical Realities of the East Asian Growth Experience', *Quarterly Journal of Economics*, August, 110(3), pp. 641—680.

Zheng, Jinghai and Hu, Angang, 'An Empirical Analysis of Provincial Productivity in China(1979—2001)', *Journal of Chinese Economic and Business Studies*, 4(3), pp. 221—239.

Zheng, Jinghai, 2008, 'On Chinese Productivity Studies', *Journal of Chinese Economic and Business Studies*, May, 6(2, Special Issue), pp. 109—119.

Zheng, Jinghai, Bigsten, Arne and Hu, Angang, 2009, 'Can China's Growth Be Sustained: a Productivity Perspective? *World Development*, April, 37(4, Special Issue), pp. 874—888.

第十二章　中国出口增长的可持续性

傅晓岚　徐迪迪

引　言

过去十五年来,中国实际出口增长超过500%。根据官方新闻机构的统计,现在中国毫无争议是世界上最大的出口国,2009年出口额总计1.2万亿美元,超过之前的最大出口国德国。中国出口的持续加速,已经引起对出口可持续性的强烈讨论(Akyüz, 2010)。一种担忧是,快速增长是由低估的汇率(Wong,1998)和极低的劳动力价格(Zhang, 2006)所驱动。此外,金融危机过后西方市场的停滞增加了对中国出口增长的压力(Morrison, 2009)。

无论是在中国还是其他地方的研究界,总倾向于研究贸易总量的决定因素(Evenett, 2002)。我们并不否认此类分析的真知灼见,但他们往往忽视中国外贸体制改革以来所发生的外贸流动上的重要变化。历史数据显示,出口增长始于1979年,2004年开始快速增长,一定程度上归结于体制改革(Yao, 2006)。政策变化并不仅仅是一次性冲击,而是出口结构发展的一个持续过程,这将会持续十年甚至更长的时间(Shan, 1989; Harrold, 1995)。此外,随着改革所产生的对出口商更加自由化的政策，他们已能够调整其行为，并做出最优决策以适应现实情况。从这两方面来看，作为改革的结果，微观层面上的出口参与者导致了宏观层面上的出口急速增长。

20 世纪 80 年代后，对发展中国家贸易体制改革的研究开始盛行。因为很难过早地对改革效果做出判断，所以这些研究大多数聚焦于改革本身。在这些发展中国家中，中国因其庞大的规模而显得尤其突出。中国的贸易体制改革直到 1995 年才得到仔细分析，但随后的研究变得相对少见。即使广泛认识到政策因素与中国出口繁荣有必不可少的联系，但仍缺少一系列研究来检验贸易体制改革对出口增长及其增长驱动力的长期影响。此外，几乎没有任何利用系统分析和分类数据来探讨这些问题的研究。

尽管缺少对改革影响的一些认知，但仍有两类问题给此类讨论设定了框架。首先，他们忽略了出口参与者的多层结构，特别是贸易公司和制造业企业显著的双边结构，这两者都是中国贸易改革的目标。其次，讨论是建立在出口结构不变的假设之上的。换言之，随着贸易改革的进行，存在一个稳态的出口结构。然而事实上，正是这样一个结构的改变，才改变了出口的整体轮廓，并决定着这样的增长是否可持续。

中国外贸增长可持续吗？答案可能取决于改革是否先于出口参与者结构的动态变化，以及他们是如何改变出口商行为以促进中国所见证的惊人贸易增长。这一章沿着公司层面的不同维度对增长进行分解来提供另一种解释。

具体章节安排如下：第一部分聚焦于中国贸易体制改革和相关理论；第二部分在基于改革过程中出口驱动力作用的基础上，提出对驱动力的三维分析；第三部分探讨了出口驱动力针对不同贸易部门和目标国家的不同行为。

中国的贸易体制改革

贸易自由化和公平

从1949年起,中国的外贸由中央政府的外贸部和专门的总公司集中规划和控制。所有进出口都通过这些总公司,利润和损失由中央政府的外贸部来控制达到平衡。

从1979年开始,不同的政策开始实行,首要目标是利用中国真正的比较优势,使可贸易产品接轨世界价格。其次是使体制适应国际监管以及市场化经济的要求。贸易政策从进口替代和自力更生转变为促进出口和开放(Groves et al., 1994; Hay et al., 1994; Yao & Zhang, 2001)。

改革的结果是,四类主体都能够参与全球市场和贸易。国务院建立不同的外贸公司来补充最初的总公司。某些地方政府也被授权使用更加灵活的外贸政策,这就使得首先在广东、福建,随后是北京、天津、上海、辽宁等地省级外贸公司得以建立。与此同时,制造业企业、筛选的国有企业、外资企业和合资企业被允许进口生产设备、原材料以及这些企业所需要的资源,同时出口它们的产品。

第三,中外合资企业、合作企业和外商独资企业等三类外资企业也得以进入。这类企业是唯一的一类不与中国政府相联系的企业,并首次打开贸易和制造业的二元结构。

第四,国内贸易代理商与政府紧密相连,接受直接的财政补贴以弥补损失,同时遵循严格的控制和计划,包括强制性的出口目标。这样的控制和监管给改革带来了很大的障碍。因此,政府为减少计划和控制做出了很大的努力,包括:在20世纪80年代减少中央计划和监督;20世纪90年代取消用以弥补外贸企业出口损失的中央政府的直接财政补贴;1994年对外贸易银行和相关外贸法律的设立;以及2003年权力从外贸部移交给商务部。

2004年外贸法的修改极大地改变了贸易参与者的结构，因为参与贸易不再需要政府的批准。任何公司或个人都可自行进口或出口，这就意味着更大范围的主体参与贸易。

这些改革对不同的出口参与者产生自上而下的影响，并最终由个体出口商自下而上的行为产生宏观经济效应。改革中观察到两类趋势。首先，政府改变了主导贸易的代理商本质，并改变了贸易体制本身。其次，出口商被给予更多的自主权，并能够直接参与进出口或者间接地通过专业贸易公司。总之，新的政策在每个方面给予企业更多的自由和权利做出它们的决策。下表（表12.1）说明了这个巨大转变的各个阶段：

表12.1：中国外贸体制改革年表

	阶段一（1949—1979）	阶段二（1980—2003）	阶段三（2004至今）
参与者	独占	有选择性	自由化
	专门的总公司	某些国有外贸公司 某些国有制造业公司 外资制造业公司	所有个体 所有厂商
权力	硬约束	软约束	几乎自由
	外贸部领导和监管公司的所有贸易活动	外贸部给国有代理设定目标和计划，并限制所有代理的业务范围	商务部提供帮助，但几乎不干涉所有贸易代理商的商业行为
结果	糟糕	比较好	有利
	贸易活动与当地企业供给和全球市场的需求脱节，导致无序配置和低效率	企业被授予半自主权，将其触角深入全球市场，促进更好的配置和更高的效率	企业盈亏自负，获得更好的配置和更高的效率

文献回顾:改革做对了什么?

图 12.1 说明了与总贸易额和国内生产总值相比,中国出口的增长速度。中国的出口增长整体上与贸易一致,从 2002 年开始显示出平稳的增长,直至 2008 年全球金融危机快速地下降。下面提到的一些政策在 2002 年到位,有迹象显示,进一步的显著变化开始生效;法律的修改促进了出口增长,并使其稳定。

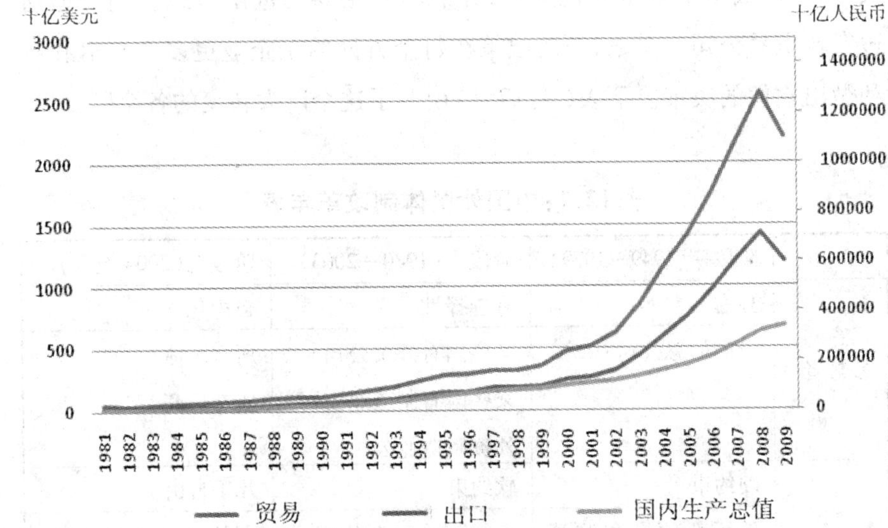

图 12.1:中国的贸易和国内生产总值

我们可以看到中国出口迅速增长,并且与贸易改革进程相一致。出口增速远大于国内生产总值增速。这就意味着,改革在给予中国出口经济活力方面起着至关重要的作用。在“制度转轨”中有一个关键的潜在倾向,就是一直强调,如果我们要促进经济增长和推动良好治理,仅仅理解和推动使用制度先决条件和国际“最佳范例”还远远不够(Evans & Rodrik, 2003—2005)。我们还需确定政治和管理进程,以有利于调动自下而上的积极性(Heilmann, 2008)。这些进程包括以下几个:

1. 扩充外贸参与者范围,允许私营部门参加。

中国首先允许外资企业,然后涉及国内国有企业,并渐进地将私营部门引入贸易体系。这类私营部门的企业并没有较为严重的委托代理问题。根据理论,如果政府是仁慈的,并且在合约中不受限制,即使存在信息不对称,产权也是无关紧要的(Sappington & Stiglitz, 1987)。在现实的世界中,这些假设并不能够适用,国有企业的管理者仅享有剩余控制权,因而没有足够的激励来降低成本或提高质量;而他们在私营部门中的对手享有完全的剩余控制权,因而较少遇到道德风险问题(Hart et al., 1997)。这一改革的基础就是逐渐引入比国有企业更加有活力和效率的私营部门。

2. 推动公平竞争。

研究公有或者民营企业的激励模式和表现还远远不够(Wang & Xu, 2007)。在现实世界中,这两部门之间的相对位置和互动往往决定了竞争的结果,而这些是受贸易体制改革影响的。

(1)释放不良成本

一个正的利润数字可以看做成功和活力的标志,因为只有这些获得正利润的企业才能够生存下去。这样的利润是根据类似竞争方式中的相对表现所获得的。即使所有参与者都比较懒惰,奖品仍然授予竞争者中跑得最快的(Alchian, 1950)。

仔细考察改革之前中国出口市场的竞争环境,我们发现国有企业起初是受明显青睐的。随后政府为了吸引外国投资,对外国投资者提供优惠政策。为了避免官方限制,国内民营企业不得不利用一些其他方法,如寻租和依附于国有企业。这就导致了为达到相同质量而产生的不良成本(Paul & Wilhite, 1992; Nitzan, 1992; Jieh-min, 2001)。总的来说,国内民营企业面临比较恶劣的环境,所以不公平的限制一旦在改革中移除,这类企业就会找到削减额外成本的方法,并使得它们的竞争优势在引入竞争中发挥重要的作用。因此,私营部门能够迅速地参与竞争。

(2)策略及商业行为的选择

阿尔钦(1950)认为,经济体系的运行是产生于经济自然选择的过程;在经济社会中,一般主导性经济行为就是此类选择的结果。他认为,有两类因素影响经济自然选择:纯粹的偶然性或运气,以及调整适应周围环境的能力。

起初,中国的竞争环境有利于国有企业和外资企业(Rima,2004)。对这些公司而言,这些有利的政策是“运气”的来源。另一方面,处于不利地位的私营企业只能够依仗适应性行为。成功企业的决策者会采纳特殊的行为模式作为他们生存策略的元素:比如模仿策略或者蓝海策略(Ahlstrom & Bruton, 2001)。复制这些方法的企业,将这些行为看做成功的迹象,也只有这些策略选择才能够从残酷的竞争中生存下来。一方面,在贸易体制改革改善了它们的经济环境之后,它们相较于其他企业处于更好的位置,这使得它们取得了巨大的进步。另一方面,一些残存政策继续使得这些企业处于严峻的环境,这导致它们较低的劳动力、资本、技术存量和研发投资的平均数量(Fu, 2005, 2008)。其持续的劣势地位推动这些企业保持巨大的适应能力,以弥补在面临来自国有企业和外资企业竞争时它们的弱点。

剖析中国出口驱动力

这一节旨在充分利用企业和产品的变化,来研究改革进程中的出口模式。2000 年、2002 年、2004 年和 2006 年中国出口的数据是以八分位数字、最细的分类水平从中国海关总署获得的,并结合所涉企业的名称、所有权、出口量等等。

由于企业行为极有可能是异质性的,因而得使用包含大量信息的高度细分数据。我们基于三个维度:所有权、专业分工和规模来建立分析框架。

所有权维度评估的是公司是公有还是私有,这因而涉及到公司的组织结构。专业分工维度评估的是公司是直接出口,还是为别的公司做贸易代理。第三，规模维度衡量的是公司的出口规模。公司沿着这三个维度分类。应当指出的是，在我们的数据集中，很多企业兼有贸易、金融和物流。这代表了一个新的、快速发展的经济活动组合。作为这个分类的结果，每一个公司都有三个标签，每个代表一个维度。

所有权

图 12.2 是按年份公布的所有权情况。在 2000 年，国有企业拥有最大的出口量，紧随其后的是外资企业。在这个阶段，私营企业的出口量十分有限。然而到了 2006 年，外资企业占最大的出口份额；其次是国有企业，然后是私营企业。现在，国内民营企业的出口超过中外合作经营和合资企业。从增长率来看，国内民营企业到目前为止增长速度是最快的，但外资企业的出口也增长得比较快。因此，国内民营企业占有比较低的出口份额，但仍有较高的出口增长速度。因而，民营企业未来的潜在发展不应当因目前较低的份额而得到错误的解读。国有企业出口增速事实上在 2006 年相当低，低于所有企业的平均增速。合资企业和中外合作企业的增速也同样低。

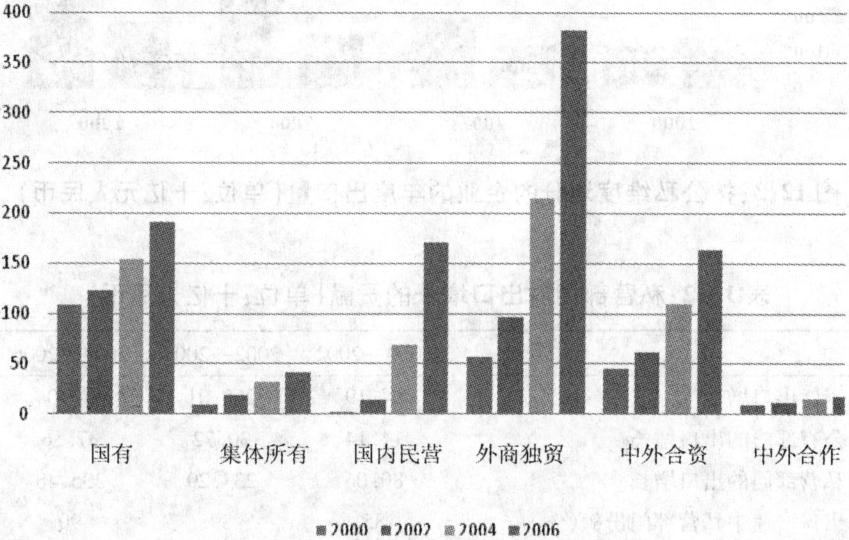

图 12.2:按所有权划分企业的年度出口量(单位:十亿元人民币)

图 12.3 显示了国有和民营企业不同类型所有制企业的年度数据。集体所有制企业是组织的一个过渡形式,私人性质但集体所有(Fan, 1998; Nee, 1992)。始于 2006 年的改革意味着,这种形式将随着时间推移极有可能消失。国有和民营企业出口都显著增长,但民营部门增速更快。我们的认识会从不同企业类型下的进一步统计分析中得到加深。

表 12.2 详细给出了出口总额以及公有和私营企业对应的出口额。表格清楚地显示出,私营部门出口额贡献超过 80%,而且这个份额正进一步扩大。考虑到公有部门 2000 年出口额占比接近一半,2006 年超过 20%,来自私营部门的巨大贡献出乎意料。这就暗示,中国出口增长的主要驱动力是私营部门。

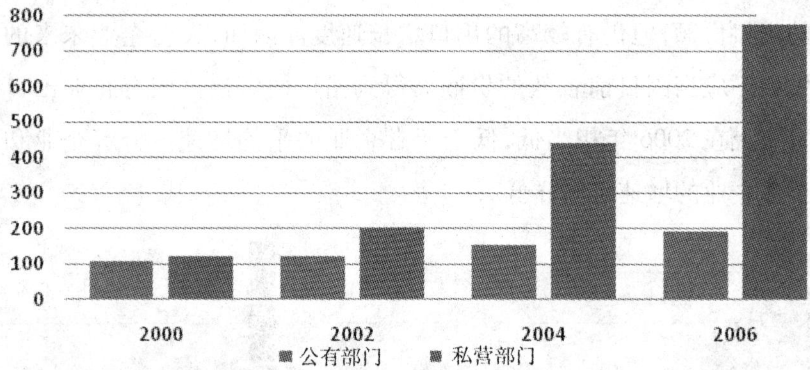

图 12.3:按公私维度划分的企业的年度出口量(单位:十亿元人民币)

表 12.2:私营部门对出口增长的贡献(单位:十亿人民币)

	2000—2002	2002—2004	2004—2006
年度出口增长	94.19	268.01	373.04
公有部门的出口增长	14.14	30.72	37.56
私营部门的出口增长	80.06	237.29	335.48
出口增速中私营部门份额(%)	85	89	90

按专业分析所有权

制造业和贸易公司是出口链中的上游和下游元素。贸易公司通过提高效率、总体上产生更大的出口价值，帮助制造业企业参与全球竞争。另一方面，如果一切都集中控制，制造业企业就不能够选择自己将要合作的贸易企业，贸易企业将会成为出口过程中的一个负担。我们会分析改革是否通过提高选择性已经将这类障碍排除。总结性统计数据描述在图 12.4 中，这是按照出口商的专业类型来描述出口值统计分析的。一些统计特征能够从中看出来。首先，总的出口额从 2000 年 1 月的 167.97 亿元升至 2006 年 12 月的 940.23 亿元。年度平均增长率达 58.7%，反映出中国所经历的对世界市场的开放水平。其次，制造业企业和贸易企业都占中国出口更大的份额：贸易公司从 69.70 亿元升至 233.93 亿元，年度增长率为 39.3%；而制造业企业从 100.07 亿元升至 706.31 亿元，年度增长率为 68.3%。制造业出口商更高的增长率和增长额，意味着它们在中国的出口中发挥着突出的作用。

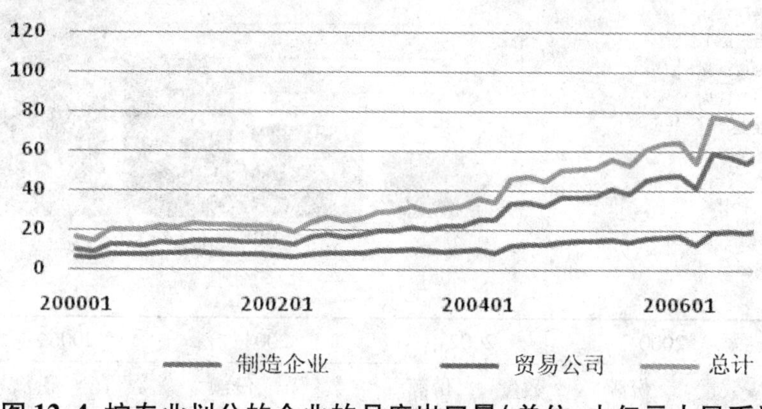

图 12.4：按专业划分的企业的月度出口量（单位：十亿元人民币）

图 12.5 和 12.6 描述的是专业化分工对出口量和份额的影响。图 12.5 显示，在所有直接出口企业中，外资企业独占鳌头，紧随其后的是国

有企业，但有着较低的增长速度。国内私营企业经历310%的增长速度。2006年引入一种新的种类(个体工商户)，这一类因政策变化而经历大幅增长。在2004年创建出口注册之前，任何希望出口的个人都得通过外贸公司，并支付相应的费用。这可能是金钱的浪费，也导致资源的浪费(Che, 1997)。这也就解释了，为什么一旦个体被允许自己直接出口，他们会突然以一个重要的决策者出现。

基于出口占总出口比率，中外合作企业和合资企业的重要性逐年提高，但合资企业经历了相当快速的下降。历史的原因可以解释这个变化。在20世纪80年代，外资取决于中国政府对工人的政策，并且不得不向中间商支付佣金，这超过工资的90%。作为回报，外资企业被提供充足的劳动力和其他一些有利政策。然而，由于最近贸易政策改革以及就业政策的自由化，这两类企业的优势不复存在，因而它们出口增速疲软，远远低于总出口的增速。

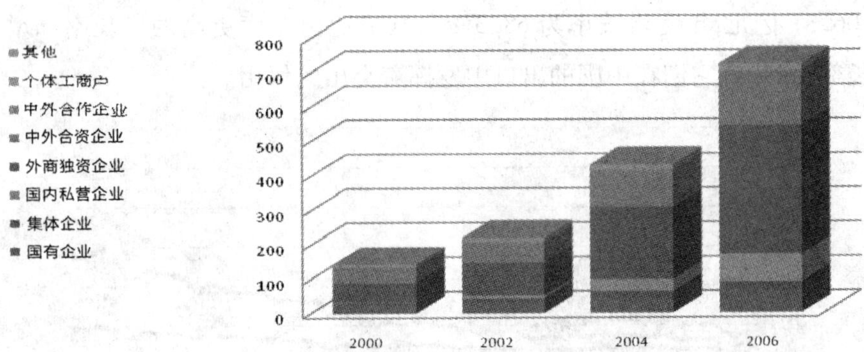

	2000		2002		2004		2006	
	数量	份额	数量	份额	数量	份额	数量	份额
国有	25.907	18.044%	32.086	14.538%	45.405	10.513%	66.439	9.182%
集体	5.753	4.007%	11.439	5.183%	18.495	4.282%	24.39	3.371%
民营	1.476	1.028%	8.97	4.064%	35.372	8.190%	80.398	11.112%

续表

外资	56.699	39.489%	95.117	43.097%	210.502	48.740%	374.533	51.766%
合资	44.85	31.236%	61.328	27.787%	107.366	24.860%	160.131	22.131%
合作	8.87	6.178%	11.643	5.276%	14.636	3.389%	17.437	2.410%
个体	0	0.000%	0	0.000%	0	0.000%	0.008	0.001%
其他	0.026	0.018%	0.121	0.055%	0.111	0.026%	0.189	0.026%
总计	143.584	100%	220.709	100%	431.8909	100%	723.548	100%

图 12.5:制造业公司年度出口量(单位:十亿元人民币)

在图 12.6 中,国有企业仍保持其支配地位,但这类企业的贡献度在 2004 年达到顶峰,随后便下降。这说明了改革的作用,同时还提供了有关经济结构变化的信号。国内民营企业经历出口的快速增长,达到 550% 的增长率,这甚至比制造业企业还要快。总的来说,这种情况发生的原因是,新的政策使得初期外贸公司比制造业企业更加容易进入市场。相比之下,外资企业几乎没怎么参与出口。

这种有关制造业和贸易公司转变中的所有制结构对比,表明直接参与外贸带来各种优势:

◆ 生产性企业能够选择自己的出口模式,通过自己或者利用外贸公司作为代理商,这便允许它们充分利用自己的竞争优势;

◆ 小规模、没有生产能力的外贸公司,通过服务于生产性企业仍能够在出口中扮演重要的角色;

◆ 总之,改革引起出口链的重整,这导致更加有效率的生产和资源的重新分配。

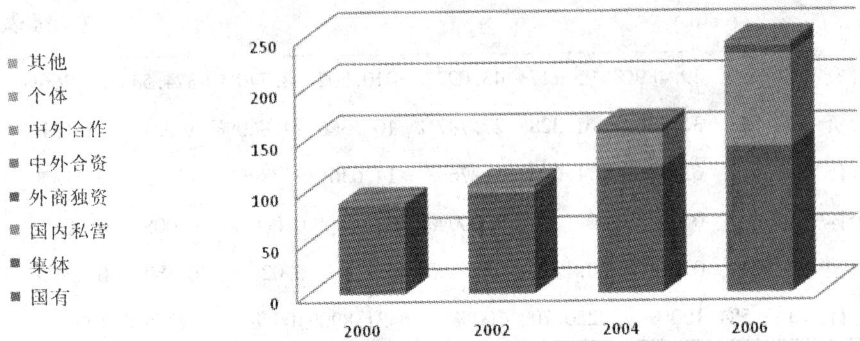

	2000		2002		2004		2006	
	数量	份额	数量	份额	数量	份额	数量	份额
国有	82.828	94.28%	90.786	86.53%	108.187	66.88%	124.726	51.29%
集体	3.270	3.72%	7.410	7.06%	13.300	8.22%	16.692	6.87%
民营	0.491	0.56%	4.817	4.59%	33.852	20.93%	90.343	37.16%
外资	0.430	0.49%	1.123	1.07%	3.957	2.45%	7.486	3.08%
合资	8.232	0.94%	0.738	0.70%	2.299	1.42%	3.591	1.48%
合作	0.005	0.01%	0.039	0.04%	0.145	0.09%	0.267	0.11%
个体	0	0.00%	0	0.00%	0	0.00%	0.044	0.02%
其他	0.006	0.01%	0.010	0.01%	0.013	0.01%	0.000	0.00%
总计	87.853	100%	104.923	100%	161.753	100%	243.141	100%

图 12.6:外贸公司年度出口量(单位:十亿元人民币)

按照出口规模来分析所有制

企业按照出口值分成三类:小规模(少于 800 万)、中等规模和大规模(超过 8000 万)。在这三者内部,我们考察了外资企业、国有企业和民营企业。选择这三种企业的原因如下:外资企业有着最大的出口量且保持高速的增长率;民营企业有着令人惊讶的增长率;而国有企业保持相对较大的出口值,因此不能够忽略。

国有企业数目的减少解释了为什么它们的出口值增长非常小。这些企业数量已经下降，因为其规模小意味着它们在全球市场没有竞争力。另一方面，国内民营企业，特别是中等规模的企业的快速增长表明，在一个更加公平的政策环境中它们在样本期内如何活跃。

表 12.3：不同出口规模的企业数量

		2000	2002	2004	2006	平均增长率(%)	
外资	大	70	120	310	506	97.7	
	中	976	1474	2951	4758	70.8	
	小	196575	291249	377648	467815	33.9	34.2
国有	大	114	143	235	320	42	
	中	1793	2038	2752	3108	20.5	
	小	256091	301519	259680	215294	-4.4	-4.2
民营	大	0	0	22	41	86.4	
	中	10	131	815	2041	627.5	
	小	9901	90080	336399	704340	397.5	397.8

比较一下外资企业和国内民营企业，两者都经历高速的增长，但民营企业总体的平均增长率仍远高于外资企业，特别对中等规模的出口商而言(表 12.3)。在民营企业中，只有大型企业的增长速度低于外资企业。在 2000 年和 2002 年，几乎没有大型的民营企业，也只有少量的中型企业，这就反映了自那时起增长就非常迅速这一事实。更为重要的是，改革刺激了民营企业出口商的建立。新近建立的企业需要一段时间成长为大型企业，这也就解释了为什么大型民营企业的增长速度较慢。事实上，高出口额的外资企业的增长速度远远高于小型或中等规模的出口商，这就说明这些企业在很小时并不从事出口，但当成为大型企业时，它们没有通过贸易代理商，而自己直接从事出口活动。民营企业仍有能力进一步增长，这表明超快速增长可以持续，甚至进一步加速。

按所有制的出口表现

我们按照所有制并通过它们的行业贡献以及出口目标国来分析出口企业的行为。我们对取自2010版联合国工业统计数据库有关可贸易商品的数据重新分类,将八分位数据转化为ISIC第三次修订版格式的四分位数据,并建立相应的对照表。这里我们主要关注主流的出口产品,因而那些不能够大量生产的,如原始艺术品则从本表中删除。

行业出口增长

我们考察了,在从中央计划体制向市场经济转变过程中,异质性企业是如何影响行业出口的。

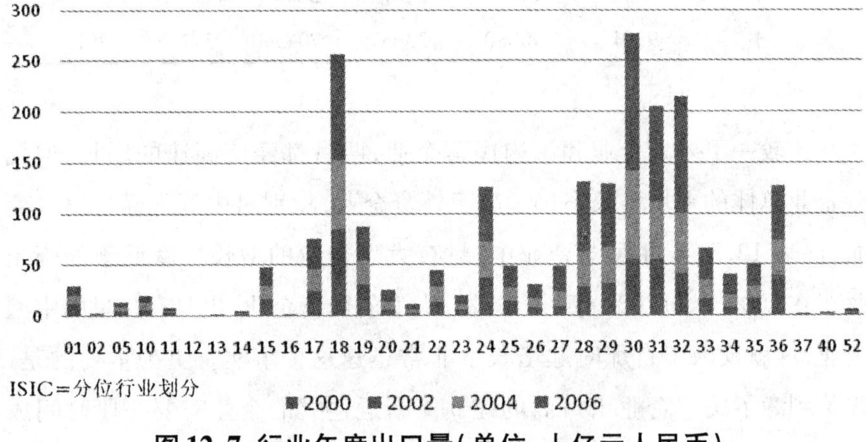

图12.7:行业年度出口量(单位:十亿元人民币)

图12.7描述2000年、2002年、2004年和2006年的各行业出口值。出口值最大且增速最快的集中在高科技行业,如服装、机械、电子、化工、金属和家具产品。总之,制造业行业有着最大的出口量。其他行业的出口值不及这个最大贡献者的六分之一,这就显示中国出口集中在工业出口。

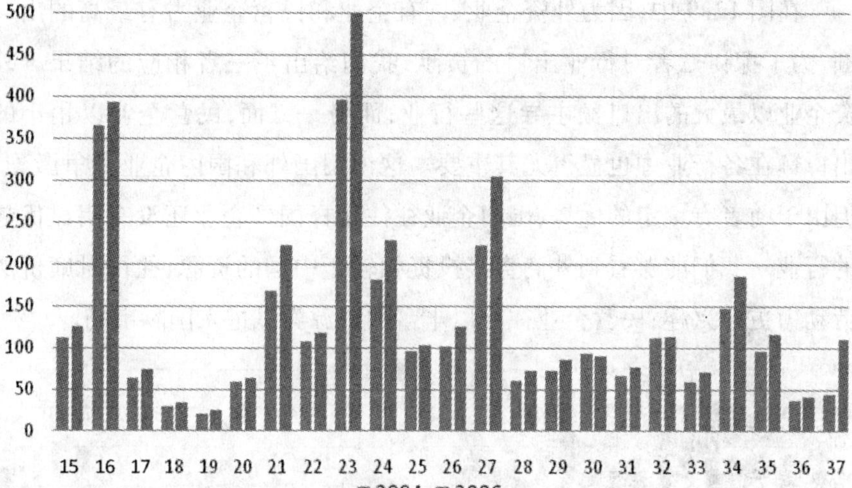

图 12.8:各行业年平均人均资本(单位:十亿元人民币)

我们通过使用联合国工业发展组织有关行业净资本和就业人数的信息(只有 2004 年和 2006 年制造业信息可用),在图 12.8 中呈现每个行业的平均人均资本。可以清楚地看到,图 12.7 中高出口量行业有着较低的人均资本。人均资本较高的行业往往与原材料出口,如烟草、焦炭、矿物产品、造纸、橡胶以及基础金属工业紧密联系在一起。

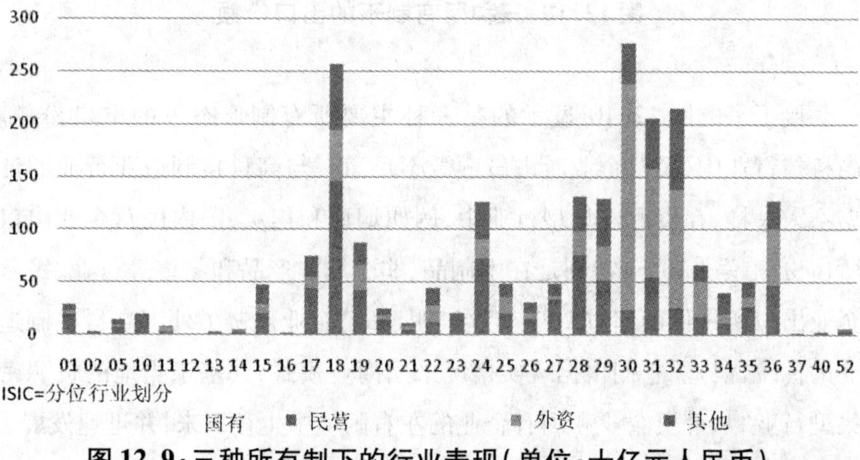

图 12.9:三种所有制下的行业表现(单位:十亿元人民币)

在图 12.9 中,因为外资企业、国有企业和民营企业占有最高的出口额,为了探讨三者对行业出口的贡献,我们给出了三者相应的结果。外资企业以最大的出口额主导这些行业;而另一方面,民营企业以稍小的出口额在各行业中也显得尤其重要。这说明国外和国内企业竞争激烈,但由于前者有一定的优势,国内企业往往选择国外企业还没有明显优势的行业。我们能够看到外商直接投资相较于中国的资源,往往对廉价的劳动力更感兴趣;民营企业往往以丰富的资源尝试进入国际市场。

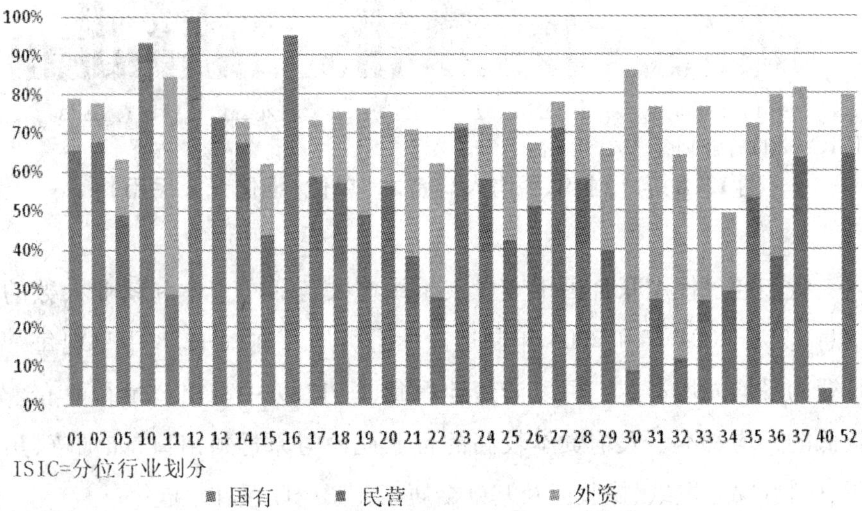

图 12.10:三种所有制下的出口份额

接下来的图 12.10 显示的是三种主要所有制形态下的出口份额。高科技行业中,民营企业所占份额微不足道。与高科技制造业行业的证据不太一样,在资源密集型行业中,例如烟草和焦炭,国内民营企业出口所占份额超过 10%;特别是在木制品、非金属矿产品和零售等行业,民营企业出口所占份额超过 20%。这表明,私营企业规避了外国高科技制造业的传统优势。它们根据现实情况采用商业模式,并基于当地的资源密集型行业,从外资企业和国有企业的左右困境中生存下来,并迅速发展。

出口目标国

我们能从下面的图中认识到，外资企业最有可能出口到欧洲和美国，紧随其后的是亚洲相对较发达的国家和地区。这些公司在一定程度上还依赖于来自于香港和澳门的再出口。相比之下，国内民营企业出口到这三个地区的出口量是所有种类中最低的。一些欠发达国家和地区是民营企业的最重要出口客户，因为这规避了竞争最激烈的目标市场。它们由于有充分的灵活性来寻求最佳的市场机会，进而有足够的销售额来调整和发展自己，因而与其他类型的企业相比，受经济危机的影响较少。

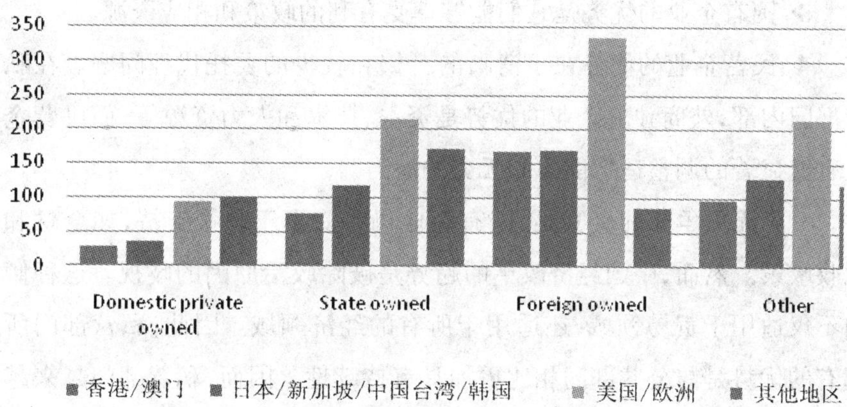

图 12.11：三种所有制下的出口目标国家（单位：十亿元人民币）

改革之下私营部门的崛起

私营部门的持续性优势

我们通过对出口企业的内部结构和外部行为进行分析，能够看到中国三种主要的出口企业形式有着不同的优缺点。这在图 12.12 中有所阐明，它们的不同优势总结如下：

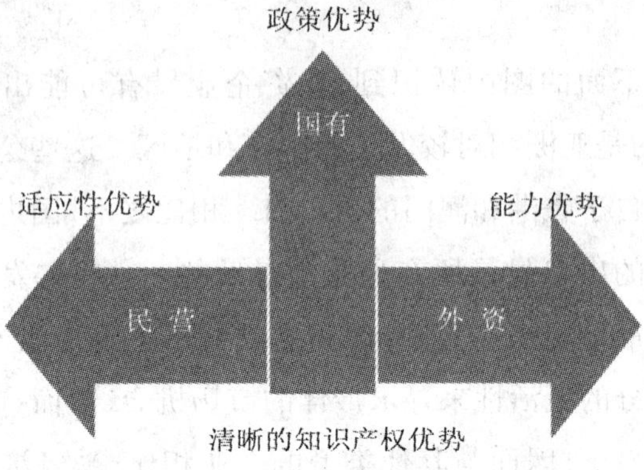

图 12.12:三种所有制各自的优势

◆ 国有企业的优势是它们能够享受有利的政策和相应资源。

◆ 民营企业的优势在于清晰的产权和较少的委托代理问题。在私人部门内部,外商独资企业的优势是资本、技术和人力资源等,而民营企业有着显著的调整适应能力和无穷的潜力。

一个无可争辩的事实是,国有企业仍将受惠于政策支持,如金融和税收政策。然而,中国经济改革的趋势是破除政治原因的歧视。这种倾向不仅适用于贸易领域,还适用于所有的经济领域。因此,私营部门所拥有的优势是与公共部门相比更加具有持续性。因而,私营部门越来越有助于出口增长也不足为奇。从宏观层面上来讲,正因为私营企业才使得中国出口得到显著的促进和发展。

国内民营企业的大幅崛起

在外资企业经历一贯高速增长的年份里,民营企业仍然在改革进程中承担一份更加重要的角色。这意味着,民营企业有足够的能力取代外资成为中国出口的主导力量。它们的微观行为有两个主要的特征:

1. 高速增长

作为贸易改革的结果,取消了一些有针对性的限制政策,国内民营企业立即释放出生产效率,即时削减了成本。因而,国内民营企业迅速做出回应,并由此享有非同寻常的出口增长。

2. 巨大的韧性

国内民营企业能够从它们所面临的不平等竞争环境中生存下来,已显示出很强的活力。它们善于模仿和反复试错,并采取灵活和务实的策略。这些特征能够在不同企业中看到。比如说,在一些政策如金融和税收政策的限制下,民营企业在吸收劳动力和资本以及提高技术水平方面面临困难。因此,它们并不是急切地追求高科技活动,而是主要集中在资源密集型行业,并寻找机会将自己的核心业务转向"次高科技"行业,例如移动电话的制造。许多企业先前依靠纯粹模仿,现在拥有自己的知识产权。我们还能够从它们在发展中国家寻求市场机会的努力中看到这个特征。

在改革之后更加公平的竞争环境里,国内民营企业培养出以前一直受限的商业竞争能力。这一巨大的提升使得它们能够根据自己的发展情况和市场环境的实际需求,来作出更加灵活和有利的商业决策。因此,它们能够发现机会来增加其技术和人力资本存量,并与外资企业相比保持持续的、更加高速的增长。由此,它们获得了为取代外资而成为中国领先的出口驱动力,并维持出口增长的能力。

总　结

本章探讨的是,在不同外贸体制改革的进程中,私营部门对中国出口增长中的作用。我们发现,私营部门的对外贸易从2000年到2006年历经相当大的增长。这个增长在私营部门广泛扩散,占超过中国外贸增长的80%。相比之下,以出口值计算,来自国有企业,特别是外贸企业的出口增长并没有私营部门那样迅速。国有外贸公司在贸易体制改革之前习惯于享有垄断权力。它们占中国总出口额的比例从2000年的80%下降到2006年的51%。所有这些都表明,中国后改革时代的一个转折点,在这之后私营部门在自由化的贸易政策之下开始起飞,这将导致出现一个由现在不受限制和快速增长的私营部门驱动下的出口增长时代。

在私营部门,国内民营企业相较于外资企业,通过相当迅速的崛起显示出它们出口增长的巨大潜力,虽然前者与后者相比绝对数仍相对较小。出口规模的演变表明,国内民营企业目前处于以超过600%的增长速度,由初始阶段向中等规模出口企业的快速发展中。它们避免进入那些外资企业享有领先优势的高科技行业中,相反它们扎根于劳动密集型或者当地资源密集型的行业中。此外,它们的出口目标主要针对其他发展中国家的市场,它们的对手因为某些原因并没有关注这些市场。所有反映在它们行为和表现中的特征显示出巨大的商业韧性,这种韧性成功地解释了当它们受益于改革产生的成本节约和公平的竞争环境时,这种惊人的出口增长是如何发生的。

因此,我们有理由预测,在可预见的未来,中国私营部门总体上极有可能保持现有的增长态势。更为重要的是,在最近贸易体制改革自由化的影响之下,国内民营企业将会取代外资成为中国出口增长的主要引擎。在可预见的未来,尽管存在汇率和实际工资上升的潜在影响,但所有这些已构成中国出口增长可持续性的基础。

这篇研究的发现有重要的政策含义。通过打破市场准入壁垒,破除国家垄断,以及允许私营部门和中小企业发展,贸易自由化将会给出口增长提供超过引擎的作用。国内民营企业在先前的歧视性政策下受到严重限制,但改革之后它们作为竞争者变得更加富有韧性。它们的作用不应当被忽视或者低估。(孟维维 译)

参考文献：

Ahlstrom David, Bruton Garry D. , 2001, 'Learning from Successful Local Private Firms in China: Establishing Legitimacy', *The Academy of Management Executive* 15, No. 4,72—83.

Alchian Armen A. , 1950, ' Uncertainty, Evolution, and Economic Theory', *The Journal of Political Economy* 58 , No. 3, 211—221.

Che Yeon-Koo and Gale Ian, 1997, ' Rent Dissipation When Rent Seekers are Budget Constrained', *Public Choice* 92, 109—126.

Chris Paul and Al Wilhite, 1991, ' Rent-Seeking, Rent-Defending, and Rent Dissipation', *Public Choice* , 71, No. 1/2, 61—70

Evans P. ,2004, ' Development as Institutional Change: the Pitfalls of Monocropping and the Potentials of Deliberation', *Stud Comp Int Dev* 38 , No. 4 ,30—52.

Evans P. , 2005, *The Challenges of the Institutional Turn: Interdisciplinary Opportunities in Development Theory* . Princeton: Princeton University Press.

Evenett Simon J. and Venables Anthony J. , 2002, Export Growth By Developing Countries: Market Entry and Bilateral Trade. Working Paper, World Trade Institute and LSE.

Fan Xiaoqin, 1998, ' How Spillovers from FDI Differ Between China's State and Collective Firms', *Economic Policy in Transitional Economies* 9, No. 1, 35—48

Fu X. and Balasubramanyam V. N. ,2005, ' Exports, Foreign Direct Investment and Employment: the Case of China', *The World Economy* 28, No. 4, 607—625.

Fu X. , 2008, ' Trade-cum-FDI, Human Capital Inequalities and Regional Disparities in China', *Journal of Economic Change and Restructuring* 40, No. 1—2,137—155.

Glaeser, Edward and Shleifer, Andrei, 1998, *Not for-Profit Entrepreneurs* . Mimeo. Harvard University.

Groves, T. , Hong, Y. , McMillan, J. and Naughton, B. , 1994, ' Autonomy and Incentives in Chinese State Enterprises', *Quarterly Journal of Economics* 109, No. 1,183—209.

Harrol P. ,1995, *China: Foreign Trade Reform: Now for the Hard Part. How Reform*

Worked in China. Analytic Narratives on Economic Growth . Princeton: Princeton University Press.

Hay, D., Morris, D., Liu, G., and Yao, S., 1994, *Economic Reform and State-Owned Enterprises in China 1979-1989* . Clarendon Press Oxford.

Heilmann Sebastian, 2008, ' Policy Experimentation in China ' s Economic Rise ', *Studies in Comparative International Development*: (*SCID*) 43, No. 1, 1—26.

Ingrid H. Rima, 2004, ' China's Trade Reform: Verdoorn's Law Married to Adam Smith's Vent for Surplus Principle ', *Journal of Post Keynesian Economics* 26, No. 4, 729—744.

Morrison Wayne M., 2009, ' China and the Global Financial Crisis: Implications for the United States ', *Oxford Review of Economic Policy* 11, No. 4.

Mukand SW, and Rodrik D. ,2005, ' In Search of the Holy Grail: Policy Convergence, Experimentation, and Economic Performance ', *Am Econ Rev* 95 , No. 1,374—83.

Nee Victor, 1992, ' Organizational Dynamics of Market Transition: Hybrid Forms, Property Rights, and Mixed Economy in China ', *Administrative Science Quarterly* 37(1), 1—27.

Nitzan Shmuel, 1991, ' Collective Rent Dissipation ', *The Economic Journal* 101(409), 1522—1534.

Sappington, E. David, and Stiglitz Joseph E., 1987, ' Privatization, Information and Incentives ', *Journal of Policy Analysis and Management* 6(4), 567—582.

Shan Weijian, 1989, ' Reforms of China's Foreign Trade System: Experiences and Prospects ', *China Economic Review* 1(1), 53—55

Shleifer Hart, O., A., Vishny, R., 1997, ' The Proper Scope of Government: Theory and an Application to Prisons ', *Quarterly Journal of Economics* 112,1127—1162.

Wang Yongqin & Xu Haibo, 2007, ' Social Heterogeneity and the Optimal Mix between Private and Public Provision of Public Goods ', *Journal of Chinese Political Science* 3, 201—217.

Wong Sonia, 1998, ' China's Export Growth: Its Past and Future ', Reprinted from *HKCER Letters* , 51.

Wu Jieh-min, 2001, State Policy and Guanxi Network Adaptation: A Case Study of Local Bureaucratic Rent-Seeking in China', *Issues and Studies* 37(1),20—48.

Yao Shujie, 2006, ' On Economic Growth, FDI and Exports in China', *Applied Economics* 38(3), 339 —351.

Yao, S. , Zhang Z. , 2001, ' On Regional Inequality and Diverging Clubs: A Case Study of Contemporary China', *Journal of Comparative Economics* 29(3), 466—484.

Zhang Kevin H. , 2006, *China as the World Factory*. Abingdon, Oxon: Routledge.

第十三章　技术创新、生产率与竞争——基于中国信息技术制造业的证据

许晶华

引　言

在20世纪下半叶,信息技术的创新是推动经济增长的主要动力,并且在提高企业和产业国际间竞争中发挥了关键性作用。国家之间的竞争主要集中在科学和技术的创新,以及经济实力方面。根据技术和经济的发展历史,在20世纪开始阶段,技术创新对经济增长只有5%的贡献,在20世纪30年代,这一贡献为15%,然后到20世纪40至50年代,这一贡献达到40%,接着到20世纪80年代,这一贡献为60%,在20世纪90年代期间,这一贡献甚至突破70%。在美国1929年到1978年间,技术进步对经济增长的贡献率为40%,资源配置占了20%,投资占了15%,劳动力素质提高占了12%,规模经济占了13%。从其他国家来看,技术创新对英国1950至1962年间经济增长的贡献率为63.9%,对德国1952年至1968年间经济增长的贡献率为81.9%,对日本1952年至1968年间经济增长的贡献率为65%,对韩国和中国香港1955年至20世纪70年代期间经济增长的贡献率分别为56.4%和46.5%,对中国1952年至1982年间经济增长的贡献率为19%,这一贡献率在1979年至1990年提

高到30.3%，并在1991至1995年间达到40%（中国信息产业研究所，2006）。以上的表述说明，技术创新是现代经济增长的一个重要源泉，同时也是保持产业可持续发展、提高产业竞争力的一个重要途径。

信息技术的创新与扩散，已经刺激了一批新兴产业的快速发展。信息技术产业作为过去五十年强有力的主导产业之一，也有了非常大的进步。在一些发达经济体中，它成功替代了传统产业而成为经济增长的支柱，如美国、日本、韩国和中国台湾。在美国，信息技术密集型产品和服务的出口占了总出口的40%。中国的信息技术产业在过去十年里平均以每年32%的速度增长，高于其他产业，并成为国家经济的重要产业。更加重要的是，信息产业的发展不仅有利于传统产业的基础设备重建，而且有利于产业结构的调整和升级，提高整体经济的绩效。大体来说，在加入国际化竞争过程中，中国的产业已经走过了劳动密集型的时代，进入了独立研发和技术进步驱动的时代。

根据创新理论，技术创新主要与工艺创新和产品创新相联系，工艺创新旨在提高生产率，并减少每单位产出的资源投入量。相比较而言，产品创新作为研发活动的目的就显得更为重要，其旨在研发并推广新产品，并提高产品质量和性能。举例来说，瑞典的产业关于研发活动的所有经费投入中，产品创新投入占了75%至90%，同样在美国，这一比例也高达68%，日本为36%。不管是哪种创新，它的影响必然会反映在最终产品或服务上，而且通过这种方式能够真实地、准确地评估这种影响。本章根据熊彼特方法的基本思想来研究重要的技术创新，这表明技术创新起源于已有技术与新创造出来或新引入的不同类型知识的有效结合，并为市场提供更好的产品和服务。

本章集中研究技术创新对中国制造业的发展和竞争力提升所做的贡献。第二部分解释了理论基础并回顾了最新的相关文献。第三部分定义了技术创新的指标，选择合适的分析方法，并对相关数据的使用给出一些解释，第四部分主要研究了中国的技术创新与信息技术产业生产率提升之间的相关性。第五部分分析了技术创新对信息技术制造业国际竞争力的影响,实证表面,通过七个国家的对比分析,研发投入弹性,即产业增加值中的研发投入比例,是影响产业竞争力的关键因素。最后一部分为结论和未来的研究方向。

理论背景与文献回顾

技术创新在一个经济体中是内生的,是通过将新的技术引进到生产和消费函数中发挥作用的,并在提高人们的基本生活水平上发挥了关键作用。经济体一旦认识到有新技术的可能,就会组织需要的人力资源和金融资本,将它们转化为有用的产品和工艺,并保持这种必要的活动继续进行下去。无论是需求拉动型的技术创新,还是技术推动型的技术创新,都可以导致激励或技术失败,这称之为“专用性问题”(Scherer,2001)。

有两种研究技术创新的理论体系,一个是生产率提升,另一个是产业竞争力提升。这两种理论体系都认为,技术创新和跨部门之间的新知识扩散,对提高生产率和提高产业竞争力有着非常重要的作用。然而,主流的研发溢出方法是一种基于市场导向的方法,而演化的观点则坚持制度安排和政策干预的理念。在完善技术创新模式和影响产业竞争力方面,他们的理论基础、实证方法和政策建议有着根本的不同(Castellacci,2008a)。

技术创新的种类是根据熊彼特区分创造性行为与适应性行为的方法,即根据三种必要的技术特征(机会、专用性、积累)来区分的。部门的分类不是根据工业平均划分的,而是根据不同公司类型的分布划分的(Peneder,2010;Castellacci,2008b)。

在过去的几十年里,研究技术创新、生产率与产业竞争力之间关系的文献已经有很多了。

加西亚和卡兰顿(Garcia & Calanton,2002)统计了市场学、工程学,以及新产品开发学科对科技创新的不同定义、不同分类和不同术语。一种创新分类的方法能够促进未来的实证研究对技术创新的关注。贝谢赫等人(Becheikh et al.,2006)回顾了1993年到2003年间有关制造业技术创新的文献。他们指出,由于有大量的研究结果之间存在很大分歧,所以创新过程仍然没有被人们深刻地认识,在此基础上,他们提出一种结构,这种结构将与创新过程相关的变量和国内上下游驱动创新的因素结合起来。由研发活动带来的虚拟技术进步与实体设备创新之间,是一种协作和相互促进的关系,它们是潜在产出和可持续生产率提高的一个关键因素(Richards,2000)。

不同产业之间关于研发活动强度和生产率提高的不同,主要取决于技术创新的机会不同,即研发活动中资本的投入程度、知识的溢出程度,以及研发活动的报酬递减。根据美国产业数据的实证结果表明,研发活动的报酬递减是其中的主要因素(Ngai & Samaniego,2010)。

研发活动通过制造业革新来影响生产率提升,而国际间贸易往来促进了技术转移。根据私有部门的回报率发现,人力资本对经济增长有一个积极的正向作用(Cameron et al.,2005)

雷蒙德和皮埃尔(Raymond & Pierre,2010)通过中小型制造企业来研究研发活动对创新的影响,他们区分了产品研发活动和工艺研发活动,区分了工艺研发活动和工艺创新,区分了工艺创新和产品创新,在分析它们之间相互关系的时候,并未将这一部门的技术强度引入考虑。研发活动影响产品创新是以工艺创新为媒介的,通过对加拿大205个中小型制造企业的分析,发现这种媒介作用在高技术产业和低技术产业之间有非常明显的区别。卡门和曼塞冯(Carmen & Mancebón,2010)通过对六个发达国家(加拿大、芬兰、法国、意大利、西班牙、美国)的研究发现,劳动生产率的提升主要来自于技术创新、资本集约化和信息技术制造业的扩散和吸收。

通过比较1976年至2006年间信息技术附属技术领域的专利和引用专利数量,六个亚洲国家或地区(韩国、中国台湾、新加坡、中国香港、中国大陆、印度)在技术创新能力和知识网络范围方面,无论是质量还是数量,中国大陆在电力工程、电信和半导体产业都表现出相对较强的创新能力。韩国信息技术制造业的创新增加值和生产率,与国外知识搜寻相联系,提高了创新绩效和生产率,并增加了国内相关产业的竞争优势。技术创新的策略可以影响中低技术水平企业的创新绩效。绝大部分企业通过技术许可和研发活动外包获得技术,这种行为是国外技术采购,并对创新绩效有消极影响。内部研发投资可以获得更高的创新回报。

中国高新技术产业的创新绩效由国际技术扩散(国际贸易、在中国的跨国公司研发活动)和国内企业努力共同决定。然而,国外的跨国公司不会自发地向国内企业泄漏技术,如果它们与当地企业在同一产业进行竞争的话,还有保护技术的动机,以防止技术的泄漏和扩散。因此,只有拥有很高水平吸收能力和学习努力程度的当地企业,才能获得跨国公司研发活动的外部效应,但是,最重要的影响因素是国内企业创新的研发活动强度和企业的规模。

分析框架和数据

根据经合组织的产业分类方法,并参考其高新技术产业的分类目录,其包括飞机和宇宙飞船制造业(ASM)、医学和制药业(MPM)、电力和通讯设备制造业(ETEM)、电脑和办公设备制造业(COEM)。因此,信息技术制造业就属于电力和通讯设备及电脑和办公设备制造业,其投入和产出指标都可以用来量化技术创新。

中国高新技术产业的创新体系有着明显的政府主导特征,投入指标包括基于中国创新实践的研发投入和人力资源投入,其中,研发投入包括五个指标,即总研发支出、国内企业研发支出、新产品方面的研发投入、技术转移、技术获得。

产出指标也由五个子指标组成，第一个是新产品价值，即销售新产品的收入，表示技术创新的实际产出。第二个是出口转移价值，表示技术创新的相对产出，衡量产业发展和国际竞争力的水平。第三个专利数量，表示研发和创新的潜在商业机会。第四个是产业增加值。第五个是信息技术产品销售利润，表示可用的回报能力。表 13.1 列出了这些指标及其含义。

表 13.1：技术创新的指标体系

指标	符号	均值	指标	符号	均值
投入指标	X_1	研发总投入	产出指标	Y_1	专利数量
	X_2	国内研发投入		Y_2	出口转移价值
	X_3	新产品研发投入		Y_3	新产品增加值
	X_4	技术转移的投入		Y_4	产业总产出价值
	X_5	技术引进的投入	利润指标	PR	产品销售利润
	X_6	研发人力资源的投入			

本文的实证分析首先使用皮尔逊相关系数矩阵来检验技术创新与产出增长之间的相关性，然后利用格兰杰因果检验和主成分分析方法区分了各因素之间的原因和结果，最后建立了产业增长和产业竞争力与作为自变量的技术创新之间的回归方程。创新的影响程度通过新产品价值的增加值、产出增长和产业竞争力共同决定。

由于本文涉及的产业其可用数据存在一定限制，这里只能收集到 1995 年至 2004 年的时间序列数据，国际竞争力对比选择截面数据进行分析。

创新与生产率提升

中国信息技术制造业的技术创新

1995 年中国信息技术制造业的研发活动总投入为 30 亿元,其中只有 8.9% 来自于政府,而 80% 来自于企业,而 2004 年,这一产业的研发活动投入就增加到 428.5 亿元,其中政府投资降低到 2%,企业投资增加到 87%。在这十年里,研发活动的总支出增长 14.1 倍,这一增长速度比其他产业都要高很多。

1995 年到 2004 年间,政府的研发活动投入增长 3.1 倍,从 2.78 亿元增加到 8.37 亿元,而对于企业来说,这一指标增长 12.76 倍,从 24.85 亿元增加到 317.17 亿元,这说明创新的源头主要是由企业驱动的。

表 13.2:中国信息技术制造业的研发活动投入(亿元,%)

年份	研发总投入	政府投入	份额	企业投入	份额
1995	30.19	2.78	8.9	24.85	80
1996	32.45	2.34	7.2	22.97	71
1997	43.85	3.31	7.6	29.80	68
1998	73.51	3.48	4.7	55.68	76
1999	100.39	4.62	4.6	82.60	82
2000	170.04	4.74	2.8	142.42	84
2001	198.47	5.38	2.7	172.00	87
2002	230.64	7.54	3.3	187.76	81
2003	311.15	5.93	1.9	260.39	84
2004	428.47	8.37	2.0	371.17	87

注释:所有数据包含外资企业的数据。

作为产业技术创新的一个组成部分,从事创新活动的组织数量由

1995 年的 964 个减少到 2003 年的 537 个，但是在 2004 年又增加到 847 个，这种波动主要由于科学技术系统的改革。然而，参与技术创新活动的总人数每年都在持续增长，从 1995 年的近 9 万人增加到 2004 年的 17 万多人。在这一时期里，从事技术创新活动的科学家和工程师的总数增加了两万多人。

每一种技术创新支出的比例都发生了变化，技术转移的投入比例在 1995 年到 1997 年间占了最大的份额，而 2004 年这一比例又变成最小的。但是，新产品研发活动投入和内部研发活动投入一跃占了最大的份额，在 2004 年占到总研发支出的 85%，这一比例在 1995 年还是最低的。在 20 世纪 90 年代中期，技术创新投资的主要方式是技术引进和技术转移，但是到了 2000 年，这一方式转变成新产品的研发活动，这说明中国信息技术制造业的创新模式经历了很大的变动，从技术引进和技术转移向独立研发转变(表 13.3)。

表 13.3：信息技术制造领域的创新投入(人，亿元，%)

年份	科技机构数量	总人数	科教人数	内部研发投入	新产品研发	技术转移	技术引入	研发强度
1995	964	89867	38163	5.7	13.8	36	20	0.23
1996	876	100072	59623	13.6	19.9	42	15	0.48
1997	707	106370	67592	25.1	30.2	39	22	0.67
1998	740	112849	63152	39.3	47.4	30	15	0.86
1999	737	116015	64207	46.5	66.9	39	18	0.82
2000	546	117012	78872	79.5	87	55	38	1.06
2001	577	131360	95249	116.1	104.6	52	65	1.29
2002	572	130600	92653	137	124.4	57	78	1.23
2003	537	153954	59727	164.3	156.7	67	77	1.17
2004	847	171778	60089	228.1	366.1	94	102	1.12

注释：投入包括国内企业、合资企业和外资企业。

产出增长和生产率提升

1999 年,中国信息技术制造业的总产出为 2536 亿元,产业增加值为 636 亿元,利润和税收为 186 亿元。到了 2004 年,总产出达到近 2.27 亿元,产业增加值为 4592 亿元,利润和税收为 1031 亿元,在这一期间,总产出增长 8.9 倍,平均以每年 2000 亿元的速度增长,产业增加值增长 7.2 倍,平均以每年 395.6 亿元的速度增长,利润和税收增长 5.5 倍,平均以每年 84.5 亿元的速度增长。信息技术制造业的增长对中国经济产出的贡献达到 10%,成为了一个非常重要的产业。

然而,反映技术创新成果的新产品增加值在 1999 年是 537 亿元,占这一产业增加值的 20%,尽管这一份额到 2004 年只增加了 5%,但是销售收入在这期间从 387 亿元增加到 5368 亿元,增长 13.8 倍,平均以每年 498.1 亿元的速度增长。利润和税收从 1995 年的 44 亿元增加到 2004 年的 382 亿元 ,增长 8.7 倍。这说明新产品的经济绩效在整个产业中是领先的。

此外,中国信息技术产品的出口也在逐渐增加,出口交货值从 1995 年的 931 亿元增加到 2004 年的约 1.41 亿元,十年内增长 15 倍,同时,信息技术产品出口份额从 38.2% 增长到 69.4%(见表 13.4),这是第一次高新技术产业的出口超过了进口,表明中国信息技术制造业的国际竞争力在迅速提升,这也是研发活动投入增加、技术提升和独立创新的结果。

表 13.4:1995—2004 中国信息技术制造业的产出增长(亿元)

年份	总产出	增加值	利税和收入	新产品产出	新产品收入	出口交货值	新产品利润
1995	2536	636	186	537	387	931	44
1996	3085	725	112	678	559	1054	53
1997	3969	910	317	872	627	1208	76
1998	4968	1136	342	1192	1030	1769	95

续表

1999	5912	1363	461	1451	1296	2135	111
2000	7658	1845	696	2290	2168	3062	168
2001	9100	2054	700	2572	2507	3881	146
2002	11427	2543	685	3016	2959	5607	208
2003	16204	3594	885	4010	4010	8539	329
2004	22699	4592	1031	5316	5368	14106	382

本文通过将产业增加值除以这一产业总的就业人数来计算劳动生产率，而这一指标从 1995 年以来一直保持相对较高的增长趋势，平均年增长率达到 20.5%，在电讯设备制造业，劳动生产率增长 2.5 倍，在电脑和办公设备制造业，劳动生产率增长 1.8 倍，这两个产业的生产率分别为 11.1 万元/人和 14.8 万元/人，比其他制造业的劳动生产率高出很多，也高于其他三个高新技术产业的劳动生产率（见表 13.5）。

表 13.5：1995—2004 中国信息技术制造业的劳动生产率

（单位：%，万元/人）

年份	制造业份额	增长率	制造业劳动生产率	高科技产业劳动生产率	通讯设备制造业劳动生产率	计算机及办公设备制造业劳动生产率
1995	5.2	--	1.7	2.4	3.0	6.6
1996	6.0	21.6	2.1	2.8	3.3	9.5
1997	6.6	28.7	2.4	3.6	4.2	10.6
1998	8.3	25.2	3.0	4.5	5.3	12.4
1999	9.2	19.0	3.5	5.5	6.7	11.5
2000	10.2	29.5	4.3	7.1	8.5	15.7
2001	10.8	18.8	4.9	7.8	9.2	14.7
2002	11.6	25.6	5.7	8.9	10.1	15.6
2003	12.7	41.8	7.0	10.5	11.5	17.2
2004	16.8	40.1	8.1	10.8	11.1	14.8

技术创新与产出增长的检验

衡量研发投入绩效最直接的指标是新产品 Y_3，其与投入指标的相关程度表示如下：

$$Y_3 = \alpha_1 X_2 + \alpha_2 X_3 + \alpha_3 X_4 + \alpha_4 X_5 + \alpha_5 X_6 \tag{13.1}$$

将每一个变量取对数，然后求得皮尔逊相关系数矩阵，见表 13.6。

表 13.6：皮尔逊相关系数矩阵检验

		LnX_2	LnX_3	LnX_4	LnX_5	LnX_6	LnY_3
LnX_2	相关性	1.000	0.974*	0.767*	0.836*	0.934*	0.989*
	显著性		0.000	0.010	0.003	0.000	0.000
	数量	10	10	10	10	10	10
LnX_3	相关性	0.974*	1.000	0.831*	0.850*	0.966*	0.987*
	显著性	0.000		0.003	0.002	0.000	0.000
	数量	10	10	10	10	10	10
LnX_4	相关性	0.767*	0.831*	1.000	0.906*	0.847*	0.837*
	显著性	0.010	0.003		0.000	0.002	0.002
	数量	10	10	10	10	10	10
LnX_5	相关性	0.836*	0.850*	0.906*	1.000	0.847*	0.877*
	显著性	0.003	0.002	0.000		0.002	0.001
	数量	10	10	10	10	10	10
LnX_6	相关性	0.934*	0.966*	0.847*	0.847*	1.000	0.955*
	显著性	0.000	.000	0.002	0.002		0.000
	数量	10	10	10	10	10	10
LnY_3	相关性	0.989*	0.987*	0.837*	0.877*	0.955*	1.000
	显著性	0.000	0.000	0.002	0.001	0.000	
	数量	10	10	10	10	10	10

注释：* 表示在二阶滞后差分和 1% 显著性水平下的结果。

由表可见，新产品的产出与各种要素投入之间存在一定的联系，各种要素的投入对新产品产出的影响是显著的。

国内研发投入对新产品产出增长的影响

根据格兰杰因果关系检验的结果，通过自变量进行二阶滞后得到回归方程如下：

$$\mathrm{Ln}Y_3 = \alpha_2 \mathrm{Ln}X_2(-2) + b_2 \tag{13.2}$$

通过调整之后，回归结果如下：

$$\mathrm{Ln}Y_3 = 0.55\mathrm{Ln}X_2(-2) + 5.665 \tag{13.3}$$

$$(R_2 = 0.981432)(0.088677)$$

回归结果可以很好地解释现实，并且没有序列自相关问题，回归系数 $\alpha_2 = 0.550$，这说明，如果对新产品的研发投入增加一个百分点，将会导致新产品产出增加 0.550 个百分点。

研发投入对产出增长的贡献

为了分析信息技术制造业研发投入对产出增长的影响，本文选择研发总支出（X_1）和参与研发活动的总就业人数（X_6）作为投入指标来衡量信息技术产业的研发总投入。产出增长通过新产品产出（Y_3）和产业总产出（Y_4）来反映，衡量这四个因素之间的相关性的方程如下：

$$\alpha Y_3 + bY_4 = C_1 Y_1 + c_2 X_6 \tag{13.4}$$

经过皮尔逊相关系数矩阵检验，其结果见表 13.7。

表 13.7：皮尔逊相关系数矩阵检验

		X_1	X_6	Y_3	Y_4
X_1	相关性	1.000	0.968 *	0.983 *	0.989 *
	显著性	.	0.000	0.000	0.000
	数量	10	10	10	10
X_6	相关性	0.968 *	1.000	0.978 *	0.981 *
	显著性	0.000	—	0.000	0.000
	数量	10	10	10	10
Y_3	相关性	0.983 *	0.978 *	1.000	0.981 *
	显著性	0.000	0.000	—	0.000
	数量	10	10	10	10
Y_4	相关性	0.989 *	0.981 *	0.981 *	1.000
	显著性	0.000	0.000	0.000	—
	数量	10	10	10	10

注释：* 表示在二阶滞后差分和 1% 显著性水平下的结果。

由表可见，这四个因素之间存在很强的正向线性关系，在 1% 的置信水平下有很高的可信性，这说明在信息技术制造业，研发投入与产业产出增长有很高的相关性，因为 X_1 和 X_6 之间的相关系数超过了 0.98，同样 Y_3 和 Y_4 之间的相关系数也超过了 0.98，而且，在二阶滞后检验中也同样显著。

然而，这些变量之间的相关性是很复杂的，四个变量中的任意两个变量都可以存在简单的相关性，与其他变量之间也存在复合影响。

事实上，简单的相关系数不能有效和完全地反映两个变量之间的纯相关性。举例来说，新产品的产出（Y_3）受到研发总支出（X_1）和参与研发活动的总就业人数（X_6）的共同影响，但是研发总支出一定受到参与研发活动就业人数的影响，反之亦然。为了准确地反映变量之间的关系，本文使用偏相关系数检验，也就是说，将 X_6 作为控制变量，分别计算 X_1 与 Y_3 和 Y_4 的偏相关系数，同样的，将 X_1 作为控制变量，分别计算 X_6 与

Y_3 和 Y_4 的偏相关系数，通过这一方法，本文分别分析了研发投入和人力资源投入对产业增长的影响。

回归方程表明相关系数非常高，如果固定 X_6 的影响，X_1 与 Y_3 和 Y_4 之间的统计结果的可信性依然很高（都低于 5%）。如果固定 X_1 的影响，X_6 与 Y_3 和 Y_4 之间的相关系数明显较低，这说明信息技术制造业的产出增长更加依赖研发投入，而对人力资源投入的依赖程度要相对低一些。

为了建立回归方程，本文使用 SPSS 软件和主成分分析方法来衡量研发投入和产业增长，分别产生了两个主成分（记为 XI 和 YI），结果见表 13.8。

表 13.8：XI 和 YI 广义方差解释表

主成分	XI		YI	
	1	2	1	2
特征值	1.968	3.226E-02	1.981	1.895E-02
总方差解释	98.387	1.613	99.052	0.948
累积方差解释	98.387	100.000	99.052	100.000
特征值	1.968		1.981	
总方差解释	98.387		99.052	
累积方差解释	98.387		99.052	

通过上表，本文发现 XI 包含了 X_1 和 X_6 的 98.387% 的信息，主成分 YI 包含了 Y_3 和 Y_4 的 99.052% 的信息，所以用这两个主成分作为研发投入来反映产业增长是非常理想的。从而，分析研发投入对产业增长影响的回归方程如下：

$$YI = \alpha + bXI \tag{13.5}$$

利用 1995—2004 年的数据，回归结果如下：

$$YI = 0.995^{*} XI \qquad (13.6)$$

由于常数项没有通过检验,所以剔除常数项。方程 13.6 表明,在信息技术制造业增加一个单位的研发投入可以带来 0.995 单位的产出增加,由于少于一个单位,所以我们相信仍有很大的潜力通过增加研发投入来提高信息技术制造业的绩效。

通过以上的分析,可以得到四个结论。首先,国内研发投入和新产品研发投入对产出产生效果最快,其滞后期只有一年,而技术引进、技术转移、科学与工程的滞后期较长,至少有三年的滞后期。其次,新产品研发支出的产出绩效比内部研发支出的产出绩效要好。第三,增加一个单位的研发投入可以增加大约 0.995 个单位的产出,研发投入对产出的促进作用依然有很大的潜力。第四,能够带来短期效益的研发投入已经占了中国信息技术制造业研发总投入的较大份额,这显示自主创新有最快的效果,而具有相对较长周期的创新投入在总投入中占了较少的份额。事实上,最有效的技术创新途径是增加信息技术产业的新产品研发投入。尽管人力资源的投入存在时间滞后,但是绝对不能忽略其在长期的重要作用。

创新和产业竞争力

在同样的条件下,用产品销售利润来作为测量产业竞争力的指标,选择总研发投入、技术创新人员数量、专利申请数量和新产品产出作为衡量产业综合能力的指标,本文建立了回归模型如下:

$$\mathrm{Ln}PR = \alpha_1 LnX_1 + \alpha_2 \mathrm{Ln}Y_6 + \alpha_3 \mathrm{Ln}Y_1 + \alpha_4 \mathrm{Ln}Y_3 + b_1 \qquad (13.7)$$

回归结果如下:

变量	回归系数	标准差	T 检验	概率
LnX_1	1.408507	0.671663	2.097045	0.0901
LnX_6	2.497149	1.147888	2.145429	0.0816

续表

LnY_1	-0.734049	0.431566	-1.700895	0.1497
LnY_3	0.393233	0.534844	0.735230	0.4952
b_1	-28.62028	12.20045	-2.345839	0.0659

R^2	0.975581	自变量的平均变化	5.866077
调整后的 R^2	0.956047	自变量的标准差	0.857409
标准误	0.179756	赤池信息准则	-0.287576
残差平方和	0.161562	施瓦茨准则	-0.136283
似然对数	6.437878	F 检验	49.94062
D-W 检验	1.900932	概率(F 检验)	0.000320

不可避免的是,两个变量之间存在一定的相关性,所以本文同样适用主成分分析法来检验回归结果,并消除多重共线性的影响。

我们发现四个被选择的变量之间的相关性很强,选择的主成分(Z)可以包括这四个变量97.61%的信息,回归方程如下:

$$LnPR = \alpha_5 Z + b_2 \tag{13.8}$$

回归结果如下:

$$LnPR = 0.843Z + 5.866 \tag{13.9}$$

$(R^2 = 0.965785)(0.053195)$

变量	回归系数	标准差	T 检验	概率
Z	0.842615	0.056072	15.02726	0.0000
b_2	5.866076	0.053195	110.2751	0.0000

R^2	0.965785	自变量的平均变化	5.866077
调整后的 R^2	0.961509	自变量的标准差	0.857409
标准误	0.168217	赤池信息准则	-0.550267
残差平方和	0.226376	施瓦茨准则	-0.489750
似然对数	4.751334	F 检验	225.8185
D-W 检验	1.837981	概率(F 检验)	0.000000

模型在 1% 的置信水平下通过了 D-W 检验和 F 检验，R^2 和调整后的 R^2 都很高，这说明模型的拟合性很高。

考虑到理论方面，国际竞争力与自变量高度相关，对于每个变量来说，主成分 Z 在 1% 的显著水平下通过了 T 检验，说明模型中的变量与国际竞争力相关，但是各个变量的扩展和直接影响却是不同的。结果表明，研发总投入（X_1）、研发总就业人数（X_6）、专利申请数量（Y_1）和新产品的产出价值（Y_3）都对信息技术制造业的竞争力产生影响。根据主成分分析的广义解释变量（见表 13.9），本文发现研发总投入对产业竞争力的影响达到 97.61%，说明研发投入是影响产业竞争力提升进程的最主要因素。

表 13.9：高科技产业和制造业的研发投入强度（%）

主成分	特征值	总方差	累积方差	特征值	总方差	累积方差
1	4.880	97.610	97.610	4.880	97.610	97.610
2	6.959E-02	1.392	99.001			
3	3.221E-02	0.644	99.646			
4	1.439E-02	0.288	99.933			
5	3.326E-03	6.652E-02	100.000			

注释：1 表示产生的主成分（Z）；2 表示研发总投入（X_1）；3 表示研发总就业人数（X_6）；4 表示专利申请数（Y_1）；5 表示新产品的产出价值（Y_3）。

研发投入强度的国际比较

表 13.10 显示了制造业和五个高技术产业的研发投入强度，2004 年中国制造业的研发投入强度为 1.9%，而高技术产业的研发投入强度为 4.6%，最高的是飞机和宇宙飞船制造产业，达到 16.9%。可见，高技术产业的研发投入强度普遍高于制造业研发投入强度的平均水平。

表 13.10：高科技产业和制造业的研发投入强度（%）

产业	中国	美国	日本	德国	法国	英国	意大利	韩国
制造业	1.9	7.8	10.4	7.7	7.4	6.9	2.3	7.3
高科技产业	4.6	27.3	29.9	24.1	28.6	26.0	11.6	18.2
MPM	2.4	21.1	27.0	-	27.2	52.4	6.6	4.4
ASM	16.9	18.5	21.6	-	29.4	23.8	23.4	-
ETEM	5.6	25.4	20.4	39.2	57.2	23.6	19.4	23.4
COEM	3.2	32.8	90.4	18.1	15.8	5.9	8.8	4.4
MEMM	2.5	49.1	30.1	14.0	16.1	8.3	6.4	10.7

注释：MPM 表示医学和制药业；ASM 表示飞机和宇宙飞船制造业；ETEM 表示电力和通讯设备制造业；COEM 表示电脑和办公设备制造业；MEMM 表示医学设备和仪器制造业。中国的数据是 2004 年的，韩国的数据是 2003 年的，其他国家的数据是 2002 年的。

对于发达国家来说，高技术产业投入开始处于较低的水平，而中国的研发投资滞后于发达国家，也没有掌握核心技术。经合组织中的大部分国家的研发强度都高于 20%，跨国公司在关键技术上的投资力度很大，而成熟技术产业产品的生产则转移到劳动力成本低的发展中国家。欠发达国家只能以委托生产出口设备或组装高技术产业生产线的方式进行运作，因此，他们在新知识和能力方面也表现出不足。

在发达国家，研发投入强度都高于中国，且一般都高于 20%，在电力和通讯设备制造产业，中国研发投入强度只有法国的十分之一，在电脑和办公设备制造产业，日本的研发投入强度最高，美国是 32.8%，中国只有 3.2%，技术水平明显落后。如果中国依然是逐步地发展信息技术制造业，那么将永远赶不上世界领先水平。因此，中国应该尽最大能力增加研发投入，在国际产业分工中抓住机会，实现跳跃式发展。

劳动生产率的国际比较

尽管中国信息技术制造业和高技术产业的劳动生产率,自 1995 年以来已经提高了很多,但是与发达国家相比差距还是很明显的,这种差距不仅仅是技术,也是劳动力质量。在经合组织国家里,总的劳动生产率一般都超过 5 万美元/人,而在中国,仅为 1.3 万美元/人。尽管在电脑和办公设备制造产业,劳动生产率有相对较高的增长,但是这一指标也仅为 1.79 万美元/人。因此,无论是技术水平,还是生产率,或者是竞争力,中国都比发达国家落后很多,这是中国工业化进程的最大挑战。因此,中国在未来应该高度重视创新和学习。

表 13.11:主要国家高科技产业的劳动生产率(千美元/人)

产业	中国	美国	日本	德国	法国	意大利
	2004	2003	2003	2002	2002	2002
制造业	9.8	95.7	78.9	51.7	62.4	41.6
高科技产业	13.0	141.2	100.0	50.7	78.8	56.4
MPM	12.4	285.4	272.0	-	130.8	92.8
ASM	6.6	120.7	80.3	-	109.4	81.1
ETEM	13.4	121.7	93.0	52.2	42.0	40.5
COEM	17.9	145.2	72.0	62.6	71.0	30.4
MEMM	8.8	103.8	63.4	48.2	66.3	44.1

注释:同表 13.10

结论与未来的研究

根据以上详细的分析和研究,观察技术创新对中国信息技术制造业产出增长和竞争力提升的影响,本文得出四个结论。首先,新产品研发投入增加 1% 可以带来产出 0.55% 的增长,并且这种积极作用在一年之内就可以发挥出来,而内部研发支出增加对产出的促进作用至少需要两年才会显现出来。其次，在信息技术制造业，研发投入占总投入的比例对产出增长有直接的影响，每增加一个单位的研发投入可以带动0.995个单位的产出增长，并且信息技术制造业的绩效还有很大的提升空间。再次，研发总支出对产业竞争力的影响达到97.6%，这说明研发投入是影响产业竞争力提升进程的最主要因素。最后，在信息技术制造业，中国的创新能力与发达国家相比还存在很大的差距，发达国家信息技术产业的研发投入强度高于20%，而中国的平均水平只有4.4%，劳动生产率也只有韩国的一半，是美国的九分之一。

另一方面，在中国的信息技术产业，能够产生短期效益的投入份额在研发总支出中占了较大部分，而可以产生长期效益的研发投资只占一小部分，这也是企业长期发展战略和技术升级的不利因素。

中国的经济正在经历一个转折，从早期阶段向以工业化和国际化为基础的成熟阶段转换，大规模和高新技术产业正变成关键产业。如果中国要通过技术创新来提高产业竞争力，那么信息技术产业就显得极其重要。部门发展的积极策略是依靠技术创新和知识积累，这将能够赶上甚至超过发达国家的水平，可行的方法包括增加技术创新的投入，改善创新环境和激励机制，提高创新系统的效率，增加国际技术合作，减少国有企业的垄断，开放国内市场，促进信息技术在经济和社会活动中的应用和扩散，中国可以从世界信息技术工厂转变成世界信息技术创新领导者。

本文检验了在信息技术制造业，技术创新对产出增长和竞争力提升的影响，然而，这里有几个重要的主题依然需要进一步研究，包括：跨国公司和开放市场对技术创新和生产率提升有多大的贡献？如果中国的信息技术制造业在知识和技术创新方面有足够的投资空间，那么投入多少，以及如何有效率地配置创新资源？（许春招 译）

参考文献：

Cameron, G, James Proudman, Stephen Redding, 2005, 'Technological Convergence, R&D, trade and productivity growth', *European Economic Review* (49), 775 — 807.

Carmen López-Pueyo, María-Jesús Mancebón, 2010, 'Innovation, Accumulation and Assimilation: Three Sources of Productivity Growth in ICT Industries', *Journal of Policy Modeling*, Vol. 32, Issue 2, 268—285.

Castellacci Fulvio ,2008a, 'Innovation and the Competitiveness of Industries: Comparing the Mainstream and the Evolutionary Approaches', *Technological Forecasting & Social Change* (75), 984—1006.

Castellacci Fulvio,2008b, 'Technological Paradigms, Regimes and Trajectories: Manufacturing and Sservice Industries in a New Taxonomy of Sectoral Patterns of Innovation', *Research Policy*, Vol. 37, Issues 6—7, 978—994.

Rosanna, Garcia Calantone Roger,2002, 'A Critical Look at Technological Innovation Typology and Innovativeness Terminology: a Literature Review', *Journal of poduct Innovation Management*, Vol. 19, Issue 2, 110—132.

Peneder Michael,2010, 'Technological Regimes and the Variety of Innovation Behaviour: Creating Integrated Taxonomies of Firms and Sectors', *Research Policy* 39, 323—334.

第十四章　研究项目的创新、管理与成功

李纪珍　蒲　欣

引　言

作为一个专业和研究领域,项目管理正持续不断地发展壮大。由于项目管理常被应用于新的国家、行业和应用领域,这使得对项目管理的需求也在持续不断地改变。在这一发展过程中,被界定为项目成功推动力或阻碍力的特点或可变因素,已受到越来越多研究群体的支持(Baker et al., 1988; Pinto & Slevin,1988)。理解这些因素的重要性主要体现在以下两点:首先,它提供了项目筛选的准则,并引导人们深入了解应该以怎样的方式管理项目。在许多这类研究中,受到诸如经济、社会、文化、商业部门等环境特征影响的成功因素的相对重要性,总被认为是最关键的(Belassi & Tukel, 1996)。

在中国,识别具体环境特征的需求,需要引入西方项目管理的理论和经验。总体来说,不仅存在许多显著的中国与西方发达国家之间的差别,并以某些重要途径重塑管理理念,而且还包括解释管理上的跨国转移都不是非常成功的证据。通过跨国的问卷调查,本章也通过各类方法对创新项目的成功因素进行了实证分析。同时,本章还会就中西方实际

环境对这些因素影响的异同之处进行比较。

本章的其余部分安排如下。我们先从相关文献的回顾着手,就后续的研究方法和数据进行描述,接着,我们给出成功因素的因子分析和回归分析以及对环境因素的影响。最后,我们得出针对新发现的观点和各种影响。

文献回顾

最早介绍成功或失败因素的是鲁宾和泽林(Rubin & Seeling,1967)。他们考察了一个项目经理的相关经验对项目成功或失败的影响。技术成果被看做衡量成功的标准,这项研究是根据阿沃兹(Avots,1969)的理论研究展开的。他归纳出项目失败的原因,并总结出项目经理的缺陷之处,即对项目的无计划终止和对高层管理人员的不支持是导致项目失败的首要原因。

在1986年,休斯开展了一项调研来识别影响项目成果的各种因素(Hughes,1986)。他总结出项目失败的原因是不适当的基本管理原则,比如对管理系统的不恰当关注,不适当的奖励行为和缺乏沟通等。此外,根据对八个复杂却最终失败的大型项目进行研究,莫里斯和霍夫(Morris & Houghe,1987)给出了项目成功的七类因素,例如目标性、不确定性、安排紧迫性等。

舒尔茨等人(Schultz et al. ,1987)找到了对关键因素进行分类的最主要影响之一,他们把各种因素分类为战略类和战术类。前一类包括的因素有项目任务、高层管理人员的支持和项目调度,而后一类的组成因素主要有客户咨询和人才的选拔和培训。在随后的研究中,平托和斯莱文(Pinto & Slevin,1988)辨析了成功的因素(例如高层管理人员的支持、技术任务、沟通交流等),以及这些成功因素在整个项目生命周期中的相对重要性。

此外,一些学者还强调了检测组织结构对项目有效性影响的重要性(Gobeli & Larson, 1987; Petersen & Malone, 1975; Thamhain & Wileman, 1975)。其中,最值得注意的一项研究是由戈贝利和拉尔森(1987)进行的,他们指出了项目管理范围内(功能上的、功能矩阵、平衡矩阵、项目矩阵和项目团队)的每种组织结构,都具有其自身的强项和弱项。同时,他们发现,项目矩阵和项目团队的组织结构被认为是最有效的。

这些早期的研究十分重视项目在技术水平和操作水平上的内部因素。平托和普雷斯科特(Pinto & Prescott,1988)指出,项目的一些外部因素并不包含在他们的研究之中。平托和科文(Pinto & Covin,1989)同样确认,在项目的整个生命周期中,项目的行为部分会影响各种成功因素的重要性。1996 年,贝拉塞和图克尔拓宽了研究范围并考虑了外部性(Belassi & Tukel, 1996)。他们认为,许多环境因素,比如政治、经济、社会和行业,还有与技术先进性有关的因素,都会积极地或者消极地影响项目的成功。无论是跨国家的实证研究,还是跨行业的实证研究,都足以佐证这个观点。近期,由于项目所处的环境条件随着国家和行业的不同而不断变化,在不同国家间对创新项目的成功因素进行研究已逐渐成为热门的研究选题。

创新项目正被许多企业广泛应用于新产品或新服务的开发,这正是为了能够实现并保持企业的竞争优势。除了上面提到的那些属于一般项目管理的因素,研究学者还普遍认为,一些特殊的因素,比如与工作相关的市场、项目构思和创造性等,对项目效益至关重要。

利用新产品项目的分析框架(Cooper, 1979),有学者在中国展开了一项问卷调查,并将他们的结果和在加拿大开展的同一个项目的创新成功因素进行比较(Parry & Song, 1994)。突出的区别包括以下几点:(1)在中国,竞争性行为是实现创新成功的关键障碍,这与在加拿大的情况大相径庭;(2)与加拿大企业不同的是,在过程的较早阶段,中国企业更加注重熟练程度,比如市场研究与筛选、初步的市场评估等;(3)在中国,从市场中汲取的创新想法可能会比从技术工作中获得的想法更容易成功,而在加拿大,无论哪种想法都具有较高的成功概率。类似的,米什拉等人(Mishra et al. , 1996)在韩国"复制"了新产品项目,并在韩国、中国和加拿大三个国家之间进行了比较。他们的研究揭示出,在国家内最重要的因素是市场情报、产品—企业兼容性和付诸的努力等。中国和加拿大在各种因素的相对重要性方面有很大的相似程度。与此同时,卡兰顿等人(Calantone,1996)调查了美国的142个新产品项目和中国的470个新产品项目。通过跨国比较,他们发现,成功因素的相对重要性各不相同。此外,有报告称,在中国市场营销的资源和技巧与项目的成功有着相对更紧密的联系,这也证实了前述研究中的一些结论(Parry & Song, 1994)。

许多学者还在不同的发达国家之间进行了更多的关于创新项目成功因素的实证研究(Balbontin,1999; Buisson, Garrett & Souder, 1977; Edgett,1992)。尽管这些研究并没有直接关注到中国,但基本观点是相似的:没有一个全球适用的成功法则,因为行业部门的特质、经济发展的阶段、经济体制和企业规模都各不相同。

研究方法和数据收集

承接之前的文献,这一节笔者考察了创新项目中的成功因素,并就其相对重要性分析了环境差异的影响。

分析的数据借鉴了阿瑟·里特尔于2004年进行的"创新卓越调研",此项调研是咨询领域内排名第三的全球调研。调研问卷的对象是不同国家和不同行业部门的业务经理(每个企业一份问卷)。在正式调研前先进行试点与测试,使得自我反馈的调研具有更好的解释性、可靠性和有效性。在问卷发出后,项目后期会有几轮跟进的电话、邮件和信函,通过这些联系方式来鼓励大家积极反馈。

调研问卷的所有项都是根据以往的研究和行业调研编写的，这样可以使得系统性错误尽可能减少到最小。除了基本的信息问题，例如国家和部门，所有的条目都通过五分制的里克特量表来，因为它能给出明确的结果，并且较容易使用（Ekanayake & Ofori, 2004）。此外，问卷还涉及了创新的众多方面。在这项研究中，我们的分析仅限于与项目成功因素有关的条目。在“成功因素和障碍”这一栏，总共有 20 个与项目管理相关的条目。受访者被要求根据各种条目的重要性做出评估（1 = 不重要，5 = 非常重要）。条目的具体内容请见表 14.1。

为了简化分析，我们首先运用因子分析来将庞大的问卷条目缩减为一小部分成功因子，再将得到的因子作为回归分析的基础。这里的成功因子和环境贡献，分别作为因变量和自变量。此外，统计软件包 SPSS 用作进行统计分析的软件。

表 14.1：因子分析结果

项目	因子 1	因子 2	因子 3	因子 4	因子 5
市场营销技能					
获得的市场情报	0.73				
系统的市场筛选	0.78				
明确的角色分配与市场数据的收集和评估	0.75				
对外开放的文化	0.55				
战略和流程					
战略规划		0.57			
创新目标和业务战略之间的紧密联系		0.65			
明晰的产品及服务战略		0.67			
产品开发过程和项目管理		0.69			
里程碑化进程		0.64			
方法和组织					
分包管理			0.65		
风险管理方法			0.69		
跨职能团队			0.56		

续表

关键项目阶段中各团队的相互地位			0.67		
项目构想					
创意管理				0.60	
系统构想的产生				0.79	
评估和选择新构想的方法和类别				0.79	
创新团队					
团队产生构想的可行时间					0.71
创造性员工					0.82
方差的百分比	14.99	13.96	12.97	11.74	9.66
方差的累计百分比	14.99	28.96	41.93	53.67	63.32
克隆巴赫系数	0.78	0.80	0.73	0.76	0.74

分析与结果

描述性分析

在所有的有效反馈中，有113个新产品项目是来自中国，有138个是来自北美和西欧的5个发达国家，分别是美国、比利时、意大利、西班牙和英国。在西方发达国家的样本中，比利时国家的项目比例最大，英国最小。按国家划分的样本分布的具体细节体现在图14.1中。

调研数据覆盖了较大范围的行业部门。样本来自13个部门，样本中涵盖了所有行业的完整列表，具体请参考图14.2。在这些行业中，样本中的电气工程、电子产品、化学品和资源占有较大比例（14.7%）。图14.2同样描述了跨行业部门的样本分布。

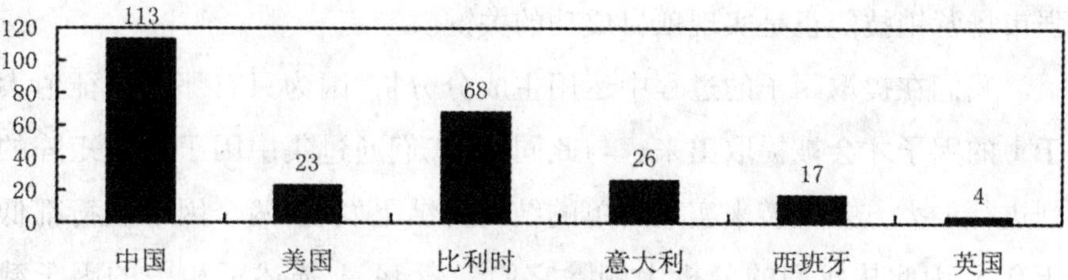

图 14.1:按国家划分的样本分布

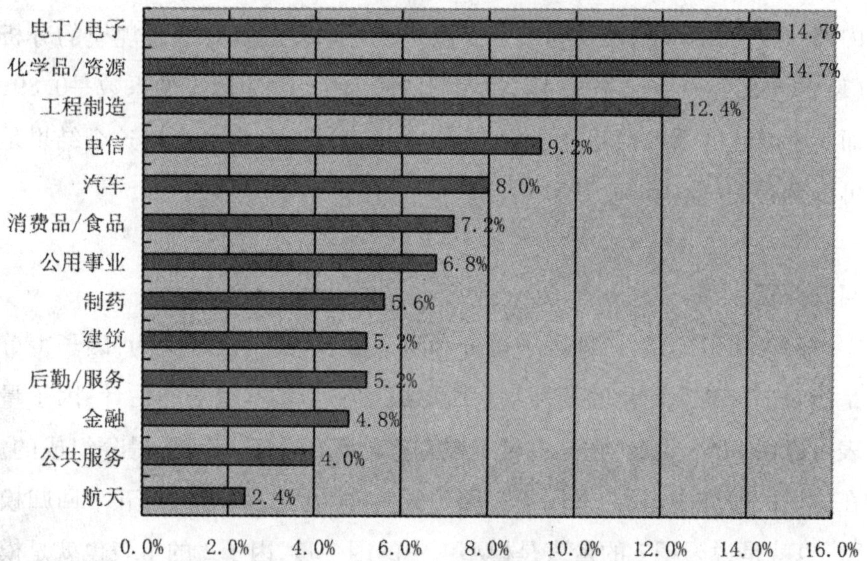

图 14.2:按行业划分的样本分布

因子分析

所有 20 个条目因素的 KMO(Kaiser-Meyer-Olkin)检验统计值是 0.89,表明这适用于因子分析(Jae-On & Mueller, 1978a);p 值小于0.001 时的巴特雷特球形检验结果为 1457,这意味着相关矩阵可能不是单位矩阵。从 20 个因素中通过因子分析提取的 5 个普通因子的累计贡献率达到 63.32%。共同的成功因子为市场营销技能、战略、流程、方法、组织、项目构想和创新团队。

根据因子分析的理论,在各种情况下第一个因子占总方差的最大部分。这个证据表明,在创新项目中,市场营销技能的区别最大。因此,增强市场营销技能正是实现项目成功的关键。

我们在提取因子的过程中运用主成分分析,因为只有那些特征值大于1的因子才会被提取出来。与此同时,我们通过集中因子载荷矩阵的列进行最大方差旋转来实现简单的结构。结果发现,两个因子载荷都低于0.5,因此从我们的分析中剔除它们。表14.1描述了相关的因子载荷。为了确保提取的每个因子的均质性,我们计算克隆巴赫系数。这种内部一致性的措施,被视为适合做像里克特这样的具有相当规模的分析(Kaplan & Saccuzzo, 1993)。在我们的研究中,18个因素的系数是0.89,而5个因子的系数都超过了0.7(表14.1底部已列出),所以这个结果是可以接受的(Crobach, 1951)。

回归分析

两个关键的条件,即因子得分和因子量表,被初次定义为:因子得分是指对一种被观测量的线性组合所形成的一个基本因子的估计;因子量表可以由SPSS生成,它是由所有被调查情况的一系列因子得分组成的。在这里的研究中,我们采用了5因子量表作为因变量来构建五个回归模型,也就是说因子1的量表是模型1中的因变量,因子2的量表也就是模型2中的因变量,以此类推。

为了对跨国家、跨部门或跨企业的成功因子的重要性进行对比,我们把这些企业的差异作为回归模型中的自变量。

作为国家的差异之处,我们把样本划分为两大类:中国和西方发达国家(美国、比利时、意大利、西班牙和英国)。在我们的模型中,虚拟变量D_0中的下标0代表中国,1代表西方发达国家。这样划分的理由有两点:第一,项目管理行业以往主要是从西方国家发展起来的,特别是美国和英国;第二,西方国家的文化集群相近,并且这些国家已被列为典型的经济发达的西方国家。

更进一步,我们根据中国国家统计局给出的分类标准(具体的中文细节可见 http://www.stats.gov.cn/tjbz)把样本划分为四个部门组,即制造业、服务业、建筑和资源。另外三个虚拟变量 D_1、D_2、D_3,被用来代表部门组。表 14.2 描述了具体的分类和虚拟变量的下标编码。

因此,在每个模型中有四个自变量。我们并不需要在意共线性的问题,因为没有哪两个变量会具有较高的相关系数。表 14.3 给出了回归分析的结果。其中,每个模型中的 R^2、调整后的 R^2、F 值和估计的标准差显示在表格的底部。

模型 1 的检验的结果是 4.31,其 p 值小于 0.001,所以自变量和因变量之间的线性关系很显著。调整后的 R^2 的值表明该模型解释了 6% 的方差。D_0 的系数为负并且在 0.001 的水平上显著。这意味着,对比那些西方发达国家,中国企业更注重创新项目的市场营销技能。此外,我们没有发现任何重要的证据可以表明,模型 1 的行业差异会影响市场营销技能的重要性。

表 14.2:部门组及其虚拟变量

编号	部门	详细信息	虚拟变量
1	制造业	汽车制造商和供应商;制药;电气工程和电子;电信、信息技术和传媒;工程和制造;消费品和食品	$D_1=1$ $D_2=0$ $D_3=0$
2	服务业	零售业;金融机构;后勤服务;公用事业;航天;公共服务	$D_1=0$ $D_2=1$ $D_3=0$
3	建筑业	建筑和建筑供应商	$D_1=0$ $D_2=0$ $D_3=1$
4	资源	化学品和资源	$D_1=0$ $D_2=0$ $D_3=1$

表 14.3:回归分析结果

	模型 1	模型 2	模型 3	模型 4	模型 5
自变量					
国家虚拟变量 D_0	-0.26***	0.19**	0.09*	0.16*	0.00
部门虚拟变量 D_1	0.06	0.00	0.24*	-0.22*	-0.16
部门虚拟变量 D_2	0.11	-0.19	-0.04	-0.10	-0.23*
部门虚拟变量 D_3	-0.01	-0.06	-0.07	-0.06	-0.14
模型参数					
R^2	0.08	0.09	0.08	0.05	0.03
调整后的 R^2	0.06	0.07	0.06	0.03	0.01
F 检验	4.31**	4.78***	4.41**	2.39+	1.48
显著水平	(0.002)	(0.001)	(0.002)	(0.052)	(0.21)
估计的标准差	0.98	0.97	0.97	0.96	0.99

N = 251; * $p < 0.05$; ** $p < 0.01$; *** $p < 0.001$; + $p = 0.052$

模型 2 的 F 检验也非常显著。与模型 1 不同的是,模型 2 中的系数显著为正,这意味着,对中国企业来说,项目战略和进程没有其在西方发达国家那么重要。部门虚拟变量对成功因子没有显著的影响。

模型 3 的线性关系式是明确的,并且国家差异是显著为正的。类似的,管理方法和组织对中国企业来说相对没有那么重要。系数 D_1 为正并且在 0.05 的水平上显著,这暗示了制造业行业的企业比其他行业更注重方法和组织。

在模型 4 中,F 检验的 p 值为 0.052,稍大于 0.05 的阈值。如果我们放宽一点显著条件,就存在线性关系。此时 D_0 显著为正,D_1 显著为负。在中国企业中或在制造业行业内,给出项目构想的建议没有那么重要。

由于 F 检验的 p 值(0.21)比 0.05 大,所以模型 5 与所得数据不是很一致。

讨论与结论

我们的研究结果表明,考虑到四个提取因子对创新项目成功的重要性,例如市场营销技能、战略与进程,方法与组织和项目构想等都存在显著的国家差异。尽管所有这些因素对实现创新项目的成功至关重要,但对于不同的国家,这种重要性水平也大有不同。

市场营销技能对中国的企业更重要,它归因于中国商业环境的特点。首先,作为拥有世界五分之一人口的大国,中国拥有的巨大市场规模十分具有吸引力。其次,中国经济正在以一个惊人的速度高速增长(例如由于20世纪80年代初期的改革开放政策,中国年均国内生产总值增长率已超过9%)。庞大的市场规模和迅猛的增长速度相结合,暗示着中国是一个巨大且充满活力的市场,这促使了中国企业充分利用市场营销技能,以此来唤醒市场潜力。另一方面,在中国由于运用这些市场营销技能的企业相对较少,运用这些技能的企业就会比其他没运用的拥有巨大的优势。相比之下,西方世界的市场是比较成熟和饱和的。经过长期的发展,几乎所有的企业都可以运用市场营销技能,因而,市场营销技能对这些企业获取创新成功来说不是那么重要。

创新项目的战略来自企业高层次的创新视野。由于经济水平的差异,中国的企业和西方发达国家的企业面临着不同的竞争环境,这导致了多样化的企业战略和项目战略。此外,在中国战略管理仍然是一个相对较新的管理领域,中国当地的企业还需要时间去逐渐领悟它的重要性。

类似的,如同基于进程和风险管理的里程碑,项目管理方法与组织发源于西方发达国家,并且已经历了一段漫长的发展。由于直到近些年项目管理方法与组织才被移植到中国,中国企业还需要更多的时间去学习它们,并将其运用于当地的商业环境。另外,这些因素和市场成功的关系，没有它们和市场营销技能的关系那么直接，因此可能同样会冲击对企业评价的重要性。

创新项目不属于单一的功能团队。恰恰相反，它是一个跨职能的，需要在创新团队和其他团队之间合作的系统努力。在改革开放政策之前，中国的企业总体上只是由政府机构控制的生产经营单位。专门的职能部门，比如市场营销、研发和销售，直到最近二十年才在企业内部建立起来。中国企业在项目组织领域的差距并不令人惊讶。与此同时，一些学者（Ping & David，2004）认为，诸如较大的权力差距和较强的不确定性规避之类的中国文化特征，使得较之于西方的项目经理，中国的项目经理更不愿意使用矩阵式组织结构；而矩阵式组织结构正是专为跨职能部门的合作和团队的重新定位而设计的。

在过去的中央计划经济下，发展新产品或新服务的任务是由政府设定的。尽管在过去二十年的发展中，中国企业在新产品构思领域取得了不少成就，但它们可能仍然落后于西方发达国家的企业，这导致了项目构思重要性方面的评估差异。

总之，创新项目的成功因素的重要性，会受诸如产业部门、经济体制、企业规模等外部环境特质的影响，因此目前尚未为大家普遍认知。在这个探索性研究中，我们发现了显著的国家差异，这种差异正是与创新项目的大多数成功因素的重要性相关的。统计分析解释了中国企业更注重与市场相关的活动，而不太注重其他因素。这样做的同时，它们的竞争优势更依赖于市场营销技能。在项目后期阶段的管理改进，例如战略规划、明晰进度等，可能是它们维持竞争优势的未来资源。与此同时，中国企业仍然在某些领域落后于西方企业。这一点很可能会引起在中国的合资企业的国外合作伙伴的关注。它们应该特别关注对项目管理方法、进程和组织等必要知识向中国企业的移植。（蔡悦 译）

参考文献：

Avots, I. , 1969, ' Why does Project Management Fail?', *California Management Review* , Fall, 77—82.

Baker B. N. , Murphy D. C. and Fisher D. , 1988, ' Factors Affecting Project Success', in Cleland D. I, King W. R (eds) *Project Management Handbook* (2nd ed.). New York: John Wiley.

Balbontin A. , Yazdani B. and Cooper R. , 1999, ' New Product Development Success Factors in American and British firms', *International Journal of Technology Management*, 17 (3): 259—281.

Belassi W. and Tukel O. I. ,1996, ' A New Framework for Determining Critical Success/Failure Factors in Project', *International Journal of Project Management* , 14(3): 141—151.

Buisson, D. , Garrett, T. and Souder, W. E. ,1997, ' Success through Customer-driven new Product Development: a Comparison of US and New Zealand Small Entrepreneurial High Technology Firms', *Journal of Product Innovation Management*, 14(6): 459—472.

Calantone R. J. , Schmidt J. B. and Song X. M. , 1996, ' Controllable Factors of New Product Success—A Cross-national Comparison', *Marketing Science* , 15(4): 341—358.

Pinto J. K. and Covin J. G. , 1989, ' Critical Factors in Project Implementation a Comparison of Construction and R&D Projects', *Technovation* , 9(1): 49—62.

Pinto J. K. and Prescott J. E. , 1988, ' Variations in Critical Success Factors Over the Stages in the Project Life Cycle', *Journal of Management* , 14(1): 5—18.

Pinto J. K. and Slevin D. P. ,1988, ' Critical Success Factors Across the Project Life Cycle', *Project Management Journal* , 19(3): 67—75.

第十五章 香港和澳门的银行效率和生产率增长

傅晓青 冯亦林

引 言

一直以来,效率和生产率都是银行业研究的重点。与这些论题有关的调查结果,对于那些担心银行安全与稳健的政策制定者来说有重要意义,这些对于寻求改善经营业绩的银行经理来说,同样具有重要意义。美国和欧洲的银行已经进行了相当多的研究,然而现有的对亚洲银行的调查研究却相对较少(Berger & Humphrey, 1997; Isik & Hassan, 2003)。本章通过比较分析1995年到2006年香港和澳门这两个亚洲经济体的商业银行技术效率和生产率变化的演变对文献作出了贡献。

香港和澳门为银行效率和生产率增长的调查提供了独特的环境。此外,它们还是两个密切相关的经济体,有许多的共同点和经验的。第一,香港和澳门都是在分别作为了英国和葡萄牙的一个多世纪的殖民地后,于20世纪90年代后期成为了中国的特别行政区。因此,这两个地区在移交给中国政府之后,两地区的银行部门在很大程度上受到中国经济发展,以及中国中央政府所实施的各项政策的影响。第二,在我们的采样周期内,银行业一直是对这两个地区的经济发展作出较大贡献的四个重要行业之一。第三,这两个地区都采用了联系汇率制度。在此种制度下,澳门元与港币挂钩,而港币又与美元挂钩。这表明这两个地区都受到美国经济的很大影响。第四,这两个地区在各自的殖民地时期,都有着悠久的自由放任经济的传统,并且在中国政府的管理下都致力于维护自由市场的立场。总体上,由于 1997 年的亚洲金融危机、20 世纪 90 年代后期过渡到中国政府管理,以及 2001 年到 2002 年全球经济的衰退,这两个市场的银行业在采样期间都发生了实质性的变化。

有趣的是,这两个地区的银行部门之间也有很大的差异。首先,香港是一个有着 150 个持牌银行和发达金融市场的国际金融中心。香港证券交易所是世界第七大证券交易所,且 2009 年其总市值已达到 2.35 万亿美元。同一年,企业在香港的融资总额占全球首次公开募股的 22%,使其成为了世界上最大的首次公开募服中心。相比之下,澳门是一个只有 24 个持有正式牌照银行,以及一个相对欠发达金融市场的开放但较小的经济体。事实上,在澳门并没有证券市场。其次,香港的银行在资产规模上比澳门的要大。在我们的研究中,样本内香港银行的平均资产规模大约为 2212 亿元港币,而在我们的研究中,样本内澳门银行的平均资产规模是 88 亿元港币。再次,较之于澳门的银行,香港的银行已经开发出了更复杂的产品,以满足广大客户的需求,同时改善其风险管理机制;而澳门的银行通常只为它们的客户提供传统的银行产品(例如活期储蓄账户、贷款和银行卡)。这些银行中只有一小部分提供了非常有限的投资服务,比如外汇交易和股票经纪服务等。相反,香港的银行频繁地提供证券、单位信托基金、债券和各种形式的结构化产品来满足客户的投资需求。

通过采用数据包络分析法(DEA),本文对 1995 年至 2006 年内香港和澳门的银行技术效率和曼奎斯特全要素生产率变化指数进行了估计。特别是,本文研究了上述采样周期内的曼奎斯特全要素生产率变化指数的趋势与波动。此外,我们对曼奎斯特全要素生产率变化指数的成分也进行了估计，并且找出了曼奎斯特全要素生产率变化的驱动力。最后，我们检验了技术效率。

本文研究对现有文献的贡献如下。首先，这是首次在中国的两个特别行政区对银行效率和曼奎斯特全要素生产率变化提供明确的比较研究。其次，这项研究找到了在两个经济体中曼奎斯特全要素生产率变化的驱动力。再次，与以往研究相比（Kwan，2006；Drake et al.，2006；Hall et al.，2008），这次研究更多考虑了近期的数据。最重要的是，回首1995年到2006年的一个优势就是，这个阶段涵盖了1997年的亚洲金融危机、20世纪90年代后期过渡到中国政府的管理，以及2001年至2002年的全球经济衰退。

本章的剩余部分组织如下。第二部分简要描述了香港和澳门的银行业。第三部分阐明了理论框架并回顾了以往的实证研究。在本章的第四部分，解释了所用的方法与数据。本章第五部分讨论了所得到的实证结果，最后一部分总结了我们的研究。

香港和澳门银行业概述

香港是一个国际金融中心。金融服务业是推动香港经济增长的四个重点行业之一，从1996年到2008年间，其在国内生产总值中所占的平均百分比为12.73%。与此同时，银行业在金融服务领域发挥着主导作用，在同一时期，它对国内生产总值的平均贡献约为8.62%。香港的银行业涵盖了三种类型的认可机构，包括持牌银行、有限制牌照银行和接受存款公司。所有这些都被授权可从公众吸纳存款，但只有持牌银行才能为客户提供基本的商业银行业务，比如开设支票和储蓄账户、接受任何数额与期限的存款，以及支付或收取由客户签发或支付的支票。考虑到给予有限制牌照银行和接受存款公司的各种限制，本文的研究重点放在了持牌银行的演变和表现上。截至2010年3月，香港共有147家持牌银行。在这些持牌银行中,23 家是本地注册的,其余的都是外国银行的分行。至 2010 年 3 月,所有持牌银行的存款和资产总额分别达到了6.45 万亿港币和 10.64 万亿港币。

香港金融管理局是香港银行业的监管机构,它成立于 1993 年 4 月。香港金融管理局负责维持货币及银行体系的稳定,其于 1983 年开始采用了联系汇率制度,港币与美元以 7.8 港币兑 1 美元的汇率正式关联。此外,香港金融管理局在 1994 年至 2001 年间逐步放开利率以此来刺激银行业的竞争。在取消利率管制的第一阶段(1994—1999),各种不同类型的定期存款利率逐渐自由化,而在第二阶段(2000—2001),其余的利率上限也被取消了。考虑到对外国银行的这些限制,香港金融管理局在 1999 年放松了所谓的"一幢楼"限制而变为"三幢楼"限制,并最终于 2001 年完全取消了限制。① 外资银行的市场准入标准也于 2002 年自由开放(Hall et al. ,2008)。最后,香港金融管理局发出了各项规定,以确保银行系统的安全性和稳定性。例如,香港本地注册银行被要求要维持巴塞尔委员会提出的 8% 的最低资本充足率的要求,而所有的授权机构被要求要满足 25% 的最低月平均流动比率。更进一步,2006 年 9 月制定了包括每位存款人每个银行 10 万港币的承保上限的存款保障计划。香港所有的持牌银行都是这个保障计划的成员。

与已观察到的香港的情况类似,澳门的银行业也是推动经济发展的四大重点行业之一。此外,在 1996 年至 2008 年间,澳门银行业平均构成了澳门国内生产总值的 7.85%。除了两家离岸银行,澳门所有的银行都是拥有完整银行牌照的零售银行。2010 年 3 月,澳门拥有 24 家完整牌照的银行,其中 10 家是本地注册的,14 家是外国银行的分行。这些本地注册银行和外国银行分行的存款和资产总额约分别为 3000 亿澳门元

---

① "一幢楼"限制是指国外银行只能在同一楼宇内设立从事银行业务目的的办事处。"三幢楼"限制是指他们可以在三个不同的楼宇进行运营,而不是一个楼宇。(来源:香港金融管理局,2010)

(2900 亿港币)和 4400 亿澳门元(4300 亿港币)。

澳门金融管理局成立于 1989 年,负责制定和实施货币政策,以及对金融机构进行监督管理。澳门金融管理局同样采用联系汇率制度。在这个制度下,澳门元与港币以 1.03 澳门元兑 1 港币的汇率挂钩。此外,澳门于 1993 年颁布了引入银行改革的金融系统措施,这是为了确保澳门银行系统的稳健性。这项措施采用了巴塞尔委员会的建议,并随后出台了各种规则。例如,所有的澳门银行必须分别满足 8% 的最低资本充足率和 20% 的最低资本流动比率。最后,为了以一种安全审慎的方式帮助澳门的银行加强其财务表现,并确保澳门的银行有能力保持稳定和加强其风险应对能力,澳门金融管理局于 2000 年后发出了一系列关于银行内部控制和风险管理的指引和规则。

在过去十五年的进程中,许多重要事件都极大影响了香港和澳门的银行业。从最早的 1997 年的亚洲金融危机,20 世纪 90 年代后期过渡到中国政府管理,以及 2001 年至 2002 年间的经济衰退,这些都深深影响了香港和澳门的银行业。首先,香港和澳门的银行在 1997 年的亚洲金融危机中承受了巨大打击。这些银行中的绝大多数都经历了资产质量的持续恶化,以及 1997 年至 1998 年间的盈利能力的大幅下降。从表 15.1 中可以看出,香港和澳门的银行的平均资产收益率分别从 1997 年的 1.39% 和 1.05%,下降到 1998 年的 0.86% 和 0.75%。香港的银行的平均成本收入比从 39.5% 上升到 42.1%,而澳门的银行则从 51.86% 上升到了 66.29%。与此同时,香港的银行平均坏账率占总资产的比例从 0.19% 上升到 0.6%,而澳门的银行从 0.19% 上升到了 0.49%。为了解决这些问题,香港和澳门的银行采取了一些新的策略,例如增强流动性,并提高它们在借贷行为上的谨慎性和选择性水平。贷款审查和收集程序被大大改进,以此来确保银行能够在早期阶段识别出有问题的贷款,并采取相应措施保护它们的金融头寸。银行在它们的资产负债管理上也变得更加积极主动,特别是在与筹资战略和如何在竞争中给存款定价相关的方面。

其次,香港和澳门分别于1997年和1999年成为中国的特别行政区。过渡到中国政府的管理,加深了香港、澳门和中国内地的经济关系,例如更紧密经贸关系(CEPAs),以及涵盖个人旅行者计划(ITS)的旅游开放。更紧密经贸关系是在中国中央政府和香港、澳门政府之间的自由贸易协定。它们出台于2004年1月,为香港和澳门的公司提供了进入内地市场的优惠准入条件。香港和澳门的更紧密经贸关系基本类似,然而在其特定框架下,由于规模的限制,澳门的银行暂时还不能直接进入内地市场设立分支银行。根据更紧密经贸关系,为了在内地建立分支银行,香港和澳门的银行要求拥有超过60亿美元的资产。从实际情况来看,香港的一些银行可以满足这个资产要求,然而澳门的银行没有一家可以满足这项要求,因为最大的本地注册银行只有总计达30亿美元的持有资产。因此,更紧密经贸关系帮助了香港当地注册银行在中国内地的扩张,但没有帮助澳门当地注册银行的扩张。例如,通过更紧密经贸关系,现已有八家香港当地的注册银行可以在内地设立分支银行。在这八家银行中,从2008年底,已有五家银行开设了六家新的内地分支银行。此外,在更紧密经贸关系下,从2004年初开始,香港和澳门的银行都允许开展个人人民币业务。这两个地区在2004年发行了第一张人民币银行卡。这些银行卡可以与中国银联网络相联接,在2009年,在内地有被超过40万个商家和5万个自动提款机可以使用。

2003年7月生效的个人旅行者计划允许中国内地的游客以个人名义到香港和澳门旅行。在这项计划之前,内地居民通常只能通过商务签注或团队旅游到访香港和澳门。从2003年3月至6月爆发的传染性非典型肺炎(SARS)导致了内地和海外游客人数的骤减,这严重影响了旅游业。为了刺激香港和澳门的经济,内地政府实行了个人旅行者计划。这项计划使得内地游客数目激增。在2003年的7月28日至11月4日这个很短的时间段内,超过60万的内地游客申请了签注,45万的签注被发出。在这项计划下,至2004年5月,游客的数量达到了200万。

表15.1:香港和澳门的银行主要绩效比率(%)

	1995	1996	1997	1998	1999	2000	2001	2002	2003	2004	2005	2006
面板A:香港的银行												
GDP	NA	7.9	7.5	7.5	8.2	8.4	8.2	8.3	8.5	8.1	8.0	9.6
ROA	1.82	1.78	1.39	0.86	0.94	1.16	1.05	1.18	1.18	1.39	1.40	1.35
坏账计提/总资产	0.08	0.18	0.19	0.60	0.76	0.44	0.40	0.34	0.29	0.02	0.01	0.01
成本/收入	38.6	37.0	39.5	42.1	39.0	38.1	42.2	39.3	38.6	41.4	41.8	42.7
面板B:澳门的银行												
GDP	6.8	7.0	7.6	9.4	7.9	8.8	8.2	8.0	7.0	6.1	7.8	8.7
ROA	1.23	1.16	1.05	0.75	0.06	0.54	0.41	0.62	0.63	0.85	1.57	1.65
坏账计提/总资产	0.26	0.21	0.19	0.49	0.95	0.85	0.83	0.68	0.58	0.31	0.18	0.10
成本/收入	52.92	51.48	61.45	56.77	52.68	49.27	44.69	42.92	37.56	36.79	35.23	33.05

数据来源:香港政府统计处,香港金融管理局年度报告;澳门统计暨普查局,澳门金融管理局年度报告。

总体上,中国内地为香港和澳门的银行提供了大量的机会,这些机会不仅与新业务的开发有关,还与扩大现有客户关系相关。因此,香港和澳门的银行的平均资产收益率分别从2003年的1.18%和0.63%,上升到2004年的1.39%和0.85%;这些数据又分别上升到2005年的1.4%和1.57%。与此同时,香港和澳门的银行的总资产比例中的平均坏账率,分别从2003年的0.29%和0.58%,下降到2004年的0.02%和0.31%,并且分别进一步下降到了2005年的0.01%和0.18%。另外,1999年过渡到中国政府管理,特别对澳门产生了实质性的积极影响。在这个地区,平均资产收益率从1999年的0.06%上升到了2000年的0.54%,然而,同时期的总资产比例中的平均坏账率和成本收入比,分别从0.95%和97.26%下降到了0.85%和78.7%。对香港的银行来说,由于1997年的亚洲金融危机与过渡到中国政府管理的混合效应,这种格局是不确定的。

最后,香港和澳门都是开放自由的经济体,因此,它们都受到了2001年至2002年全球经济衰退的严重影响。香港和澳门的银行的资产收益率在2001年至2002年间,分别下降了0.11%和0.13%。与此同时,香港和澳门的银行业务对国内生产总值的贡献也分别下降了0.2%和0.6%。

简要的文献综述

在银行业的相关文献中,只有极少数的学术研究考察了香港银行业的效率和生产率变化。据我们所知,还没有针对澳门银行业这些问题的实证研究。有学者通过采用随机前沿方法,估计了1992年至1999年间的51家香港银行的成本的X效率(Kwan,2006)。其中,结果表明香港的银行的X效率很大,平均达到了总成本的16%至30%。此外,发现X效率随时间推移而下降,这与银行业的技术革新是一致的。更进一步,尽管随着时间推移,香港的大型银行与小型银行在绩效上的差距逐渐缩小,但似乎大型银行比小型银行的效率要低。最后一点,我们发现,香港银行的X效率与某些特征相关,包括银行规模、发放贷款和收集存款的能力、资产质量和贷款增长。

德雷克等人(Drake et al.,2006)利用了传统的规模报酬可变模型(BCC)方法和托尼的SBM模型,并结合创新的基于利润的DEA规范,评估了从1995年至2001年段间的香港各类银行的相对技术效率。样本集包括了银行控股公司、商业银行、投资银行和非银行业信贷机构。他们的结论显示,香港的银行有较明显的技术低效率。此外,有证据显示,在拥有各种资产规模的财团或银行部门中,以及由于环境因素对不同规模的财团或金融部门的不同影响,其效率水平和趋势有相当大的差异。最后,过渡到中国政府管理和1997年的亚洲金融危机,似乎没有对相应的效率产生显著的影响;然而,这些研究结果表明,金融危机的影响可能是由于宏观经济和房地产市场的不良发展。

通过利用托尼的 SBM 模型,并结合了引导指令技术(bootstrapping techniques),霍尔等人(Hall et al.,2008)检验了香港银行业效率的演变,以及从2000 年至2006 年阶段的后危机时代的宏观经济决定因素。他们的结果表明,2001 年存在一个对香港银行效率的显著负面影响,这可能是因为对存款利率的放松管制和美国 911 恐怖袭击的不利经济后果。然而,2001 年之后大多数银行报告了一个效率上的稳步增长,并且 2003 年的传染性非典型肺炎并没有明显影响其效率。此外,尽管大型银行可以享受到规模经济,但小型银行仍显示出比大型银行更有效率。最后,他们还发现,私人消费和房屋租赁显著影响着银行的效率。

研究方法和数据

非参数估计方法

在有关银行业的文献中,有两种独立的方法可以被运用到估计技术效率和全要素生产率增长中,即非参数估计方法,比如 DEA,以及参数方法,比如随机前沿方法(SFA)。这两种方法在很多方面都有所不同。首先,非参数方法并不需要有一个先验的规范的生产函数,且不用考虑统计噪声。相比之下,参数估计会混淆任何函数形式误设的影响,但可以纳入统计噪声。其次,非参数方法可能会揭示出隐含在数据中的较大差异,而参数方法通常包括一个面板数据的时间趋势,这可能使得生产率变化随着时间而变得平滑。最后,为了得到较可靠的估计,参数方法可能需要较大的样本容量,而非参数方法需要的数据相对较少。

考虑到我们研究的样本容量较小,因此我们利用非参数模型 DEA 来估计投入距离函数。我们计算并比较了香港和澳门的银行效率和生产率变化。投入距离函数可以测量从根本上减少投入使用的最大值,但

仍然可以产生一个已知的产出向量。根据谢泼德(Shephard,1953,1970)的研究,投入距离函数的定义如下:

$$d(x,y)=\mathrm{M_ax}\{\lambda:(x/\lambda)\epsilon L(y)\}, \tag{15.1}$$

这里的投入集 $L(y)$ 代表所有投入向量 x 的集合,投入向量 x 可以得到产出向量 y。

技术效率是指对于一个给定的产出可以使投入最小化的能力,它是在可变规模报酬的前提下计算的。在这里,它表示在目前的生产水平下,如果银行管理层不浪费投入,那么投入使用会按比例减少,这可能是规模无效率。效率评分值设定在 0 到 1 之间,0 和 1 分别代表表现最差和最好的银行。全要素生产率变化描述了产出相对投入的变化率(Fried et al. ,1993;Kumbhakar & Lovell,2000)。曼奎斯特全要素生产率变化指数是在有关银行业的文献中较为流行的测量全要素生产率变化的指数,因为它可以从边界的转移(例如,技术变化 $T\triangle$)中区分出追赶边界(例如技术效率改进)的影响。它也允许考察效率变化的主要来源,也就是管理方式的改进(纯技术效率改进 $PTE\triangle$)或者朝着最优规模改进(规模效率改进 $SE\triangle$)。由于创新(例如技术进步)、监管政策的变化(例如金融自由化)或市场结构的变化(即竞争加剧),以及金融股市的剧烈震荡(例如金融危机),都可能会使产出边界随着时间向上或向下移动。被用来估计曼奎斯特全要素生产率变化指数的等式计算如下:

$$M(x^t,y^t,x^{t+1},y^{t+1})=\frac{d_v^{t+1}(x^{t+1},y^{t+1})}{d_v^t(x^1,y^1)}(PTE\triangle)$$

$$\times\left[\frac{d_c^{t+1}(x^{t+1},y^{t+1})/d_v^{t+1}(x^{t+1},y^{t+1})}{d_c^t(x^t,y^t)/d_v^t(x^t,y^t)}\right](SE\triangle)$$

$$\times\left[\frac{d_c^t(x^{t+1},y^{t+1})}{d_c^{t+1}(x^{t+1},y^{t+1})}\times\frac{d_c^t(x^t,y^t)}{d_c^{t+1}(x^t,y^t)}\right]^1/2(T\triangle)\ (15.2)$$

这里的 y 是产出向量;x 是投入向量;t 和 $t+1$ 是两个向量的时间段;v 是可变规模报酬技术;c 是不变规模报酬技术。

在 t 到 $t+1$ 时间段内，$M>1$ 意味着全要素生产率增长，$M=1$ 意味着全要素生产率保持不变，$M<1$ 意味着全要素生产率衰减。类似的不等式对 $PTE\triangle$、$SE\triangle$ 和 $T\triangle$ 也同样适用。

数据

所有数据主要是从全球银行与金融机构分析库、香港金融管理局、澳门金融管理局和各家银行的年报中收集的。由此产生的数据包括一个从1995年至2006时间段香港和澳门的主要商业银行的年度的平衡面板数据，共计372个观测值(其中香港17家，澳门14家)。样本银行包括在香港和澳门注册的持有正式牌照的持牌银行。它们占到了2006年香港和澳门银行资产总额的90%。两个特区的样本池被用作估计。因此，所得到的结果反映了整个样本的技术效率和全要素生产率变化的分散性，这使得跨区域的比较在统计学上更为可靠。

本文采用了中介法来指定投入和产出。投入包括已购入基金、固定资产和个人支出，而产出由净贷款总额、其他生息资产和非利息收入组成。表15.2概括了在上述采样周期中，这项研究使用的变量的描述性统计。样本银行的财务特征中有很大的不同，平均而言，香港银行的投入和产出都比澳门银行的相对大一些。

表15.2：概要统计

	均值	标准差	最大值	最小值
面板A：所有样本银行				
投入				
购入资金	106056.28	321397.59	3056846.88	261.14
固定资产	2834.99	7990.30	53332.08	0.03
人员费用	763.90	2464.47	23316.43	0.40
产出				

续表

总的净贷款	54820.74	150610.50	1156604.40	0.11
其他收益资产	56992.05	181948.34	1875545.38	69.05
非利息收入	1160.57	4277.54	44852.16	1.05
面板 B:香港				
投入				
购入资金	187060.25	417254.74	3056846.88	7001.68
固定资产	5068.58	10274.13	53332.08	53.61
人员费用	1353.44	3213.11	23316.43	73.02
产出				
总的净贷款	97413.55	193407.07	1156604.40	4977.74
其他收益资产	100156.93	237326.69	1875545.38	2065.68
非利息收入	2048.64	5627.59	44852.16	40.34
面板 C:澳门				
投入				
购入资金	7694.32	9901.61	48070.42	261.14
固定资产	122.76	166.43	681.10	0.03
人员费用	48.03	55.71	285.46	0.40
产出				
总的净贷款	3100.91	3970.49	18379.22	0.11
其他收益资产	4577.55	6300.31	36617.78	69.05
非利息收入	82.20	136.53	1151.05	1.05

注释:所有财务数据均以 2002 年不变价格利用个别地区生产总值平减指数计算的,然后通过 HK $ 100 = MOP103 的汇率以百万港币单位报告。

实证结果

技术效率

在整个样本时间段,香港银行的平均技术效率为 0.98,尽管统计上显著，但只比澳门银行0.97的平均效率略微高一些。图15.1的面板A显示出从1995年至2000年中，香港的银行(0.98)在整个时间段内比澳门的银行(0.97)更有效率。特别是，过渡到中国政府管理和1997年的亚洲金融危机，并没有显示出显著地影响香港银行的相对效率，这与德雷克等人(2006)的结论是一致的。实际上，香港的银行采取了一些新的战略，以面对金融危机施加的挑战。收入的压力意味着它们不得不更加关注成本；因此，一些银行冻结了它们的员工人数，还有一些决定裁员并关闭分支银行。此外，银行还尝试寻找更加便宜、更加有效的为其客户提供产品和服务的方法，例如，通过电话呼叫中心、电子银行和分支行网络的细分化。银行业把更多重点放在使用分支网络来交叉销售其他产品，例如单位信托基金和保险，以此来发展其非利息收入来源。然而，在1997年亚洲金融危机使银行效率显著恶化的时候，澳门的银行效率评分从1996年的0.98下降到2000年的0.95。另外，在1999年过渡到中国政府管理之后，澳门的银行效率基本得到改善，效率增加到了2001年的0.98。

面板A：全部样本银行

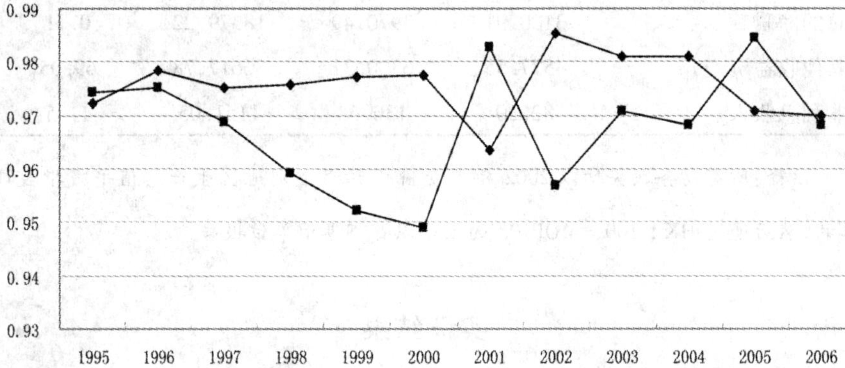

面板 B:小银行与大银行的对比

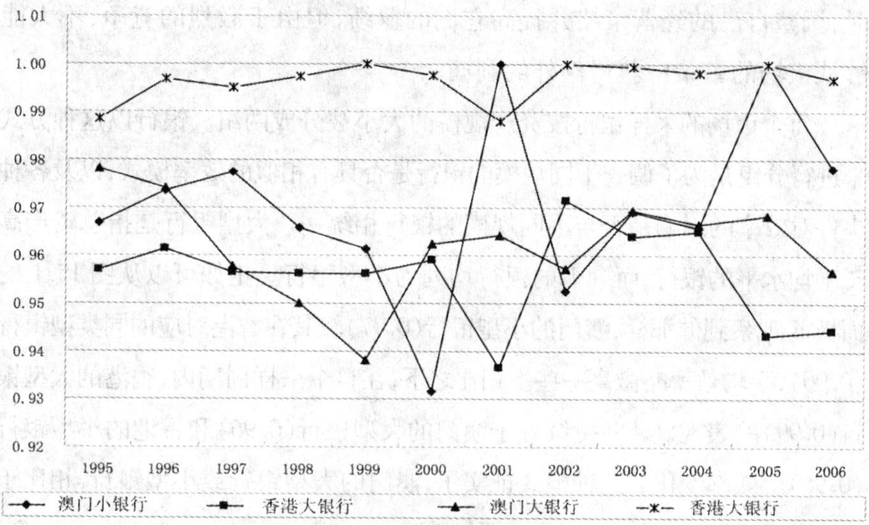

图 15.1:技术效率

在 2001 年至 2006 年间,香港和澳门的银行效率都很不稳定。实质效率从 2001 年至 2002 年的下降主要是由于全球经济的衰退。由于个人旅行者计划使得与内地的关系更加紧密,澳门银行的效率在 2002 年开始大幅反弹。然而,对于香港的银行,并没有证据显示它们的银行效率因为更紧密经贸关系或个人旅行者计划从与内地的紧密联系中获益。此外,结果显示,在 2001 年,香港的银行效率有一个显著下降。这与霍尔等人(2008)的结论是一致的,霍尔等人认为,这种下降很可能是由于存款利率的放松管制和 9 · 11 恐怖袭击的原因。1999 年广东国际信托投资公司崩溃的滞后效应,可能是所观察到的这种下降的另一个原因。许多澳门的银行向广东国际信托投资公司大量借出,然而由于广东国际信托投资公司的破产,它们不得不注销很大一部分不良贷款。香港和澳门的银行效率的差异可能归因于这样一个事实,即澳门是一个相对较小的经济体,它与香港相比拥有一个欠发达的银行业。因此,它的银行业相对于宏观经济的变动更加敏感,例如 1997 年的亚洲金融危机,以及

2002 年的开放旅游。换一个说法,似乎是香港的银行更能在经济下行时,调整自己的经营策略并提高它们的业绩,但由于激烈的竞争,不太能够从市场的繁荣中获得额外的利润。

每个市场的采样银行按资产规模的大小被分成两组。银行以这种方式来进行分组是为了调查不同规模的银行是否具有相似的效率模式,以及各种事件对效率的影响是否与不同规模的银行相统一。大型银行是指总资产高于平均水平的银行,而剩下的银行均列为小型银行。正如可以从图 15.1 的面板 B 观察到的那样,澳门的小型银行(0.97)较其在香港对应的同类型银行(0.96),平均效率略微高一些。相比之下,在整个采样周期内,香港的大型银行(0.99)的表现显著并持续好于澳门的大型银行(0.96)和香港的小型银行(0.96)。效率变化的这种模式证实了,澳门的大型银行或小型银行,相比于香港的同类银行,对环境变化要更加敏感。

曼奎斯特全要素生产率(全要素生产率)变化指数

表 15.3 给出了从 1995 年至 2006 年的时间段内,曼奎斯特全要素生产率变化指数的年平均估计值,以及它在香港与澳门的银行的互斥部分。平均而言,两个市场的银行在整个采样期间都拥有正增长的全要素生产率。澳门银行的生产率平均增长 1.7%,而香港银行的年平均全要素生产率的增长率只有 0.8%。两个全要素生产率变化指数的分解表明,技术进步是两地区全要素生产率增长的关键驱动力。技术创新使得银行巩固了后台办公职能和跨境交易流程,以此来优化节约成本。同样的,由于信息技术的发展可以在适当技能存在的任何位置进行,银行也可以在生产率优势最大的地方开发自己的系统和软件。这个结果与先前有关中国内地银行业的研究结果是一致的。例如,有学者发现,在内地的银行中,技术进步与效率对全要素生产率增长的贡献近似相同(Yao et al.,2008)。技术变革是除了城市商业银行以外的内地银行业要素生产率增长的关键驱动力(Matthews & Zhang, 2009)。

澳门的小型银行(2.7%)表现优于香港的同类银行(0.9%),其中技术进步是两个市场的关键驱动力。此外,小型银行效率的平均变化在香港是负的(-0.1%),但在澳门却是正的(0.1%),这暗示了,澳门的小型银行能够通过与技术进步有关的提高效率的措施,实现生产率的增长。转而看向大型银行,澳门的大型银行(1.1%)相比于香港的同类银行(0.7%),具有更快的生长率增长。技术进步是两个市场的全要素生产率增长的关键动因,然而,技术效率的提高(0.1%)是香港大型银行全要素生产率增长的另一个显著贡献。对澳门的大型银行来说,规模效益的提高是另一个主要来源,并且技术进步在两种类型银行的全要素生产率增长中都扮演了至关重要的角色。

表15.3:Malmquist 全要素生产率变动指数(199—2006)

	香港	澳门
面板 A:全部银行		
曼奎斯特全要素生产率变化指数	1.008	1.017
T△	1.009	1.018
PTE△	1.000	1.000
SE△	0.999	0.999
面板 B:小银行		
曼奎斯特全要素生产率变化指数	1.009	1.027
T△	1.011	1.026
PTE△	0.999	1.001
SE△	0.999	0.998
面板 C:大银行		
曼奎斯特全要素生产率 变动指数	1.006	1.010
T△	1.007	1.011
PTE△	1.001	0.998
SE△	0.999	1.001

注释：曼奎斯特全要素生产率变化指数 = $T_{\triangle} * PTE_{\triangle} * SE_{\triangle}$，这里 $T_{\triangle}$ 表示技术变革，$PTE_{\triangle}$ 表示纯效率变动，$SE_{\triangle}$ 而表示规模效率变动。

正如图 15.2 中的面板 A 所示的那样，在整个采样周期，由于全要素生产率变动，澳门银行业相对于香港的银行更加不稳定。

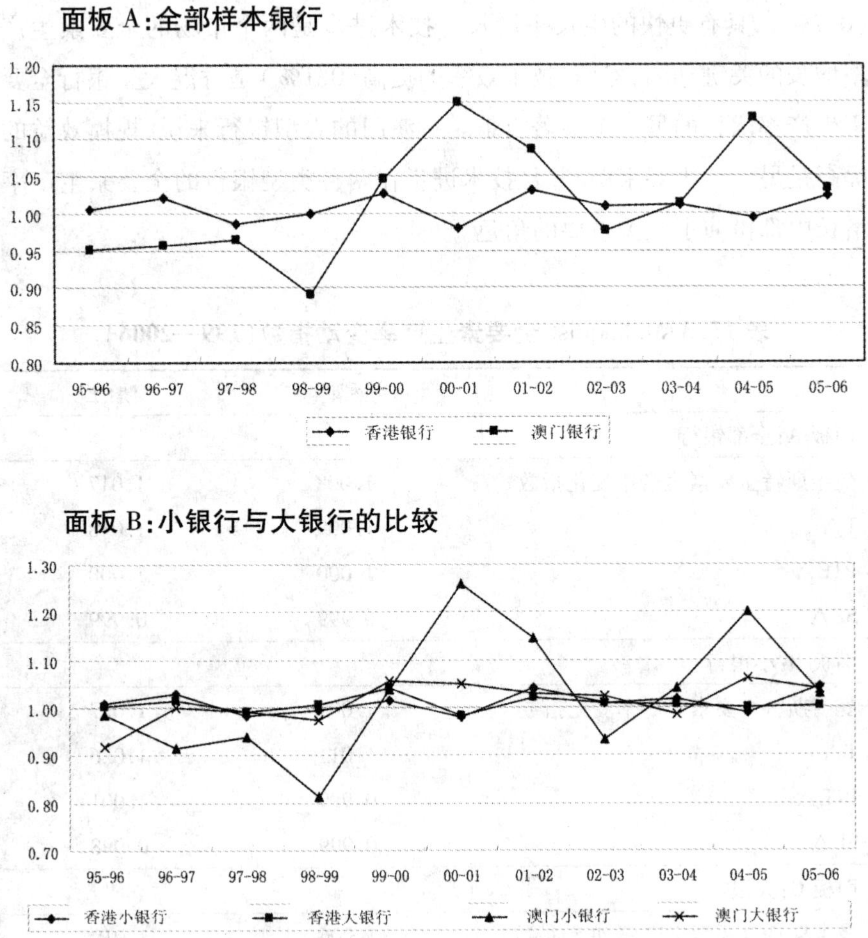

图 15.2：曼奎斯特全要素生产率变化指数(1995—2006)

特别是，尽管澳门银行业较之香港的银行业会有更多的负面影响，但两个市场的银行都经历了1997年亚洲金融危机和2001年至2002年的全球经济衰退时期的全要素生产率的下滑。香港银行的曼奎斯特全要素生产率变化指数在1997年至1998年间下降了3.6%，并在2001年至2003年间下降了2.3%，而澳门银行在这两个时期的该指数分别下降了13.1%和10.9%。另外，1999年至2001年间，澳门的银行存在一个戏剧性的全要素生产率增长(25.8%)。这为支持以下事实提供了依据，即1999年过渡到中国政府管理使得澳门银行在一个更有利的环境中运行，并因此增强了金融生产率。更进一步，2001年后澳门银行的全要素生产率的骤然下滑，可能是因为2001年至2002年间的全球经济衰退，特别是由于澳门是一个开放的经济体，并且旅游业是其主导产业。再进一步，1999年广东国际信托投资公司倒闭的滞后效应，可能同样导致了已观测到的全要素生产率的突然下降。澳门银行的一个重要转折点与2002年12月的赌场垄断有关，而其此前吸引了相当多的国外资本的流入。一年后，在传染性非典型肺炎疫情消退后，中国中央政府实施了个人旅行者计划。这种旅行限制的放宽导致了内地游客数量的急剧增加，这也反过来促进了经济的发展。相较于香港的银行业市场，澳门的银行业市场较简单、规模较小，并且不提供复杂的投资产品。因此，澳门银行的业绩比香港的银行更加不稳定，然而，上述因素也可能影响到香港的银行。

图15.2的面板B显示了小型澳门银行的业绩比大型澳门银行和所有香港的银行更不稳定。特别是，这些数据意味着，小型澳门银行的全要素生产率对环境的变化更加敏感，例如1997年的亚洲金融危机，1999年过渡到中国政府管理，2001年至2002年的全球经济衰退，以及2003年的个人旅行者计划的实施。因此，这些小型澳门银行主要经历了两个时期的全要素生产率的增长，即从1999年至2002年阶段和从2003年至2005年阶段。此外，澳门大型银行以及香港的大型和小型银行的全要素生产率变化曲线，在大多数年份都非常相似。这个结果并不令人惊讶，

因为香港是一个国际金融中心,香港的银行可以提供更复杂的金融产品,以满足广泛客户群的需求。大型的澳门银行可以利用其在市场上的主导作用,并在全要素生产率变动上紧跟香港银行的脚步。因此,尽管大型的澳门银行的平均全要素生产率的增长率比澳门的小型银行要低,但它们的业绩与小型的澳门银行相比,会更加平稳及光滑。

结 论

通过采用数据包络分析法,本文是第一篇比较 1995 年至 2006 年间香港和澳门银行业的技术效率和全要素生产率变化的文章。所得到的结果表明,这两个市场的银行以超过 97% 的高技术效率运行,其中,平均而言,香港的银行比澳门的同类银行效率略高一些。此外,1997 年的亚洲金融危机和转移到中国政府管理,并没显示出对香港银行的显著冲击。然而,澳门银行的技术效率在危机后显著下滑,却在 1999 年过渡到中国政府管理后大幅反弹。更进一步,2001 年至 2002 年的全球经济衰退对两个市场的银行效率都产生了负面影响。在内地政府与 2003 年实施了个人旅行者计划后,澳门银行的技术效率得到了加强。最终,在这两个市场中,香港的大型银行效率更高,而澳门的小型银行平均比香港的小型银行效率更高。

关于银行生产率,现有的结果显示,在整个采样周期内,平均而言,两个市场的银行都实现了全要素生产率的正增长。我们发现,技术进步是两个地区全要素生产率增长的关键驱动力。此外,尽管澳门的银行平均意义上显著比香港的银行更具生产力,但按年的分析,香港银行的生产率增长却更加稳定而持久。另外,澳门的小型银行具有最高的生产率增长率,尽管它们的业绩比两个地区的其他银行更不稳定。类似于从香港的银行所观察到的那样,澳门大型银行的全要素生产率变动率比澳门的小型银行更稳定。最后,似乎澳门银行的业绩比香港银行的业绩对宏观经济环境更敏感。在两个地区中,宏观经济因素对银行生产率变化的冲击,与其对银行效率的冲击十分相似。

总体而言,这些结果表明,香港和澳门的银行拥有一个较高的效率水平和一个适度的生产率增长。香港银行在技术效率方面的表现优于澳门银行,而澳门银行在生产率的变动方面表现优于香港的银行。在不同资产规模的银行间,技术效率和生产率都会有相当大的差异。此外,为了解决由于金融危机和经济衰退而引发的问题,监管机构和银行管理层开展的有关措施十分有效。特别是,两个市场的银行,尤其是澳门的银行,都从与中国内地更紧密的关系中获益,那是因为这种关系增强了它们各自的业绩。最终,技术增长是两个市场的银行全要素生产率增长的主要原因。技术创新已经改变了银行与其客户之间的相互作用。许多银行正在重新设置内部结构,来使其客户无论在何时、何地都能以他们希望的方式获得金融服务,并因此提升银行的业绩。(蔡悦 译)

参考文献:

Berg, S. A., F. R. Forsund, and E. S. Jansen, 1992, 'Malmquist Indices of Productivity Growth During the Deregulation of Norwegian Banking, 1980—89', *Scandinavian Journal of Economics*, 94, S211—S228.

Berger, A. N. and D. B. Humphrey, 1997, 'Efficiency of Financial Institutions: International Survey and Directions for Future Research', *European Journal of Operational Research*, 98, 175—212.

Coelli, T., D. S. P. Rao, C. J. O'Donnell and G. E. Battese, 2005, *An Introduction to Efficiency and Productivity Analysis* (2nd edition), New York: Springer.

Drake, L., M. J. B. Hall and R. Simper, 2006, 'The Impact of Macroeconomic and Regulatory Factors on Bank Efficiency: A Non－parametric Analysis of Hong Kong's Banking System', *Journal of Banking and Finance*, 30, 1443—1466.

Fried, H. O., C. A. K. Lovell and S. S. Schmidt, 1993, *The Measurement of Productive Efficiency*. New York: Oxford University Press.

Grosskopf, S. ,1993, 'Efficiency and Productivity', in Fried, H. , C. A. K. Lovell and S. Schmidt (eds), *The Measurement of Productivity Efficiency: Techniques and Applications* , Oxford University Press, Oxford, pp. 160—194.

Hall, M. J. B. , K. A. Kenjegalieva and R. Simper ,2008, 'Environmental Factors Affecting Hong Kong Banking: A Post - Asian Financial Crisis Efficiency Analysis', *Hong Kong Institute for Monetary Research* , Working Paper No. 12/2008.

Hunter, W. C. and S. G. Timme ,1986, 'Technical Change, Organizational form and the Structure of Bank Production', *Journal of Money, Credit, and Banking* , 18, 152—166.

Isik, I. and M. K. Hassan ,2003a, 'Financial Deregulation and Total Factor Productivity Change: An Empirical Study of Turkish Commercial Banks', *Journal of Banking and Finance* , 27, 1455—1485.

Kumbhakar, S. C. and C. A. K. Lovell ,2000, *Stochastic Frontier Analysis* , Cambridge University Press, Cambridge, UK.

Kwan, S. ,2006, 'The X-efficiency of Commercial Banks in Hong Kong', *Journal of Banking and Finance* , 30, 1127—1147.

Matthews, K. and N. Zhang ,2009, 'Bank Productivity in China 1997—2007: An Exercise in Measurement', *Hong Kong Institute for Monetary Research* , Working Paper No. 25/2009.

Scott, R. H. ,1997, 'Pegged Exchange Rate Systems in Macao and Hong Kong', *Multinational Finance Journal* , 1, 153—168.

Shephard, R. W. ,1953, *Cost and Production Functions* . Princeton University Press, Princeton.

Shephard, R. W. ,1970, *The Theory of Cost and Production Functions* . Princeton University Press, Princeton.

Yao, S. , Z. Han and G. Feng ,2008, 'Ownership Reform, Foreign Competition and Efficiency of Chinese Commercial Banks: A Non-parametric Approach', *World Economy* , 31, 1310—1326.

凤凰文库书目

一、马克思主义研究系列

《走进马克思》 孙伯 张一兵 主编
《回到马克思:经济学语境中的哲学话语》 张一兵 著
《当代视野中的马克思》 任平 著
《回到列宁:关于"哲学笔记"的一种后文本学解读》 张一兵 著
《回到恩格斯:文本、理论和解读政治学》 胡大平 著
《国外毛泽东学研究》 尚庆飞 著
《重释历史唯物主义》 段忠桥 著
《资本主义理解史》(6 卷) 张一兵 主编
《阶级、文化与民族传统:爱德华·P. 汤普森的历史唯物主义思想研究》 张亮 著
《形而上学的批判与拯救》 谢永康 著
《21 世纪的马克思主义哲学创新:马克思主义哲学中国化与中国化马克思主义哲学》 李景源 主编
《科学发展观与和谐社会建设》 李景源 吴元梁 主编
《科学发展观:现代性与哲学视域》 姜建成 著
《西方左翼论当代西方社会结构的演变》 周穗明 王玫 等著
《历史唯物主义的政治哲学向度》 张文喜 著
《信息时代的社会历史观》 孙伟平 著
《从斯密到马克思:经济哲学方法的历史性阐释》 唐正东 著
《构建和谐社会的政治哲学阐释》 欧阳英 著
《正义之后:马克思恩格斯正义观研究》 王广 著
《后马克思主义思想史》 [英]斯图亚特·西姆 著 吕增奎 陈红 译
《后马克思主义与文化研究:理论、政治与介入》 [英]保罗·鲍曼 著 黄晓武 译
《市民社会的乌托邦:马克思主义的社会历史哲学阐释》 王浩斌 著

二、政治学前沿系列

《公共性的再生产:多中心治理的合作机制建构》 孔繁斌 著
《合法性的争夺:政治记忆的多重刻写》 王海洲 著
《民主的不满:美国在寻求一种公共哲学》 [美]迈克尔·桑德尔 著 曾纪茂 译
《权力:一种激进的观点》 [英]斯蒂芬·卢克斯 著 彭斌 译
《正义与非正义战争:通过历史实例的道德论证》 [美]迈克尔·沃尔泽 著 任辉献 译
《自由主义与现代社会》 [英]理查德·贝拉米 著 毛兴贵 等译
《左与右:政治区分的意义》 [意]诺贝托·博比奥 著 陈高华 译
《自由主义中立性及其批评者》 [美]布鲁斯·阿克曼 等著 应奇 编
《公民身份与社会阶级》 [英]T. H. 马歇尔 等著 郭忠华 刘训练 编
《当代社会契约论》 [美]约翰·罗尔斯 等著 包利民 编
《马克思与诺齐克之间》 [英]G. A. 柯亨 等著 吕增奎 编
《美德伦理与道德要求》 [英]欧若拉·奥尼尔 等著 徐向东 编
《宪政与民主》 [英]约瑟夫·拉兹 等著 佟德志 编
《自由多元主义的实践》 [美]威廉·盖尔斯敦 著 佟德志 苏宝俊 译

《国家与市场:全球经济的兴起》 [美]赫尔曼·M. 施瓦茨 著 徐佳 译
《税收政治学:一种比较的视角》 [美]盖伊·彼得斯 著 郭为桂 黄宁莺 译
《控制国家:从古雅典至今的宪政史》 [美]斯科特·戈登 著 应奇 陈丽微 孟军 李勇 译
《社会正义原则》 [英]戴维·米勒 著 应奇 译
《现代政治意识形态》 [澳]安德鲁·文森特 著 袁久红 译
《新社会主义》 [加拿大]艾伦·伍德 著 尚庆飞 译
《政治的回归》 [英]尚塔尔·墨菲 著 王恒 臧佩洪 译
《自由多元主义》 [美]威廉·盖尔斯敦 著 佟德志 庞金友 译
《政治哲学导论》 [英]亚当·斯威夫特 著 佘江涛 译
《重新思考自由主义》 [英]理查德·贝拉米 著 王萍 傅广生 周春鹏 译
《自由主义的两张面孔》 [英]约翰·格雷 著 顾爱彬 李瑞华 译
《自由主义与价值多元论》 [英]乔治·克劳德 著 应奇 译
《帝国:全球化的政治秩序》 [美]麦克尔·哈特 [意]安东尼奥·奈格里 著 杨建国 范一亭 译
《反对自由主义》 [美]约翰·凯克斯 著 应奇 译
《政治思想导读》 [英]彼得·斯特克 大卫·韦戈尔 著 舒小昀 李霞 赵勇 译
《现代欧洲的战争与社会变迁:大转型再探》 [英]桑德拉·哈尔珀琳 著 唐皇凤 武小凯 译
《道德原则与政治义务》 [美]约翰·西蒙斯 著 郭为桂 李艳丽 译
《政治经济学理论》 [美]詹姆斯·卡波拉索 戴维·莱文著 刘骥 等译
《民主国家的自主性》 [英]埃里克·A. 诺德林格 著 孙荣飞 等译
《强社会与弱国家:第三世界的国家社会关系及国家能力》 [英]乔·米格德尔 著 张长东 译
《驾驭经济:英国与法国国家干预的政治学》 [美]彼得·霍尔 著 刘骥 刘娟凤 叶静 译
《社会契约论》 [英]迈克尔·莱斯诺夫 著 刘训练 等译
《共和主义:一种关于自由与政府的理论》 [澳]菲利普·佩蒂特 著 刘训练 译
《至上的美德:平等的理论与实践》 [美]罗纳德·德沃金 著 冯克利 译
《原则问题》 [美]罗纳德·德沃金 著 张国清 译
《社会正义论》 [英]布莱恩·巴利 著 曹海军 译
《马克思与西方政治思想传统》 [美]汉娜·阿伦特 著 孙传钊 译
《作为公道的正义》 [英]布莱恩·巴利 著 曹海军 允春喜 译
《古今自由主义》 [美]列奥·施特劳斯 著 马志娟 译
《公平原则与政治义务》 [美]乔治·格劳斯科 著 毛兴贵 译
《谁统治:一个美国城市的民主和权力》 [美]罗伯特·A. 达尔 著 范春辉 等译
《论伦理精神》 张康之 著
《人权与帝国:世界主义的政治哲学》 [英]科斯塔斯·杜兹纳 著 辛亨复 译
《阐释和社会批判》 [美]迈克尔·沃尔泽 著 任辉献 段鸣玉 译
《全球时代的民族国家:吉登斯讲演录》 [英]安东尼·吉登斯 著 郭忠华 编
《当代政治哲学名著导读》 应奇 主编
《拉克劳与墨菲:激进民主想象》 [美]安娜·M. 史密斯 著 付琼 译
《英国新左派思想家》 张亮 编
《第一代英国新左派》 [英]迈克尔·肯尼 著 李永新 陈剑 译
《转向帝国:英法帝国自由主义的兴起》 [美]珍妮弗·皮茨 著 金毅 许鸿艳 译
《论战争》 [美]迈克尔·沃尔泽 著 任辉献 段鸣玉 译
《现代性的谱系》 张凤阳 著

三、纯粹哲学系列

《哲学作为创造性的智慧:叶秀山西方哲学论集(1998—2002)》　叶秀山 著
《真理与自由:康德哲学的存在论阐释》　黄裕生 著
《走向精神科学之路:狄尔泰哲学思想研究》　谢地坤 著
《从胡塞尔到德里达》　尚杰 著
《海德格尔与存在论历史的解构:〈现象学的基本问题〉引论》　宋继杰 著
《康德的信仰:康德的自由、自然和上帝理念批判》　赵广明 著
《宗教与哲学的相遇:奥古斯丁与托马斯·阿奎那的基督教哲学研究》　黄裕生 著
《理念与神:柏拉图的理念思想及其神学意义》　赵广明 著
《时间性:自身与他者——从胡塞尔、海德格尔到列维纳斯》　王恒 著
《意志及其解脱之路:叔本华哲学思想研究》　黄文前 著
《真理之光:费希特与海德格尔论 SEIN》　李文堂 著
《归隐之路:20 世纪法国哲学的踪迹》　尚杰 著
《胡塞尔直观概念的起源:以意向性为线索的早期文本研究》　陈志远 著
《幽灵之舞:德里达与现象学》　方向红 著
《形而上学与社会希望:罗蒂哲学研究》　陈亚军 著
《福柯的主体解构之旅:从知识考古学到"人之死"》　刘永谋 著
《中西智慧的贯通:叶秀山中国哲学文化论集》　叶秀山 著
《学与思的轮回:叶秀山 2003—2007 年最新论文集》　叶秀山 著
《返回爱与自由的生活世界:纯粹民间文学关键词的哲学阐释》　户晓辉 著
《心的秩序:一种现象学心学研究的可能性》　倪梁康 著
《生命与信仰:克尔凯郭尔假名写作时期基督教哲学思想研究》　王齐 著
《时间与永恒:论海德格尔哲学中的时间问题》　黄裕生 著
《道路之思:海德格尔的"存在论差异"思想 》　张柯 著
《启蒙与自由:叶秀山论康德》　叶秀山 著
《自由、心灵与时间:奥古斯丁心灵转向问题的文本学研究》　张荣 著

四、宗教研究系列

《汉译佛教经典哲学研究》(上下卷)　杜继文 著
《中国佛教通史》(15 卷)　赖永海 主编
《中国禅宗通史》　杜继文 魏道儒 著
《佛教史》　杜继文 主编
《道教史》　卿希泰 唐大潮 著
《基督教史》　王美秀 段琦 等著
《伊斯兰教史》　金宜久 主编
《中国律宗通史》　王建光 著
《中国唯识宗通史》　杨维中 著
《中国净土宗通史》　陈扬炯 著
《中国天台宗通史》　潘桂明 吴忠伟 著
《中国三论宗通史》　董群 著
《中国华严宗通史》　魏道儒 著
《中国佛教思想史稿》(3 卷)　潘桂明 著
《禅与老庄》　徐小跃 著

《中国佛性论》 赖永海 著
《禅宗早期思想的形成与发展》 洪修平 著
《基督教思想史》 [美]胡斯都·L. 冈察雷斯 著 陈泽民 孙汉书 司徒桐 莫如喜 陆俊杰 译
《圣经历史哲学》(上下卷) 赵敦华 著
《禅宗早期思想的形成与发展》 洪修平 著
《如来藏与中国佛教》 杨维中 著
《基督教神学发展史》(一)、(二)、(三) 林荣洪 著

五、人文与社会系列

《环境与历史:美国和南非驯化自然的比较》 [美]威廉·贝纳特 彼得·科茨 著 包茂红 译
《阿伦特为什么重要》 [美]伊丽莎白·扬-布鲁尔 著 刘北成 刘小鸥 译
《现代性的哲学话语》 [德]于尔根·哈贝马斯 著 曹卫东 等译
《追寻美德:伦理理论研究》 [美]A. 麦金太尔 著 宋继杰 译
《现代社会中的法律》 [美]R. M. 昂格尔 著 吴玉章 周汉华 译
《知识分子与大众:文学知识界的傲慢与偏见,1880—1939》 [英]约翰·凯里 著 吴庆宏 译
《自我的根源:现代认同的形成》 [加拿大]查尔斯·泰勒 著 韩震 等译
《社会行动的结构》 [美]塔尔科特·帕森斯 著 张明德 夏遇南 彭刚 译
《文化的解释》 [美]克利福德·格尔茨 著 韩莉 译
《以色列与启示:秩序与历史(卷1)》 [美]埃里克·沃格林 著 霍伟岸 叶颖 译
《城邦的世界:秩序与历史(卷2)》 [美]埃里克·沃格林 著 陈周旺 译
《战争与和平的权利:从格劳秀斯到康德的政治思想与国际秩序》 [美]理查德·塔克 著 罗炯 等译
《人类与自然世界:1500—1800 年间英国观念的变化》 [英]基思·托马斯 著 宋丽丽 译
《男性气概》 [美]哈维·C. 曼斯菲尔德 著 刘玮 译
《黑格尔》 [加拿大]查尔斯·泰勒 著 张国清 朱进东 译
《社会理论和社会结构》 [美]罗伯特·K. 默顿 著 唐少杰 齐心 等译
《个体的社会》 [德]诺贝特·埃利亚斯 著 翟三江 陆兴华 译
《象征交换与死亡》 [法]让·波德里亚著 车槿山 译
《实践感》 [法]皮埃尔·布迪厄 著 蒋梓骅 译
《关于马基雅维里的思考》 [美]利奥·施特劳斯 著 申彤 译
《正义诸领域:为多元主义与平等一辩》 [美]迈克尔·沃尔泽 著 褚松燕 译
《传统的发明》 [英]E. 霍布斯鲍姆 T. 兰格 著 顾杭 庞冠群 译
《元史学:十九世纪欧洲的历史想象》 [美]海登·怀特 著 陈新 译
《卢梭问题》 [德]恩斯特·卡西勒 著 王春华 译
《自足语义学:为语义最简论和言语行为多元论辩护》 [挪威]赫尔曼·开普兰 [美]厄尼·利珀尔 著 周允程 译
《历史主义的兴起》 [德]弗里德里希·梅尼克 著 陆月宏 译
《权威的概念》 [法]亚历山大·科耶夫 著 姜志辉 译
《无国界移民》 [瑞士]安托万·佩库 著 [荷兰]保罗·德·古赫奈尔 编 武云 译
《语言的未来》 [法]皮埃尔·朱代·德·拉孔布 海因茨·维斯曼 著 梁爽 译
《全球化的关键概念》 [挪]托马斯·许兰德·埃里克森 著 周云水 等译
《房地产阶级社会》 [韩]孙洛龟 著 芦恒 译
《政治创新与概念变革》 [美]特伦斯·鲍尔 詹姆斯·法尔 拉塞尔·L.汉森 编 朱进东 译

六、海外中国研究系列

《帝国的隐喻:中国民间宗教》 [英]王斯福 著 赵旭东 译
《王弼〈老子注〉研究》 [德]瓦格纳 著 杨立华 译
《章学诚思想与生平研究》 [美]倪德卫 著 杨立华 译
《中国与达尔文》 [美]詹姆斯·里夫 著 钟永强 译
《千年末世之乱:1813 年八卦教起义》 [美]韩书瑞 著 陈仲丹 译
《中华帝国后期的欲望与小说叙述》 黄卫总 著 张蕴爽 译
《私人领域的变形:唐宋诗词中的园林与玩好》 [美]王晓山 著 文韬 译
《六朝精神史研究》 [日]吉川忠夫 著 王启发 译
《中国社会史》 [法]谢和耐 著 黄建华 黄迅余 译
《大分流:欧洲、中国及现代世界经济的发展》 [美]彭慕兰 著 史建云 译
《近代中国的知识分子与文明》 [日]佐藤慎一 著 刘岳兵 译
《转变的中国:历史变迁与欧洲经验的局限》 [美]王国斌 著 李伯重 连玲玲 译
《中国近代思维的挫折》 [日]岛田虔次 著 甘万萍 译
《为权力祈祷》 [加拿大]卜正民 著 张华 译
《洪业:清朝开国史》 [美]魏斐德 著 陈苏镇 薄小莹 译
《儒教与道教》 [德]马克斯·韦伯 著 洪天富 译
《革命与历史:中国马克思主义历史学的起源,1919—1937》 [美]德里克 著 翁贺凯 译
《中华帝国的法律》 [美]D. 布朗 等著 朱勇 译
《文化、权力与国家》 [美]杜赞奇 著 王福明 译
《中国的亚洲内陆边疆》 [美]拉铁摩尔 著 唐晓峰 译
《古代中国的思想世界》 [美]史华兹 著 程钢 译 刘东 校
《中国近代经济史研究:明末海关财政与通商口岸市场圈》 [日]滨下武志 著 高淑娟 孙彬 译
《中国美学问题》 [美]苏源熙 著 卞东坡 译 张强强 朱霞欢 校
《翻译的传说:构建中国新女性形象》 胡缨 著 龙瑜宬 彭珊珊 译
《〈诗经〉原意研究》 [日]家井真 著 陆越 译
《缠足:"金莲崇拜"盛极而衰的演变》 [美]高彦颐 著 苗延威 译
《从民族国家中拯救历史:民族主义话语与中国现代史研究》 [美]杜赞奇 著 王宪明 高继美 李海燕 李点 译
《传统中国日常生活中的协商:中古契约研究》 [美]韩森 著 鲁西奇 译
《欧几里得在中国:汉译〈几何原本〉的源流与影响》 [荷]安国风 著 纪志刚 郑诚 郑方磊 译
《毁灭的种子:二战及战后的国民党中国》 [美]易劳逸 著 王建朗 王贤知 贾维 译
《理解农民中国:社会科学哲学的案例研究》 [美]李丹 著 张天虹 张胜波 译
《18 世纪的中国社会》 [美]韩书瑞 罗有枝 著 陈仲丹 译
《开放的帝国:1600 年的中国历史》 [美]韩森 著 梁侃 邹劲风 译
《中国人的幸福观》 [德]鲍吾刚 著 严蓓雯 韩雪临 伍德祖 译
《明代乡村纠纷与秩序》 [日]中岛乐章 著 郭万平 高飞 译
《朱熹的思维世界》 [美]田浩 著
《礼物、关系学与国家:中国人际关系与主体建构》 杨美慧 著 赵旭东 孙珉 译 张跃宏 校
《美国的中国形象:1931—1949 》 [美]克里斯托弗·杰斯普森 著 姜智芹 译
《清代内河水运史研究》 [日] 松浦章 著 董科 译
《中国的经济革命:20 世纪的乡村工业》 [日]顾琳 著 王玉茹 张玮 李进霞 译

《明清时代东亚海域的文化交流》 [日]松浦章 著 郑洁西 译
《皇帝和祖宗:华南的国家与宗族》 科大卫 著 卜永坚 译
《中国善书研究》 [日]酒井忠夫 著 刘岳兵 何莺莺 孙雪梅 译
《大萧条时期的中国:市场、国家与世界经济》 [日]城山智子 著 孟凡礼 尚国敏 译
《虎、米、丝、泥:帝制晚期华南的环境与经济》 [美]马立博 著 王玉茹 译
《矢志不渝:明清时期的贞女现象》 [美]卢苇菁 著 秦立彦 译
《山东叛乱:1774 年的王伦起义》 [美]韩书瑞 著 刘平 唐雁超 译
《一江黑水:中国未来的环境挑战》 [美]易明 著 姜智芹 译
《施剑翘复仇案:民国时期公众同情的兴起与影响》 [美]林郁沁 著 陈湘静 译
《工程国家:民国时期(1927 –1937)的淮河治理及国家建设》 [美]戴维·艾伦·佩兹 著 姜智芹 译
《西学东渐与中国事情》 [日]增田涉 著 周启乾 译
《铁泪图:19 世纪中国对于饥馑的文化反应》 [美]艾志端 著 曹曦 译
《危险的边疆:游牧帝国与中国》 [美]巴菲尔德 著 袁剑 译
《华北的暴力与恐慌:义和团运动前夕基督教传播和社会冲突》 [德]狄德满 著 崔华杰 译
《历史宝筏:过去、西方与中国的妇女问题》 [美]季家珍 著 杨可 译
《姐妹们与陌生人:上海棉纱厂女工,1919—1949》 [美]艾米莉·洪尼格 著 韩慈 译
《银线:19 世纪的世界与中国》 林满红 著 詹庆华 林满红 译
《寻求中国民主》 [澳]冯兆基 著 刘悦斌 徐硙 著

七、历史研究系列

《中国近代通史》(10 卷) 张海鹏 主编
《极端的年代》 [英]艾瑞克·霍布斯鲍姆 著 马凡 等 译
《漫长的 20 世纪》 [意]杰奥瓦尼·阿瑞基 著 姚乃强 译
《在传统与变革之间:英国文化模式溯源》 钱乘旦 陈晓律 著
《世界现代化历程》(10 卷) 钱乘旦 主编

八、当代思想前沿系列

《世纪末的维也纳》 [美]卡尔·休斯克 著 李锋 译
《莎士比亚的政治》 [美]阿兰·布鲁姆 哈瑞·雅法 著 潘望 译
《邪恶》 [英]玛丽·米奇利 著 陆月宏 译
《知识分子都到哪里去了:对抗 21 世纪的庸人主义》 [英]弗兰克·富里迪 著 戴从容 译
《资本主义文化矛盾》 [美]丹尼尔·贝尔 著 严蓓雯 译
《流动的恐惧》 [英]齐格蒙特·鲍曼 著 谷蕾 杨超 等译
《流动的生活》 [英]齐格蒙特·鲍曼 著 徐朝友 译
《生活的艺术》 [英]齐格蒙特·鲍曼 著 仇子明 等译
《流动的时代:生活于充满不确定性的年代》 [英]齐格蒙特·鲍曼 著 谷蕾 武媛媛 译
《波德里亚:一个批判性读本》 [美]道格拉斯·凯尔纳 编 陈维振 陈明达 王峰 译 李平武 审校
《齐格蒙特·鲍曼:后现代性的预言家》 [英]丹尼斯·史密斯 著 萧韶 译
《萨义德》 [英]瓦莱丽·肯尼迪 著 李自修 译
《瓦尔特·本雅明:救赎美学》 [美]理查德·沃林 著 吴勇立 张亮 译
《未来的形而上学》 [美]爱莲心 著 余日昌 译

《文化理论关键词》［英］丹尼·卡瓦拉罗 著　张卫东 张生 赵顺宏 译
《自由的铁笼：哈耶克传》［英］安德鲁·甘布尔 著　王晓冬 朱之江 译
《异端人物》［英］特里·伊格尔顿 著　刘超 译
《当代文化理论》［澳大利亚］安德鲁·米尔纳 著　刘超 译
《感受与形式》［美］苏珊·朗格 著　高艳萍 译
《公共领域的伦理学》［英］约瑟夫·拉兹 著　葛四友 译

九、教育理论研究系列

《教育研究方法导论》［美］梅雷迪斯·D. 高尔等 著　许庆豫等 译
《教育基础》［美］阿伦·奥恩斯坦 著　杨树兵等 译
《教育伦理学》［台］贾馥茗 著
《认知心理学》［美］罗伯特·L. 索尔索 著　何华等 译
《现代心理学史》［美］杜安·P. 舒尔茨 著　叶浩生等 译
《学校法学》［美］米歇尔·W. 拉莫特 著　许庆豫等 译